对外汉语教学求索集

孟 国 著

电子科技大学出版社

图书在版编目（CIP）数据

对外汉语教学求索集/孟国著. — 成都：电子科技大学出版社，2014.1
ISBN 978-7-5647-1945-6

Ⅰ.①对… Ⅱ.①孟… Ⅲ.①对外汉语教学-教学研究-文集 Ⅳ.①H195-53

中国版本图书馆 CIP 数据核字（2013）第 226057 号

对外汉语教学求索集

孟 国 著

出　　版：	电子科技大学出版社(成都市一环路东一段159号电子信息产业大厦邮编:610051)
策划编辑：	陈松明
责任编辑：	李　毅
主　　页：	www.uestcp.com.cn
电子邮箱：	uestcp@uestcp.com.cn
发　　行：	新华书店经销
印　　刷：	三河市天润建兴印务有限公司
成品尺寸：	170mm×240mm　　印张 20.25　　字数 313 千字
版　　次：	2014 年 1 月第一版
印　　次：	2014 年 1 月第一次印刷
书　　号：	ISBN 978-7-5647-1945-6
定　　价：	60.00 元

■ 版权所有　侵权必究 ■

◆ 本社发行部电话：028-83202463；本社邮购电话：028-83201495。
◆ 本书如有缺页、破损、装订错误，请寄回印刷厂调换。

目 录

序言 ··· 1

实况汉语教学的理论与实践

关于实况汉语教学的几个问题 ······································· 3
试论对外汉语实况听力教学的理论依据 ····························· 11
先声后文　要在其声
　　——关于编制中高级汉语听力教材的思考 ····················· 20
录听实况　析辨声义
　　——关于汉语实况听力课 ······································ 28
关于初级汉语实况听力教学的几个问题 ····························· 38
"电视实况视听说"课的教学实践与理论探讨 ····················· 49
口误与对外汉语实况教学 ·· 56

对外汉语听力教学中语速问题的调查和思考 …………… 67
《读报章　学汉语》 …………………………………… 83
《看电视　学汉语》 …………………………………… 90
《原声汉语——中级实况听力教程》前言 …………… 93

对外汉语教学的理论、原则和方法

语言获得：语言学得和语言习得 ……………………… 99
论目的语环境中的汉语习得 …………………………… 107
国际汉语教学的十个基本原则 ………………………… 121
趣味性原则在对外汉语教学中的作用和地位 ………… 128
对外汉语教学的柔性原则 ……………………………… 139
呼唤对外汉语教学的现代化 …………………………… 149
汉语教学的"小百科全书"
　　——评《汉语教学法研修教程》 ………………… 154
关于对外汉语课堂教学时间配置的调查与分析 ……… 161
汉语水平考试（HSK）听力理解部分中两个值得商榷的
　　问题 ………………………………………………… 175
"洋腔洋调"的语调和声调 …………………………… 181
关于留学生汉语本科课程设置的思考 ………………… 188
汉语规范化与言语教学 ………………………………… 192
对外汉语教学二三谈 …………………………………… 203

汉语词汇及其运用研究

新词新义中的委婉语词 ………………………………… 209
社会的发展与委婉新语词的产生 ……………………… 212
试论现代委婉语词形成的特征 ………………………… 217
新词语与民俗文化 ……………………………………… 222
秘密语与民俗文化 ……………………………………… 230

缩略语与民俗文化 …………………………………………… 242
禁忌语、委婉语与民俗文化 ………………………………… 255

海外汉语教学研究

韩国大学印象记 ……………………………………………… 271
汉语在韩国 …………………………………………………… 278
名人辈出的查理大学 ………………………………………… 283
在布拉格教汉语 ……………………………………………… 286
捷克的汉学研究和汉语教学 ………………………………… 290
捷克共和国汉学研究的基石
　　——访捷克科学院东方研究所 ………………………… 295
海外华人子女中文教育的一种尝试 ………………………… 304
在南非邂逅汉语 ……………………………………………… 309

后　记 ……………………………………………………… 311
再版后记 …………………………………………………… 313

序　言

孟国教授致力实况汉语教学实践和理论研究已经20多年，课堂教学、教材编写、科学研究成果都令人瞩目。这本论文集以"汉语实况教学研究"为题，彰显了孟国教授研究的一个重要特点。

现在，人们对外语教学的目标，有了越来越一致的认识。教育部2001年颁布的《英语课程标准》把教学总体目标概括为培养"综合语言运用能力"，代表了各方的共识。语言教学的总目标是由各方面的具体目标构成的。比如欧盟2001年正式公布的《欧洲语言学习、教学、评估共同参考框架》（A Common European Framework of Reference for Languages: Learning, Teaching, Assessment，简称CEF）规定C1水平的听力能力目标包括：能听懂包括自己领域以外的、有一定长度的、关于抽象或复杂的主题的发言；能听懂一定长度的发言，包括讲的条理不很清晰、各观点之间的关联不很直接和明确的发言。我国国家汉办制定的《高等学校外国留学生汉语言专业教学大纲》规定四年级应达到听力能力包括：能够听懂综合性汉语广播电视新闻及其他大众性节目；收听语速为每分钟180－280字的多种语体材料，正确理解率为80%以上；一年内收听、收看时间不少于60小时。

如何达到这些目标,人们也取得了一些共识。美国《21世纪外语学习标准》(Standards for Foreign Language Learning in the 21st Century)说:"现在我们认识到,学习者并不是通过先学习语言系统的要素获得交际能力的,学好一门外语并不是靠背一些孤立的词语,组成有限的简单句子。学习者能有用目的语在广泛的活动中交际的机会,才能获得最好的学习效果。学习者在有意义的语境中使用目的语越多,能力提高得就越快。当今流行的任务型教学法的核心理念也是在运用语言中学会语言。"

孟国教授提倡的实况汉语教学,实践的正是这种理念。他认为,"实况"至少包含两个含义:(1)语言材料要真实。汉语的口语与书面语差别大,方音复杂,不同身份的人口语也有不同的特点,汉语的规范化又相当的灵活;如果我们不顾汉语的这些实际,只教授那些经过精雕细刻的语言,学生就只能听懂"校园汉语"。这样就无法达到前面提到的听力教学的目标。换言之,学习者只有学会聆听地道的、真实的口语材料,才能达到语言教学的目标。(2)展示给学习者的是真实的中国社会,是普通的老百姓生活的方方面面,是中国当前社会的情况。通过这种课程,让学生在学到活生生的汉语的同时,也了解到中国人在干什么、想什么、追求什么。这也是内容教学法所追求的教学意境。

孟国教授把教学目标和教学内容、教学策略、教学评估贯穿起来,成为一体,正是当代外语教学设计倡导的理念。如果"能够听懂综合性汉语广播电视新闻及其他大众性节目"是听力课的教学目标,那么"综合性汉语广播电视新闻及其他大众性节目"就应当是教学内容,"听综合性汉语广播电视新闻及其他大众性节目"就是基本的教学策略,检验学习者是否"能够听懂综合性汉语广播电视新闻及其他大众性节目"也就是教学评估的内容。

今天回头看,孟教授的实况汉语教学思想颇具前瞻性。这种前瞻性来自作者对语言教学理论和语言习得理论等相关科学的钻研、探讨,更来自作者不倦的教学实践。作者不止于纸上谈兵,而是不辞辛劳,把自己的学识扎实地转化为教学实践,放到实践中检验、完善。孟教授最近关于实况汉语在初级汉语教学阶段可行性的探讨,是这种研究和实践的新发展。对当今的汉语教学学科建设来说,知难,行更难。孟教授这种植根教学实践、理论和实践密切结合的研究方法和教学实验成果,正是这些年我们在学科建设中所缺少的。

  所以,孟国教授相关文章结集出版,实在值得祝贺。孟教授嘱我写几句话,实在不敢担当。盛情难却,记下所得,就教大方。

崔永华

2007 年秋

实况汉语教学的理论与实践

关于实况汉语教学的几个问题

从 20 世纪 80 年代后期开始,我们的实况汉语教学(含"汉语实况听力"、"汉语实况与话题"等课型)经过了十几年的教学实践,尤其是近些年来,一些相应教材的不断问世,有关论文的相继发表,使得其教学效果不断提高,人们对其中的许多问题有了更清晰的认识。为了使实况汉语教学能够得到进一步的提高和发展,本文拟从理论和实践上,对与其有关的几个问题作进一步的探讨。

一 实况汉语教学与营造第二语言习得环境

第一语言与第二语言学习和习得过程有某些共同规律,但二者之间也有很大差异。实况汉语教学清楚地意识到二者之间的诸多差异,因此在教学中避免了直接法过于偏激、过于简单的弊病。

非目的语环境的学习,师生往往有着共同的媒介语,便于讲解语法规则和文化背景等,培养的学生往往有较强的阅读能力,但听说能力较差。目的语环境的学习,学生每天必须说目的语,培养的学生语言能力较强,特别是听说能力。两种不同环境的学习虽然各有利弊,但目的语环境学习的优势越来越引起人们的重视。

在目的语环境学习目的语是不是就万事大吉了?回答当然是否定的。有的人到了中国后不会利用语言环境,每天除了上课外就是在宿舍里看书,这与他们在国内学习汉语没有什么两样。还有的人则完全相反,他们似乎知道语言环境的重要性,但忽视了课堂教学与书本上的学习,于是整天在社会上活动,和中国人闲聊,学了一些社会上的方言土语,但整体上汉语水平很低。这两种人的学习之所以不成功，原因多多。从教学本身找原因，就会发现我们教学中的问题——教学脱离语言实际、教学方法呆板，教材陈旧、课程设置单调等，也就是说并没有努力营造一种汉语学习的习得环境。为了改变这种状况，人们往往增加一些由教师组织的参观访问活动，这虽然是必要的，但解决不了教学上存在的根本问题。有的老师在某些课的教学中，经常带留学生到真实的交际场合进行一些功能性的练习，如打电话、买东西、寄信等，无疑，这会大大提高他们的学习兴趣，也会在一定程度上提高留学生的汉语交际水平。但这只是一种点缀，语言教学不能天天这样，而且在操作上也存在着随意性。实况汉语教学试图从根本上解决这个问题，纠正轻视语言环境和忽视课堂教学的两个极端倾向，把社会上的真实、自然的语言交际搬到教室，引进课堂，编入教材。实况汉语教学力求营造并利用一种第二语言的习得环境，使学生几乎是在一种无意识的状态下学习汉语。

二　实况汉语教学与教学过程交际化

早在功能法提出教学过程交际化之前，视听教学法就十分重视情景教学。视听法特别注重情景在语言教学中的作用，而这个"情景"则尽可能地具体化、真实化。视听法的一系列主张在其教学原则及教学活动中得到较充分的体现。比如，注重培养言语习惯，注重语言与情景的结合，注重整体的结构感知等。视听法是离我们实况汉语教学最近的一种教学法，我们从视听法中，可以看到人们在努力营造一种语言习得环境，这种环境力求与真实的语言环境接近，注重使用正常的语速、语音、语调。

功能法是对对外汉语教学影响最大的教学法，是以社会语言学为理论基础，以交际功能为纲的一种教学方法体系，其主张对实况汉语教学有着很重要的借鉴意义。功能法极力主张语言教学要选择真实的言语，真实的情景，在真实交际过程中使用语言。其教材要求选择真实的语言，在情景的选择上，强调适合社会语言交际，把真实的、地道的言语材料安排在合乎社会交际情理的情景之中。情景要力求真实或逼真，以保证学生学到真实、地道的言语。创造真实、自然的汉语交际环境，是实况汉语教学刻意追求的教学形式。功能法的主张对语言教学有着很好的影响，遗憾的是它本身并没有真正做到言语材料的"真实、地道"。而真实的语言环境也难以体现在课堂上的交际活动的练习中，所以只好模拟环境，扮演角色。由于个人的性格、天赋上的差异，使得这种方法并不是受普遍的欢迎，因为这种形式已经把教学过程变成人为的交际过程，甚至可以说这些交际手段带有一定的虚假性。可以说，在语言材料真实、自然这个问题上，实况汉语教学的认识和做法比其他教学法、教材更彻底一些。

三 实况汉语教学的语言材料的真实性问题

人们开始注重听力教学大约在 20 世纪 60 年代末期。而到了功能法盛行的 70 年代的欧洲，人们对听力教学有了新的认识，经过长期的讨论，人们普遍认识到听力教学应力争使用真实材料。而对"真实材料"的理解，英国教学专家玛丽·安德伍德（Mary Underwood）曾指出就是"普通人用普通方式说的普通语言"（Ordinary language Spoken by Ordinary people in Ordinary way），也就是真正的日常会话。当时语言教师和教材的编写者们都力图将真实材料和真实的交际任务联系起来。她的主张对我们的实况汉语教学有很大的启示，其中的许多作法与我们的实况汉语教学有很多相似之处。回顾各语言教学法流派的主张和做法，我们从中看到许多近似或类似我们实况汉语教学的主张和作法，这对我们无疑是一个很好的启示。不过，实况汉语教学没有停留在前人的传统的教学法和教学经验上，而是进行了大胆的创新。

结构主义语言学认为学习语言就应该学习活的语言，而不是语言学家在书本上规定的应该怎么说的话。因此，教材编写的依据也应是操该种语言的当地人当时所说的话，这种主张与做法显然比直接法有了更大的提高，它对语言本身有了深刻的认识，它注意到了语言的现状和实际，同时认识到这种现状和实际的合理性，而不是一味地谴责。

实况汉语教学是在汉语的现状基础上提出的。如果我们不顾这些现状和实际，只学习那些经过精雕细刻的语言，那么所学的语言与社会上应用的活的语言之间的差距是不言而喻的。实况汉语教学正是为了缩小这个差距。实况汉语教学从听入手,并作为主要的教学目的。《汉语实况听力》、《汉语实况与话题》等教材的编写,采取的是"先声后文"的原则,课文只是原声录音带和录像带的忠实文本,录音带和录像带是教材的生命,而课文即录音文本则不很重要。这些录音带和录像带最重要的选材标准是实况,不是请发音标准的人在念,而是普通人在很自然的环境里说。这样,这些录音和文字便保留了这些实况语言的真实状态。在这些语言材料中,有的语速很快,甚至每分钟接近400字;有的南腔北调,属于地方普通话;有的口语词较多,语言不够规范;有的甚至偶有口误和语病。当然我们也不会选择那些中国人听起来都有困难的语言材料作为教材。我们以真实、自然、新颖来概括这些语言特点,即真实的言语表述,自然的言语环境,新颖的语汇,以至于有些词语在现有词典里都找不到。以此作为听力教材,达到了让学生学习真实语言的目的。学生身在教室,犹如置身于活生生的语言大环境之中。经过这样的学习,学生较轻松地适应语言的现状,不会出现只能听懂"校园汉语"的怪异现象。

由于缺乏对实况汉语教学的了解,有人误以为实况汉语教学是专门找那些不甚规范的语言用于课堂教学。实际上,这些不规范之处是一种客观存在,并非是我们的刻意追求,我们追求的是真实、自然,而真实、自然的语言中包含着一些不甚规范之处,应该认为这是十分正常的。与其他语言教学所不同的是我们正视这种现象,而不是回避。我们认为实况汉语教学将会大大有助于听者建立正确的标准,甚至可以说,没有接触过实际的语言环境而建立起来的"标准"一定是脆弱的、无用的。这种"标准"很难适应当今汉语的现实状态,这好比一个婴儿长期生活在保温箱里,他将永远不能适应外面的环境。

四 实况汉语教学与国情文化

视听法十分重视在教材中广泛选用目的语国家的生活和文化背景知识,借助"视"的条件,注重目的语国家文化知识的介绍,这与我们的实况汉语教学基本上是一致的。实况汉语教学的真实、自然、新颖的特点同样体现在教学内容上,即展示给学生的是当今的中国社会,是普普通通的老百姓生活的方方面面。让留学生看到的是中国真实的社会、自然的人们以及每时每刻发生的新鲜事。通过这门课,让学生在学到活生生的汉语的同时,也了解到中国人在干什么,在想什么,在追求什么。尤其是让他们了解中国改革开放以来,在政治、经济、思想观念、生活水平等方面所发生的巨大变化。谈到对外汉语教学的文化问题,人们自然会想到知识文化和交际文化的说法,然而在对外汉语教学中,我们感到知识文化和交际文化很难概括对外汉语教学所涵盖的文化内容。可以说实况汉语教学在文化方面的侧重,既不是那种未必每个留学生都感兴趣的知识文化,也不是那种留学生大致已经了解了的交际文化,而是一种中国的当代国情文化。然而,这方面的内容却是我们大部分教材和教学活动所缺乏的。实况汉语教学实际上是把学习汉语的课堂演化成了当今中国的一个缩影。

五 "汉语实况与话题"中的话题教学

《汉语实况与话题》是我们最近编写的一部视听说教材,是国家汉办1998—2000年规划教材,它的前身是《汉语实况视听说》。在此我们先探讨一个老生常谈的问题——视、听、说三者的关系。在这一问题上,可说是见仁见智,有人把视听说课理解为以说话为主的课型,有人把视听说课上成了近似于听力的课型,其实,这都是很正常的,教师完全可以根据课型的搭配情况和教材的难易程度及教师自己的理解而有所侧重。实况汉语教学对学生来说是比较难的,因此侧重于视听教学,在视听练习上多花一些时间是应该的,也可以说是必须的。但这并非是说说话教学可有可无,而是应该有一个正确的定位。

对于中高级水平的说话课,人们一直看法不一。我们认为,中高级口语教学应该加强,但单纯的口语课则大可不必开设,因为这时的留学生已具备了一般的口语水平,口语已不像初级时那么迫切,但他们整体的口语表达能力并不很好。因此我们首先应该明确中高级口语教学的目的已不是解决简单的生活和学习问题,而是要提高他们整体的口语表达能力,我们所采用的教学手段则是坚持成段口述的练习，而不能总是搞简单的问答练习。在中高级阶段进行话题教学是许多人的共识，然而话题的表现应该充分具体，而不是简单的一个题目。

　　鉴于如上认识，我们的《汉语实况与话题》虽重视听，但也充分利用了视听过程中所获取的大量信息，以此进行话题的表述练习。而以前我们编写的《汉语实况视听说》中说话练习与视听练习安排在一起进行，说话练习往往被视听练习所淹没或被省略。我们在《汉语实况与话题》中把视听练习与说话练习分为两个部分，专门提供常用口语词语例释，这些词语虽然大部分不是视听障碍，却是成段口述常用的词语。把视听练习与说话练习分开，但引导学生做说话练习时要充分利用视听练习过程中所获取的信息和常用口语词语。由于是两个练习，界限分明，使同学明确知道现在进行的是话题练习。"视听"与"说"的关系是相对的，即开始阶段"视听"占绝大部分课时，随着学生水平的提高，"说"占的时间将会越来越多。话题练习对教师要求很高，在学生进行话题练习时，教师要抓住其主要问题，这里除了语法、词汇、语音的问题外还要注意学生所说的内容与视听练习的内容是否一致。另外，为了避免说话练习过程中很难调动所有同学的积极性这一问题，在一人讲时，提醒大家集中精力听，先让同学互相纠正口述中的不当之处，然后由教师纠正他们都没发现的问题。这是最关键的，因为这个问题可能是所有同学的问题。当然，这样的练习除了提高他们的口语水平外，对他们了解中国国情文化，也会大有好处。

六　实况汉语教学的开设需注意的问题

　　1. 何时开？功能法的语言教育家汉姆莱（Hammerly）曾就使用真实材料作为听力教材提出了自己的看法。他认为听力教材应有一个"由经过编排加工的材料到未经过编排加工的材料"的过程，也就是由有控制的材料到真实材料的过程。在这一过程中，"语体由单一到多样，语音由标准到方音，语速由慢到正常，练习由易到难；辨音——听真伪——根据指令反应——回答简单的问题——听对话，说出人物、场合——听有背景噪音、冗余信息的谈话,听后复述大意"。经过实况汉语的教学实践,可以肯定汉姆莱的观点是正确的。实况汉语教学的做法是在中高级阶段使用以"先声后文"为原则编写的,完全采用真实语料的教材。而在初级阶段,我们强调教材中语言真实、自然,但却不宜直接使用"真实材料"。总之,实况汉语教学的起点,不是初级水平,更不是零起点,而是已基本掌握了汉语基础语法、具有中等水平的学习者。实况汉语教学是以习得为主的教学,在中级水平开设是适当的①。

2. 开设多少课时?实况汉语教学刚开始时,课时不宜过多,每周以 2—4 课时为宜,随着留学生适应能力的提高,课时可以有所增加,但最多不应超过 8 课时,即不应该超过周课时的 40%。我们虽然强调实况汉语教学的重要性,但它并不能也不应该取代汉语教学的其他课程。

3. 适合于哪些课型?实践证明,要求留学生说一口与中国人无异的汉语是相当困难的,这只有极少数出类拔萃者才能做到。而我们要求留学生听懂一般中国人的谈话不但是必要的,而且是可行的,相当一部分留学生可以达到这一点。同样,能阅读一般汉语文章比能写出一般汉语文章要重要得多,可行得多。这是因为解码系统的要求和编码系统的要求从来就不一样,解码系统的要求应明显高于编码系统,对编码系统不能要求过高,留学生说的话能让人听懂,写的文章能让人看明白即可。因此"汉语实况听力"主要在解码系统,即"听"上做文章《汉语实况与话题》,也是把"视听"过程作为最重要的,要求也比较高,而对"说"的要求则要灵活得多。

多年的教学实践可以证明,实况汉语教学是提高留学生汉语能力的有效途径。但它毕竟是对外汉语教学的一门新课型,有些地方还有待于进一步完善,需要对外汉语教学界的同仁们进行更深入的理论探讨及大量的教学实践,使其收到更好的教学效果。

---

① 本人的这一观点,在后来发表的论文《关于论初级汉语实况听力教学中的几个问题》中进行了修正。见本书第 39 页。

参考文献：

1. 刘颂浩《对外汉语听力教学研究述评》,《世界汉语教学》,2001 年第 1 期。
2. 刘珣《对外汉语教育学引论》,北京语言文化大学出版社 2000 年版。
3. 鲁健骥《对外汉语教学思考集》,北京语言文化大学出版社 1999 年版。
4. 盛炎《语言教学原理》,重庆出版社 1990 年版。
5. 张亚军《对外汉语教法学》,现代出版社 1990 年版。
6. 章兼中《国外外语教学法主要流派》,华东师范大学出版社 1983 年版。

（原载《语言教学与研究》2003 年第 4 期）

试论对外汉语实况听力教学的理论依据

以往，我们讨论对外汉语实况听力教学的必要性，往往会从现行的对外汉语教材与汉语的真实状况的差距说起；也许我们还会提到由于留学生不能很好地利用汉语环境，教师缺少必要的指导，而造成的留学生汉语水平进步不快的实例；当然我们也不应忽略一些留学生刚刚具备一点点汉语知识和能力后，就对课堂教学失去了耐心和信心，到社会上学习所谓的"马路汉语"，或者找一个中国学生进行一对一的"单打独斗"的事实。今天看来，用以上原因来阐释实况汉语听力教学的重要性和必要性，不免过于直白和朴素，现在我们要从对外汉语的"教学模式"或"教学模式雏形"[1]的高度来认识实况汉语听力教学，因此，我们有必要从理论上探讨实况汉语听力教学的依据。

理论依据之一：语言交际能力理论

交际能力（communicative competence）是社会语言学家海姆斯（D. H. Hymes）提出的，这是社会语言学的重要贡献。当今对我们汉语教学影响最大的功能教学法就是在社会语言学的基础上产生的。功能教学法明确提出："外语教学的目的就是要教会学生创造性地、有目的地运用外语进行交际的能力。"[2]吕必松对语言交际能力有一个很好的诠释，他指出：语言交际能力是由言语技能和言语交际技能构成的。[3]也就是说作为单项言语技能的听、说、读、写缺少交际性，至少不能认为是语言交际能力的全部，这里主要有两个方面的问题。

首先，语言交际必须是多项语言技能的综合运用。"听"只能听懂对方的话,却不能恰当的回应,不能准确地、得体地表述自己的意见;"说"只能说出自己的意见,却不能准确地理解对方的表述。"读"和"写"是同样的道理。但是,这一弱点在教学中往往可以得到教师们的有效补充,特别是一些有经验的对外汉语教师非常注意练习的综合性,注意听和说、读和写的综合,甚至注意听和写、读和说的综合。可以说听、说、读、写本身在交际性上的不足,往往在对外汉语课堂教学的过程中被逐渐克服或淡化了。

　　然而,另一个问题则不是那么容易淡化和克服的,即教材问题。"外语教学要选择真实的语言,真实的情景和在真实的交际过程中使用语言。"[2] 只有这样我们才能做到教学过程交际化。为此,教材要努力作到真实、自然、新颖,即真实的言语环境,自然的言语表达,新颖的常用语汇。这样才能保证学生学到真实、地道的语言。然而对外汉语教学的现实情况却和这一做法和目标有着不小的距离。以听力课为例,学生在课堂上听到的往往是在录音室精雕细刻录制的有声语言材料,这些语料与社会上的真实语言状况相去甚远,而练习的内容和形式也缺少交际性,这必然导致本文开头所提到的那两种情况。近几年,人们在汉语精读、阅读方面的教材建设上,特别是中高级教材,逐渐地向真实语料靠拢。但是,在最能体现真实语料在语言教学中的价值的听力教学方面,却明显滞后。实际上,教材中阅读的材料和社会上真实的阅读材料二者之间的差距远不如听力方面的差距大,由此,实况听力教学的重要性也就不言而喻了。

　　如果我们把听力教学提升到交际能力的高度来认识,那么我们就必须改变听力教学的传统模式,在选择语料和练习方式上有一个大的突破。实况汉语听力在课堂上让学生听到的是真实的、自然的汉语交际,接触的是现实中国的方方面面,极具交际性。经过这样的训练,肯定有助于实现培养和提高留学生汉语交际能力的目标。这是传统的听力教学无法比拟的。

理论依据之二:培养综合语言运用能力的目标

　　上世纪末,国内外外语教学界提出,语言教学的内容要围绕着如何培养和提高语言学习者的"综合语言运用能力"这一目标。并把其分解为

实况汉语教学的理论与实践

五个方面的内容,即:语言技能、语言知识、情感态度、学习策略和文化意识。这个目标可以说囊括了我们上面提到的"语言交际能力"的全部内容,而"语言交际能力"却无法囊括"综合语言运用能力",比如:情感态度、学习策略,以及文化意识中的某些内容。对这些方面的要求,实况汉语听力教学同样有着很好的体现。

情感态度是影响学生学习和发展的重要因素。情感态度包括:动机兴趣、自信意志、合作精神、国际视野。汉语教学应该努力做到让学习者越来越喜欢汉语。这里所说的"教学",除了内容和方法外,还应该包括教师在教学过程中所表现出来的敬业精神和个人魅力等。这里教学内容当属首位,他们希望学到的东西是日常生活中急需的,是社会上通用的。在我们刚刚出版的《原声汉语——初级实况听力教程》(北京大学出版社)中,我们充分考虑到了这一点:教材中的情景十分真实,是留学生常常接触的,如:在理发店、在药店、在菜市场、在路边的大排挡等;教材中的交际内容十分自然,体现了一般人的日常交际,如:问地点、借东西、电话咨询、找洗手间、叫120、处理交通事故、定房间等;教材中的功能项目十分新颖,紧跟社会的发展,如:租房、健身、交手机费等。学习者可以在课堂上学到最常用、最急需的汉语,会使他们很快就尝到了学习汉语的甜头,增强学习汉语的自信,同时也会大大提高他们对汉语的兴趣,加深他们对汉语的情感。

学习策略是提高学习效率,发展自主学习能力的保证。让学生掌握一种有效的自学汉语的方法,比让他们掌握几个语法点和词语更重要。他们在学校学习的时间很有限,要全面掌握汉语必须要坚持长期自学。那么,怎样的自学更有效、更可行、更实用、更能事半功倍?这些却不是每个学习者在课堂学习期间都能够解决的问题,而一些老师往往也缺少这方面的意识。实况汉语听力教学在这方面有着清醒的认识,课上大家听到的是社会上的真实情况;(视听说课)看到的是电视里反映的社会上方方面面的实况。甚至于可以在课堂上听到、看到社会上大量存在,但他们却很难,或不大可能接触到的事情。他们对此产生浓厚的兴趣。与此同时,他们在老师的要求和指导下,每天坚持看电视、听广播,这也是我们课外作业的主要形式。经过一个学期的实况汉语听力课程的学习,他们在学到了一些

13

语法和词汇知识,提高了汉语交际能力的同时,也掌握了一个实用、有效、可行的学习方法,即每天坚持听广播、看电视。我们常常收到学习者走出学校后的反馈,由于长期坚持这种学习方法,他们的汉语水平提高得很快。

文化意识是得体运用语言的保证。文化意识包括文化知识、文化理解、跨文化交际的意识和理解能力。文化意识,特别是跨文化交际的意识和理解能力是语言交际能力的重要组成部分。各类语言教学的课型都应该承担跨文化教学的内容,这种文化,既不同于并非每个汉语学习者都感兴趣的传统的知识文化,也不同于大部分学习者已经基本掌握了的一般的交际文化。跨文化交际的意识和当代中国的国情文化结合在一起,构成了汉语学习者的一大障碍。实况汉语听力教学正是侧重于这种当代的国情文化的教学,它所反映的是当今中国的方方面面。通过学习实况汉语,让学习者了解到今天中国在政治上,经济上的各种情况,特别是改革开放以来,中国所发生的巨大变化;让他们了解到今天的中国人在干什么,在想什么,在追求什么;让他们看到一个真实的中国,对中国有一个全新的感悟。这正是实况汉语听力教学的一个重要目的。

理论依据之三:语言习得理论

和实况汉语听力教学在理论上关系最直接、最密切的是语言习得理论。语言习得需要目的语环境,那么是否到了目的语环境就能够自然地获得习得目的语的机会呢?回答当然是否定的。如果在目的语环境仍然像在母语环境一样,基本上采用封闭式的课堂教学,没有把课堂上的学习与社会环境中的语言习得结合起来,没有给学习者提供更多的接触社会语言环境和进行真实的语言交际的机会,那么,即使有再好的目的语环境,也不会得到有效地利用。对外汉语教学界需要对如何利用目的语环境的优势这一课题做深入的、专门的研究。

根据留学生在中国习得汉语的情况,我们把留学生利用汉语环境的过程分为五个层级:

第一层级:到中国来,置身于汉语的习得环境。但是必须清醒地认识到，这只是"万里长征"走出的第一步。这一层级主要是留学生自己的主动行为。

第二层级：搞好课堂以外的汉语习得。比如，合理安排食宿、合理分班、合理安排课程等。这一层级和课堂教学的关系不太直接，主要是生活管理和教学管理方面的事情。

第三层级：与课堂教学内容相关的汉语习得。努力做到课堂教学与真实的语言交际相结合，比如：指导学生投入到真实的汉语交际中；请有关人士来学校座谈；带领学生去参观、访问等。这些活动可能会在很大程度上提高学生的学习兴趣，也会在一定程度上提高学生的汉语交际能力，但这只是一种点缀，语言教学不能天天如此，而且在操作上也存在着很大随意性。因此，这一点虽然是必要的，但解决不了课堂教学中存在的根本问题。

第四层级：使用适当的方法和技巧，在课堂上创造习得汉语的环境，做到教学过程交际化。这是我们对外汉语教师天天做，课课做的事情，是我们的基本功。一方面，我们要努力模拟真实环境，再现交际场合。另一方面，我们要有课堂教学的习得意识和习得方法，比如：口语练习多说，少读，多问，少答，多进行成段口述的训练；听和说的练习要密切结合，读和写的练习要密切结合；多写句子，少写字、词等。这些方法虽然很有效，但基本上属于教师的个人行为，有一定的随意性，教学目标、教学进度难以统一。

第五层级：编写原声、原貌汉语教材，开创新课型，提供充分的汉语习得环境。这是充分运用目的语环境习得汉语的最有效的，最根本的方法。这一习得过程与儿童习语的最大区别是具有明确的目的性、计划性、系统性，有教材，有大纲，有教师的具体指导。显然这是语言学习与语言习得的成功结合。实况汉语教学对在目的语环境如何教好、学好汉语进行了有益的尝试；避免了轻视语言环境和忽视课堂教学的两个极端倾向；把社会上真实、自然的语言交际移入课堂，编进教材，把对外汉语教学的课堂营造成一个习得汉语的尽可能自然、真实的中国社会的缩影。——这就是实况汉语听力教学的目标。

理论依据之四：外语教学理论和幼儿习语理论

克拉申（S. Krashen 1985）认为，成年人第二语言的获得和幼儿一样，主要靠自然环境中的习得。[4]这一理论虽然使人们开始重视第二语言的习得，但也导致了人们把学习和习得割裂开来，以及忽视课堂教学的弊端。实际上，在语言教学的课堂上，学习和习得的有机结合是最理想的，这也是我们一直努力追求的教学方式和教学环境。实况汉语听力教学十分重视语言习得，但我们一点也没有轻视课堂教学，我们在借鉴了克拉申重视第二语言习得这一理论的同时，也明确反对他轻视第二语言学习，特别是轻视课堂教学的极端理论。

斯登（H. H. Stern 1983）把语言环境作为区分学习和习得的主要标准，他认为学习主要是在课堂上进行，基本上不是目的语环境；习得主要是在目的语环境，基本上不是在课堂进行。[5]对外汉语教学恰恰是具备了两者的优势，即课堂教学与目的语环境。前者从外语教学中有所借鉴；后者则是从幼儿习语的过程中获得了启示。和一般的外语教学相比，对外汉语教学的优势表现在具有良好的目的语环境上；和幼儿习语相比，对外汉语教学的优势表现在具有成功的课堂教学的经验上。因此，我们有理由相信，对外汉语教学的成效应该明显高于一般的外语教学和幼儿习语。在从这一理论中获得支持的同时，也引起了我们的思考：即怎样发挥目的语环境的优势？习得在课堂教学的过程中能否体现？怎样体现？

对外汉语教学从一般的外语教学中吸取的成功经验是：课堂教学的模式、教学大纲的制定、教材的编写原则、教师的主导作用、语言知识的传授、母语及其他媒介语的有效利用等。从幼儿习语的过程中我们获得的有益启发是：目的语环境的充分利用、对真实自然语言的大量接触、控制目的语或媒介语使用的原则、在交际中学习交际的策略等。实况汉语听力教学从两种语言获得的过程中得到了有益的经验：我们注重课堂教学，但我们尽量把真实、自然的目的语环境引入课堂；我们注重学习真实、自然的语言，但我们绝不忽视语言知识的学习；我们强调以学生为中心的交际活动,但我们坚持教师在课堂上的主导作用;我们充分利用学生母语的积极一面,但在教学过程中尽量不用或少用学生的母语或媒介语。

当然,我们也应该有意识地克服两种语言获得的消极影响。如一般的外语教学:没有真实、自然的目的语环境,缺少语言习得的机会;在教和学的动机和目的上,过分追求应试;课堂教学过分依赖母语,用母语教目的语;重视语言知识的学习,忽视交际能力的培养等。在幼儿习语方面,没有课堂教学与教师的指导,没有系统,没有大纲和教材等。长期以来,对外汉语教学界忽视了对这两种语言获得的经验和教训的借鉴与避免。人们注意到对外汉语教学与幼儿习语的诸多不同,却忽视了两者的相同点;对一般外语教学与对外汉语教学的同异,则更少有人关注。实况汉语教学则充分地注意到两种语言教学的利与弊。

理论依据之五:外语教学法流派

100多年前,直接法的教育专家注意到幼儿获得母语,特别是在听说方面的优势。于是他们在第二语言教学中大胆采用幼儿习语的基本原理,一改过去学习语言的传统方法。这是对古老的翻译法的一场革命。直接法以当代通用语言为基本教材,特别强调学习生动的口语,而不学那些文绉绉的典雅的书面语,或已经过时的语言,强调语言的鲜活。这一点和实况汉语听力教学的某些主张有着相似之处。不过,直接法的认识和做法也必然受到了时代的限制,他们对两种语言获得过程中存在的差别估计不足,采用了基本相同的方法来解决两种语言的获得,而实况汉语听力教学则避免了直接法过于偏激,过于简单的弊病。

结构主义语言学是听说教学法的语言学理论基础。他们认为:人们使用的一种语言口头讲的话,与该种语言的传统语法,即书面语言有着很大的不同。面对这种不同,人们往往谴责口语不符合语法,而不是批评语法没有体现口语的某些规则。结构主义语言学认识到口语的合理性。听说教学法对结构主义语言学的许多主张进行了实践,以"操该种语言的当地人当时所说的话"为内容,编写出了一些教材。但听说法的"听说领先"，实际上是"以说为先"。实况汉语听力教学从中所吸取的最重要的一点就是注重语言的现状与实际，把当代鲜活的语言编进教材，作为语言学习的主要内容，同时，坚持"以听为先，听说并重"的原则。

听说法的某些缺憾在其后不久的视听法中得到了一定程度的纠正。视听法是在直接法和听说法的基础上发展起来的。视听法特别强调用于教学的有声材料的语速、语音、语调等都要和正常交际一致，并强调在教材中广泛选用所学语言国家的生活和文化背景知识。我们应该承认，视听法是离我们实况汉语教学比较近的一种教学法，从视听法中，我们可以看到人们在努力营造一种语言习得的环境，这种环境力求与真实的语言环境接近，使用正常的语速、语音、语调，注重国情文化知识的介绍，这与我们实况汉语听力教学的基本主张和作法是一致的。但由于受当时条件的限制，视听法的"视"，主要是通过幻灯、图片来体现，这与我们的另一门课"汉语实况与话题"中，使用大量的实况录像作为教材有着相当的距离。

功能法（交际法）是以社会语言学为理论基础，以交际功能为纲的一种教学方法体系。功能法极力主张语言教学要选择真实的言语，真实的情景和在真实交际过程中使用语言。[2]在功能法盛行的20世纪70年代的欧洲，人们对听力教学有了新的认识，经过长期的讨论，人们普遍认识到听力教学应力争使用真实材料。创造真实、自然的汉语交际环境，使用真实、自然的语言材料是实况汉语听力教学刻意追求的教学模式。功能法的主张对实况汉语听力教学有着重要的意义。遗憾的是功能法本身并没有真正作到言语材料的"真实"和"地道"，而真实的语言环境也难以体现在课堂上交际活动的练习中，所以只好模拟环境，扮演角色。由于每个人性格上的差异，使得这种方法并不是普遍受欢迎的。可以说，在语言材料真实、自然这个问题上，实况汉语听力教学的认识和做法比其他教学法更彻底一些。[6]

参考文献：

1. 马箭飞《汉语教学的模式化研究初探》[J]．语言教学与研究，2004，(1)．

2. 章兼中《国外外语教学法主要流派》[M]. 上海：华东师范大学出版社，1983.
3. 吕必松《对外汉语教学概论（讲义）》[M]. 国家教委对外汉语教师资格审查委员会办公室，1996.
4. 刘珣《对外汉语教育学引论》[M]. 北京：北京语言文化大学出版社，2000.
5. 盛炎《语言教学原理》[M]. 重庆：重庆出版社，1990.
6. 孟国《关于实况汉语进行的几个问题》[J]. 语言教学与研究，2003，(4).

（原载《天津师范大学学报》2009 年第 1 期。）

先声后文　要在其声

——关于编制中高级汉语听力教材的思考

在对外汉语主要课型的诸多种教材中，数量最少、使用起来又最不尽如人意的，当属听力教材，这种状况又以中高级汉语听力教材为甚。其原因之一是人们往往错误地认为中高级汉语阶段是汉语提高阶段，侧重于知识的传授，因而忽视了听力课这一最基本课型的研究和教材的编写。事实上，中高级汉语阶段仍是基础汉语阶段，仍是以技能训练为核心的语言教学；原因之二是听力教材与其他教材相比更具复杂性，即它不是单一的、平面的、有形的、而是综合的、立体的、有声的，因此编制听力教材的难度就更大了。与编写一般教材相比，听力教材还需要一个艰难而复杂的制作过程，故此本文称之为"编制"，而不是单纯的编写。此外，基于人们对听力教材有着各不相同的理解和认识，因而，在编制过程中，往往会遇到各种难题。于是，有的听力教材越不过这些障碍而搁浅了；有的听力教材虽然编出，却很不理想，很难在实际中采用。何以至此，原因种种，但其中共同的、也是最重要的原因是只重视落实到文字的有形教材，而忽视了录音带这一有声的教材。为此，我们首先提出的问题是：

一　中高级听力教材应"要在其声"

听力教材，要在其声。这"声"不是一般的泛泛之声，而是一盘或几盘经过精心制作的录音带。录音带是听力教材的生命。听力教材区别于其他课型教材的主要之点是它不仅仅是一部书，或者说它最主要的部分不是一部书，它首先必须具备几盘录音带。上听力课可以没有文字材料，但不可以没有录音带；也可以说，没有录音带就没有听力教材，也就没有听力课。学生们在听力课上接收的是声音，而不是文字，因此，听力教材的内容首先应该是有声的言语，而不是无声的语言。如果没有录音带，老师在课上自己或讲或读，虽然也可以上课，但人们都无法回避这样一个事实，即：面对外国留学生，老师们所说的汉语或自觉或不自觉、或多或少都受这一特殊语言环境的干扰，即语速过慢、多重复、回避生词语、语气过重、多解释性词语等等，往往还加之以辅助性的动作。留学生听这样的汉语比听录音带显然要容易得多。因为前者实际上是中国人与外国人的言语交际；而我们的听力课要让学生逐步听懂的是中国人与中国人的那种很随意的言语交际，要达到这一目的，就必须有几盘理想的录音带。录音带不仅可以克服上面提及的中国人和外国人汉语交际的种种缺点，还可以选录各种场合、各种人物、各种类型的言语交际，这样在很大程度上可以避免留学生只能听懂老师们的标准的"校园汉语"，而听不懂一般中国人的日常生活中很随意的"马路汉语"的偏向。

　　并非所有的录音带都可以达到上面的目的。听力教材，要在其声，实际上，对"其声"有相当的要求。以往的一些听力教材，人们往往先编写对话、故事，然后再请一些发音很标准的广播员等照文录音。这样制作出的录音带的缺点是显而易见的。首先，编的对话往往缺少口语的特点，人们只是把一些具有口语特点的语词生硬地编织进人为的情景对话中，它和实际的言语交际有着相当的距离。其次，这样的录音虽然语速较慢，很标准，很清楚，但重要的是人们日常交际中没有这样说话的，因为它缺少人们日常交际的真实性，缺少人们日常交际的习惯语气。听这样的声音，学生听不懂的只是生词语；而在实际的日常言语交际中，留学生听力上最大的障碍往往是语速和语气。总之，如此标准的录音带过多地考虑了面对的是外国留学生这一因素。这一作法反而不利于留学生听力水平的提高，因为它解决不了让学生能够听懂中国人之间的言语交际这一难题，自然也就失去了录音带的意义。

　　那么，我们所追求的是怎样的"声"？也就是说我们应该录制怎样的录音带呢？简单地说，应该录制一些能够保持住汉语语言特点，特别是汉语口语特点，和人们的实际言语交际很接近的录音带。

语速快、停顿多，是汉语口语的一个重要特点。在一个句子内，语速很快，有时甚至超过每分钟 250 字，只是在一个句子与一个句子之间有一个较大的停顿。这样，虽然放慢了整个语段的速度，但一般也不会低于每分钟 200 字。这是汉语区别于英语等语种的重要一点。让留学生习惯这种语速，正是听力课要达到的目的之一。关联词少、语气词多是汉语口语的另一重要特点。让留学生听懂没有关联词的各种复句和语段，理解其中复杂的关系，让留学生听懂那些靠语气词表达出的各种不同的感情色彩和意义，确实有相当的难度。然而，这也正是听力课要解决的难题。另外，留学生在中国生活、学习，或是将来在中国工作，所接触的中国人中，真正能够说一口纯正的普通话的并不很多，都会或多或少地带有各地的方言或乡音，让他们听懂各地的方言，意义不大，可能极小，但听懂那些带有一定方言特点的普通话确是可能的，也是必要的。那么怎样才能录制出具有以上特点的录音带呢？答案是：

二 中高级听力教材要"先声后文"

听力课不只是一般的语言技能课，而是一门特点很突出的交际技能课。因此，听力课不满足于我们常说的一般的语言技能课对听、说、读、写正规的、标准的、泛泛地操练，特别是具有中高级汉语水平的留学生。那种脱离现实生活的、很标准的、很清楚的汉语声音已不能引起他们的兴趣，他们迫切地要求尽快地能和中国人进行很随便地言语交际。当然进行这种交际首先要听懂各种场合、各种人物、各种类型的言语交际和言语表述。听力课正是要用一种特殊的方法来使学生能够听懂这些交际和表述，尽管这些交际和表述有时不很规范，尽管这些交际和表述的背后有着很丰富的文化背景。应该说对外汉语的各种课型都或多或少、或直接或间接地有助于学生的听力。听力课的单独开出正是要有别于这些泛泛地听，要有别于这些课的方式方法进行强化地、集中地听力训练。留学生在中国学习、生活以至工作，在社会上要接触各种人，自然要听到各种声音，因此，我们的听力课堂应该尽可能地再现社会，成为社会的一个缩影。在这个缩影里能够听到各种场合、各种人物、各种类型的言语交际和言语表述，把这些作为基本素材，尽管这些声音并非是很标准、很清晰的。通过对这些素材的反复训练、反复学习，使他们能够逐步听懂这些声音。这种课堂教学对教材提出了很高的要求，要求教材符合听力课的以功能训练为主，甚至是全部纯功能训练的特点，这样的听力教材区别于以往的听力教材，其最突出的原则，最明显的标志就是先声后文，甚至有声无文。

先声后文，就是说先有录音带，按照录音带整理出文字，改变过去的先文后声，即先写好文字，再照文录音的传统作法。那么，这种录音带应该是怎样的呢？

（一）实际言语交际的录音。这种录音是在人们完全没准备的情况下，做实地录音，然后根据录音整理制作出不同内容的录音带。这种录音首先要经常出入于商店、车站、饭店、公共汽车等，追寻一些人们的对话，要付出相当的辛苦。但这种方法终究是一种中高级汉语听力教材新颖的编制方法，是一条值得人们探索的新路子。按照这一思路，在电台、电视台捕捉一些内容恰当、难易适宜的实地采访的言语录音，比起上面的做法要简单得多，同样收到了很好的效果，可以说是条事半功倍的途径。

（二）人们在某一场景所作的会话和就某一话题所作的言语表述的录音。当然，这种会话和表述视情况应该有详略不同的提纲，然后按照录音的难易程度作为听力教材的不同课次。这种作法使教材的内容在一定程度上占有主动性，克服随意性。同时，也免除了实地录音和后期制作的许多麻烦，使教材的可行性、条理性、科学性都有了不同程度的增强和提高。

（三）电台、电视台中一些新闻和信息性节目的录音。中高级听力课的目的不仅是让学生听懂一般的言语交际，还要让他们能够听懂在中国生活、学习、工作所必需要听懂的一些有声材料。比如电台、电视台的新闻、气象、广告等节目，由于这类内容涉及的范围相当广，生词语很多，而且需要各种必要的社会知识，所以难度较大；尽管这些录音很清楚，发音很标准，语速也不太快。

（四）一些文艺节目的录音。对于中高级汉语水平的学生，应该能够听懂一些文化欣赏的有声材料，如：相声、话剧、小说、广播剧等。这些材料的难度往往超过我们的估计，这里除了语速快、省略多、带有方言外，其文化差异的鸿沟尤其难以逾越，所以他们很难和中国人一起产生共鸣。虽然留学生接受起来相当困难，然而接触一些，渐渐地听懂一些，对中国文化多一点理解还是必要的，也是可能的。

用这些方法录制出各种不同的录音带，然后经过删选、排列，成为内容丰富、形式多样的有声教材，这便是听力教材中最重要、最基本的部分，也可以说，是听力教材的生命。把这些有声的教材整理成文字，只不过是这些材料的文字记载，是听力教材的附属部分，它不应该代替录音带成为教材的主体。

我们经常见到《××听力》、《听力××》之类的教材，而不见这些教材的有声材料，我们不禁要怀疑这类"教材"的存在价值。而那些照本宣科的录音带也绝不是我们所追求的有声的言语教材。下面我们再探讨一下：

三　关于先声后文听力教材的几个问题

（一）关于内容

先声后文的听力教材在内容的选取上自然不如先文后声的听力教材更具主动性，在一定程度上，它要迁就有声素材本身的内容，但这只能说明这种教材在编制过程中的困难，而不应成为其内容随意性的理由。为了克服这种随意性，在编制过程中，必须不断地修正自己的思路，使思路和内容更接近些，更具条理些。

在语言与文化、功能与知识这两对关系中，听力课首先应明确是门以功能训练为主的语言课。先声后文的录音中，包含着许多非语言因素的障碍，在教材内容的选择过程和教师的教学过程中，大量文化内容的涉入，正是为了排除语言学习过程中的这种障碍，正是为了通过缩小中外文化上的差异而达到掌握活的汉语的目的。当然，在语言学习过程中，这些文化内容的涉入，对于留学生学习中国文化，了解中国、认识中国，无疑是大有好处的。但是其最后的目的是为了提高留学生的汉语听力的技能，而不是别的。

在教材内容的选择上，除了要考虑言语功能的因素和文化因素外，尤其要考虑教材的时代特征，大胆地采用厚今薄古的选材标准，把选材的镜

实况汉语教学的理论与实践

头对准当今中国的方方面面,而不能只停留在中国的昨天,特别是遥远的古代。因此,这样的教材要不断地更新,自然它也就不如一般教材稳定。教材的现实性和稳定性是一对很难解决的矛盾,大量选用传统的文化内容,教材固然稳定,但留学生从中闻不到当代中国的气息;选择现实性很强的内容,往往缺少生命力,一旦过时,就很难在教学中使用。要坚持教材的现实性,避免过时的教材,就不能一味地强调教材的稳定性,要不断地更新内容,寻找现实生活中新的火花、新的忧患、新的希望。如当前改革大潮中各行各业的人们都是我们采录和选取的对象。

(二) 关于生词

对于听力教材中的生词,人们有着各种看法和做法。有人主张听力教材中生词越少越好,最好没有生词。北京语言学院编写的几套系列教材基本上符合这一构思。可以说,对零起点的学生来说,听力入门,生词不宜过多,而具备中级以上汉语水平的留学生则不应受此限制,当另作别论。和内容的选择一样,先声后文的中高级听力教材在生词的处理上同样是被动的,这样的教材不可能提前设计出每课中出现多少生词和哪些生词,因此,在生词的处理上势必要有所迁就,当然在录音带的后期制作上也可以回避一些生词。不论怎样,生词语较多,生词语的出现缺少系统和规律则是先声后文听力教材的一个值得思考的问题。实际上,课文中的生词不可能、也没必要给全,教材中的生词语与留学生实际上碰到的生词语必定存在一定的差距。有的教材中的生词少于留学生实际上的生词,这样听起来虽然较难,但无意中却得到了一个想象的空间,或者说在某种意义上给他们一个猜测的机会,这将有助于提高他们跨越听力中各种障碍的能力。试想,在留学生与中国人的汉语交际中,对方不会回避他们学习中的生词语,更不会有人提前给他们列出一个生词表。所以,在一定程度上的猜测和想象,将是听的过程中自觉或不自觉采取的重要手段。另外一种情况是留学生的生词语少于教材中的生词语,这部分同学可能水平较高,但生词少,未必能听懂,特别是语速较快的录音,生词表无形中可以起到一个听力提纲的作用。更多的是第三种情况,即上面两种情况的集合,生词表中的生词有的学过,也有的生词生词表中没有,这种情况所需要的是一种温故知新、循序渐进,滚雪球式的学习方法。总之,不管上述哪种情况都比系列教材听起来难度大；然而，这些方法对于提高听力水平却都是很好的训练和提高。

（三）关于练习

练习是听力教材的核心，只有多样化的、大量的练习才可能使留学生对课文加深理解，先声后文的听力教材在练习的设计和使用上也具有特点。学习和运用语言本身就是一种创造性的活动，而不是呆板的接受和重复，这一点，听力课尤为突出。听力教材不可能像精读课等其他课型的教材那样，把字、词、语法等事先给学生周密地设计出来，它不可能、也没必要让学生听懂每一个字、词，而是要让他们听懂整句整段的意思，这样，即使有些词不太懂，我们也可以说达到了教学目的。

听力练习应重理解、轻记忆。先声后文的听力材料往往段落不很明显，有的甚至浑然一体，出于教学需要必须根据课文的长短分成若干个段落，并逐段设计练习。课文较长，即使听懂了也容易忘。为此，我们自己也做过试验，听一段较长的生疏的课文，然后做练习，也有很多答不上来或者答不准确的地方，当然，这绝不是听不懂，而是记不住。因此，我们强调听力教材应逐段地听、逐段地练、逐段地理解。

在理解的过程中，应允许有一定根据的猜测，这也是听力练习中不容忽视的问题。实际上，在我们的日常言语交际中，猜测的情况也是常有的，特别是心不在焉的随意聊天时。当然这并非是凭空猜测，根据前文后语，猜测出中间一段听不太清楚的内容是人们交际中不可缺少的一个手段，而留学生在听力练习中往往缺乏这一点。先声后文的听力录音，本身语速快，语气重，这对于尚未完全形成汉语思维的留学生来说必然有些语词听不太懂，这些听不太懂的部分有些是无关紧要的，有些是不可缺少的，根据上下文来大胆地猜测往往可以得到正确的答案。相反，如果要求学生全部听懂后再做准确的判断或选择，势必束缚住学生驰骋的思维和想象。当然，如何利用已知的言语来猜测不太清楚的或不知的内容，也是听力课上要解决的一个问题。

然而，猜测不可代替理解，而是对理解的补充。我们不应提倡那种凭空的胡猜乱猜，要讲究依据。判断练习一般只有两个答案"√"或"×"选择练习一般也只有四个答案，即A、B、C、D，可以说学生即使完全听

实况汉语教学的理论与实践

不懂，也可以分别答对 50% 和 25%。为强调理解和有依据的猜测，防止胡猜乱猜，判断练习和选择练习应增加一项答案，即"不知道"。（可用"○"来表示）这种作法对于学生来说，要讲究一点实事求是；对于老师来说，则便于掌握学生的问题所在，即"○"处。而"√""×"以及 A、B、C、D 则都应是有一定把握的理解和有一定依据的猜测。

基于上面的种种思考，我们试图编制一部以"先声后文"为原则的听力教材，以适应于汉语中高级水平。前不久，我们在部分课次的试用中，得到了较好的反应，自然也发现了一些问题，这些问题将不断地引起我们的思考，使我们"先声后文"的思路不断完善。在此，我们也呼吁，基于各种不同理解的听力教材尽早问世，以迅速改变目前听力教材数量偏少，形式陈旧、单一的状况，以适应飞速发展的对外汉语教学事业。

（原载《中高级对外汉语教学论文集》，北京语言学院出版社 1991 年版）

录听实况　析辨声义

——关于汉语实况听力课

在对外汉语听力教学中，人们一直沿袭着这样一条路子：教材编写者先写出文字材料，然后请播音员或发音十分标准的人录音，以这样的有声材料作为听力教材。然而，这些有声材料与社会上真实的言语交际相去甚远。一些同学虽认真学习，反复听练，而听力水平却提高不快；另一些同学不满足这样的课堂教学，到社会上去学习所谓的"马路汉语"，由于缺乏系统和老师的指导，也很难达到预期的效果。

汉语实况听力课把社会上活生生的语言搬到课堂上，其特点在"实况"二字。诚如本文题目所言，"录听实况，析辨声义"，即教师录实况——寻找录制汉语实况有声材料，编制教材；析声义——指导学生听清其声，明晰其义。而学生则是听实况——在教室里反复听社会上真实言语录音；辨声义——在教师的指导下不仅要明其声，更要懂其义。

一

中国对外汉语教学学会制定的"汉语水平等级标准"中，对听力有着明确的要求。在二级标准中规定"听力可满足基本的日常生活、社交和一定范围内的学习需要。"三级标准中规定"听力可满足一般性日常生活、社交、学习和一定范围内的工作需要。"然而，一般的听力教学使留学生达到这一标准比较困难。刘镰力等同志在《关于高等汉语水平考试的设计》（以下简称《高等设计》一文中对高等汉语水平听力方面的要求，一般听力教学达到它的标准难度更大。

诚然，人类的语言是从听说发展起来的，早在四五万年以前就有了言语听说，而到了五千年以前才有文字。在语言学习过程中，听说总是处于最领先的地位；但实验心理学的研究又证明，人类各种感官在吸取知识的比例上视觉占33%，而听觉只占11%。应该说听觉是获取信息的困难方法，听觉能力只是视觉能力的1/15。人们在听觉感知时，全部努力用于接受言语信号，因此大脑机制忙于记忆，虽然这只是种短暂的记忆。

在世界外语教学中，听说法、视听法出现于五十年代，它表明人们已认识到听说的重要。尤其是听，听对方的话，对方使用的语言形式、语气、语速、选词等都是听者无法控制的。可见听比说更难。"托福"考试、"剑桥"考试中大量的听力内容促使人们进一步重视听力教学。七十年代，西欧出现了功能法，功能法和结构法在听力教学中的认识有所不同，于是发生了长时间的争论，争论的焦点是听力教学是使用真实材料，还是使用教师编的人工材料？争论的结果是使人们进一步认识到使用真实材料的重要性。教师和教科书的编写者都力图将真实材料和真实的交际任务联系起来。所谓真实材料，英国教学专家玛丽·安德伍德（Mary Underwood）认为，就是"普通人用普通方法说的普通语言。"（Ordinary language spoken by ordinary people in an ordinary way）也就是真正的日常用语。这些真实材料的节奏、语调、发音、开头、停顿都很自然，多重复，多变化，句子常常不太完整，偶有语病，有复杂的背景声，总之是说出来的话，而不是读出来的课文。安德伍德的《听者》(Listeners)，以及视听教学法的几部有代表性的教材，法国人的《法国的声音和形象》（Voix erlmages de France），俄国人的《俄语》，英国人路易·G·亚历山大（L．G．Alexander）的《新概念英语》(New Concept English) 等在这方面都有所尝试和突破。但其有声材料也并非完全做到了"用真实材料"这一原则，其教材的编制也并非是下面将要提到的"先声后文"的方法。其实，我国国内的外语听力教学早已采用了这种实况录音的教学方法。对此，我们很不情愿，但又不得不承认这样一个事实，即我们的对外汉语教学远远落后于我国的外语教学。

汉语实况听力课的尝试，首先是教材问题。它不仅仅是一部书，或者说它最主要的部分不是一部书，听力教材的生命是有声材料——录音带。

听力课上，学生接收的应是有声的言语，而不是无声的语言。如果没有录音带，老师在课上自己讲或读，虽然也可以勉强上课，但却很难达到听力课应达到的效果。面对外国留学生，老师所说的汉语或自觉或不自觉，或多或少都受这一特殊语言环境的干扰，语速过慢，多重复，回避生词语，语气过重，多解释性词语等等。有时还加之以辅助性的动作，留学生听这样的汉语相对来讲要容易得多。

　　与一般听力课的录音带相比，制作汉语实况听力课的录音带要困难得多，其不同点在于坚持"先声后文"的原则。也就是说，先具有有汉语实况录音特点的录音带，然后，按照录音带整理文字。改变了过去的"先文后声"，即先写好文字，再照文字稿录音的传统作法。与"先文后声"的录音带比，先声后文的汉语实况录音带特点十分明显，这就是真实、自然。在课堂上，听到的是社会上的声音，毫无做作、虚假可言。由于真实，其口语性极强，而并非是简单地把一些带有口语特点的词语插入人为的情景对话中，语速高达200~250字/分钟，甚至达到300字/分钟以上。此外，停顿多，关联词少，语气词多等等，听这样的录音，学生的听力障碍往往不是生词和语法，而是语气、语速及文化背景。由于真实，这些录音中也偶尔会见到带有语病、杂乱无章或不十分规范的语句，对此，非但不必回避，反而经常作为教学的重点和难点。

　　那么，"先声后文"的实况录音是如何产生的呢？

　　一、出入于商店、大街等公共场所，捕捉人们真实的言语交际，经过整理后，成为言语实况的片断。

　　二、高等汉语水平考试"增加了听广播电视中采访实况录音的题型。"(《高等设计》)在电台、电视台选录一些内容恰当的采访实况的录音，正是得到汉语实况听力材料的最主要的途径。

　　三、邀请有关人士作演讲、报告，或到某单位听有关人士的介绍，当然，这些录音不是照本宣科。

　　四、就某一话题所做的言语表述的录音，这种表述往往不是完全随意的，而应有个详略不同的提纲。

　　五、适当选录一些文艺节目，如相声、歌曲、广播剧等。

　　当然，并非是把实况录音原封不动地搬进课堂，而是根据教学安排和难易，对其中的内容进行必要的处理。如删去过长、过偏之处，然后根据录音整理文本，寻找生词，注释词语，设计练习，这些文字虽是听力教材中不可缺少的，但也只是实况听力教材的附属部分。

　　教材的不同自然会产生教法上的差异，教学的重点和难点也就不尽相同了。根据不同水平的学生因材施教，对一般水平的学生，先讲析生词和词语注释，再听录音，适当的时候可以边看文字边听录音，作一些填空、选择、判断之类的练习；对水平较高的同学先听录音再讲生词和人们言语交际的情景和语境；对于水平高的同学则完全不提供任何文字材料，而让学生听后自己说出录音中的情景，语境，人物心理状态和语言的感情色彩等。此可谓之"闻言语于实况，解志义于辨声"矣。

二

　　具体地说与一般听力教学比，汉语实况听力课有哪些不同？教学中它更注重什么？

　　（一）重功能

　　语言功能就是语言的作用和职能，也就是通过语言做什么。听力课是一门特点很突出的交际功能课。汉语实况听力课选用真实、生动的言语材料作为听力内容，以提高他们听懂这些言语材料的能力，达到交际功能的目的。

　　在课上，留学生可以听到在大街上问路、在商店买东西、在饭店吃饭、在邮局寄东西、在医院看病、乘公共汽车和地铁等真实交际场所的言语交际实况。在商店里，听到售货员的话是"哪个？""哪种？""没有。""交钱。""三块五"等；而顾客的话常常是"有比这小一点儿的吗？""买双五块的。""拿个红的。""来个那个。""正数第二个"等等。这并不像我们有些教材中所说的那样，没有一点多余的话，甚至也没有应有的客套。听懂这些录音再去商场便随意多了。

　　《问遍北京人》一课有一段在北京大街上找厕所的录音。厕所进教材已有先例，学生常为不知厕所为何物而发生麻烦。出于提高功能的考虑，厕所在教材或教学中应尽早出现。

另外,饭店里的"酒水在外"、"几寸盘",医院里的"怎么不好?"公共汽车上的"没票买票"等等,十分真实而简练。在录音中,还多次出现定约会的实况,定了改,改了再定,这反反复复的过程正是极好的训练听力功能的材料。总之,提高语言交际能力,贯穿汉语实况听力课的始终。

(二) 重口语

实况听力课主要听的是口语。口语对语言环境有着极强的依赖性,正是这种依赖性,使得口语十分简洁,以至简洁到如果离开语境就不知所云的程度。《在邮局里》,我们听到这样的录音:"正好钱"、"二分有"、"按信走"。顾客买三张八分邮票,营业员说;"三八两毛四。"不仅回答了一共多少钱,还说出了单价。另外"六个四分"和"十个八毛"却有着两种完全不同的意思,前者是"六个四分邮票"的省略,后者是"十个八分邮票一共八毛"的简缩。"孙大爷您有60吗?""没有了。"是超过60,还是不到60? 这些真实的口语句子,显然不是闭门造出来的,这其中虽没有生词语,但留学生听起来往往产生障碍,引导他们克服这些障碍后反而倍觉新鲜。显然,"在交际中一般词汇、语法上的问题不再成为听力上的障碍"时,实况听力课正是要培养学生"遇到障碍,有跳听、猜听而不误听的能力"。(《高等设计》)

听和说在课堂上往往很难分开,对那些很典型的口语,也应让学生掌握。如在回答自己不知道的问题时说"说不准"、"说不好"而不说"不知道",在问别人姓名时说"您怎么称呼?"不说"您贵姓""您叫什么名字",在回答别人问题时不好回答或思维中断时说"这怎么说呢?"以延长思维的瞬间,突然想起一件事时说"哦,对了……"。这样在听中教说,学生记得特别牢,用得尤其好。

汉语实况听力不仅仅是口语实况,也有一些难度较大的文学性或新闻性的语言实况,这不仅需要掌握大量的生词语、语法和修辞知识,同时也要学习相当的文化知识,这是实况听力一个较高层次的内容。

(三) 重方音

方音非方言。中国之大,方言之复杂决定了在我国能说一口标准普通话的人并不多的现实。上至国家领导人,下至普通百姓,绝大多数人的普

实况汉语教学的理论与实践

通话都程度不同地带有方音,也有人称之为"地方普通话"。上文提到的"汉语水平等级标准"中二、三级的听力部分,对此有着明确的要求,"在实际中,能够基本听懂用略有方音的普通话所作的其语速不低于170字/分,内容熟悉的一般性交谈。""在实际交际中,能够大致听懂用标准普通话或略带方音的普通话所作的语速正常,有关一般性日常生活和社交活动的会话。"因此,要想在中国工作、生活、学习,听懂那些"略带方音的普通话"是实际的、可行的,也是必要的。

基于这样的认识,汉语实况听力课中有五分之二的录音程度不同地带有方音,有江浙、广东、豫鲁、河北、天津、东北等地的地方普通话。当然这些录音只供学生作听力练习,而不能让他们学说口语。为了让学生较快地听懂,对不同地区的方音普通话要分析出与普通话在语音上的差异。坚持方音普通话的听力教学效果十分明显,一位美国同学到南方旅游回来高兴地说,南方人讲的普通话和课上听到的一样,可以听懂了。还有几位朝鲜同学入系学习专业后,遇到南方老师讲课,他们也感觉不太困难,大致可以听懂了。

(四)重言语的感情色彩和弦外之音

在实际的言语交际中,有些句子的语义不一定是句子的简单的表面义。有些句子有着很强的感情色彩,而这些并不是靠词汇和语法表达出来的。这些句子听起来很难,最容易产生误解,因为其表面的词语义和实际义有着相当的距离。实况听力课正是要让学生逐步做到"在交际中能透过委婉、回避、夸张、比喻等语言策略和修辞手段听出对方的真意。能从谈话人使用的不同语气和口气推断出对方的态度和感情倾向。"(《高等设计》)

在谈服装的一段录音中有这样一句话,"鹅黄色的连衣裙,往我们淡黄色的皮肤上一穿……但不管怎样……"说话人对这种颜色的衣服是赞赏还是不太满意,句子中并没有不满之辞,但在"不管怎样"的前面,显然回避了这么一句话"也并不是很谐调的。"

在《麻山乡独白》中,"吱吱"的挑担子的声音里有这么一段话"麻山人肩上的担子已经压了祖祖辈辈,而他们心头无形的担子也像一支陈旧的歌谣哼了一代又一代。""担子"、"歌谣"已非词语本义,而是以此比喻麻山人的那种陈旧的观念。

在邮局里,有这样一组对话"来五个信封。""三分一个啊!"这里并非是简单地说出信封的价格,而是强调价格,可能是新涨的价,而营业员担心顾客未必知道,含有"信封涨价了你还要吗?"的意思。

在《服务窗口的电话》中,在机场售票处有这样一组顾客与营业员的对话,"在哪买票?""在售票处买票。""要什么手续吗?""你拿介绍信拿钱拿工作证来买呗。"这组对话从语句上看不出什么问题,但听后却可以感到营业员的不耐烦。"在售票处买票"这是句废话,"你拿介绍信拿钱拿工作证来买呗"则含有明显的不耐烦,意思是"这么简单的事情你怎么都不知道,还来问我。"

在《老店的年轻经理》中,有这么一句话,"83年参加旅游学院,考了旅游学院。"先说"参加",后又补充说"考了"、"参加"从语法上说有点问题,从语义上说"考了"含有"我是经过考试上的大学,而不是保送的。"在谈话中,他还几次把刚刚说出的"餐饮行业"纠正为"旅游行业",他想说后者,但已习惯于前者,而他又觉得前者不如后者更高雅、更风光、更时髦。

这些弦外之音和语言内部蕴含的感情色彩一旦被揭示,便使留学生有豁然开朗之感。

(五)重国情文化

在语言教学中,文化内容融于其中,汉语实况听力课中文化内容尤其突出,甚至可以说留学生在课上听到的不仅仅是言语实况,同时也是社会实况。

谈到文化,人们常用交际文化和知识文化来概括之。自然,实况听力课在语言教学的同时,在很大程度上也融入了这些文化内容。如上文"重功能""重口语"部分自然离不了交际文化,而过年的习俗、旅游景点的评介当然也属知识文化的范畴。不过,汉语实况听力课没有停留在这点上,而是不断地拓宽文化内容,把中国的国情文化通过汉语实况听力课,展现在留学生面前。

汉语实况听力课大胆采用厚今薄古的原则,把目光对准当今中国的方方面面。从语言教学的角度讲,留学生学到的是当今中国最新鲜、最活跃的语言；从文化角度讲，留学生看到了改革开放中的中国新面貌，并在一定程度上了解了一些我国的有关政策。

为了了解今天的中国。应让留学生知道昨天的中国，如谈到服装时，"新三年，旧三年，缝缝补补又三年"、"灰色的海洋"等使他们知道了过去中国人在穿着上与今天的差异。在音乐方面，了解"火红的太阳当头照"、"猎猎红旗迎风飘"与今天多姿多彩的通俗歌曲的迥然。了解了过去工厂的"大锅饭"，农村的"人民公社"更显现出当今中国经济的飞速发展。此外像知识青年上山下乡、人口生育的泛滥……，了解了过去使留学生也逐渐知道了当今中国改革开放的大好形势是多么的可贵与来之不易。

实况听力课涉猎的内容包罗万象、无所不容，不仅有工业、农业、教育、文艺体育、知识分子等大的方面，也有独生子女与计划生育，社会服务与社会福利，老知青的回忆与年轻学子的侃侃而谈，监狱里如何改造犯人，外国人在中国的学习与生活等等，有的留学生称这门课是"教室里的社会实践课"。可见，在实况听力课上，留学生学到的不仅是语言，也了解了中国的昨天和今天，甚至消除了以前的一些误解。当然，让留学生看到当今中国改革开放新成就的同时，也让他们看到当今中国存在的问题，给他们的是一个中国的整体。这样，才有可能使他们对中国的国情有个全新的了解和认识。

当然，汉语实况听力课首先应是以功能训练为主的语言课，大量国情文化内容的涉入不应改变其提高留学生汉语听力技能的目的。

（六）重语义

"在交际中，对口语里不完整，不规范的语句，能正确理解语义而又不发生误听。当谈话受到轻微干扰时能不误听。"（《高等设计》）

汉语实况听力课十分注重培养这方面的能力，在这种实况听力中，一般的语法作用不大，人们只求听懂意思。

如果我们把一个人在毫无准备的情况下作的口语表述录下来，就会发现很难避免这其中的不规范、不完整和杂乱无章之处。这实际上是听力上的一个个障碍，汉语实况听力教学就是要帮助留学生跳跃这些障碍。

一个退休老人说："我有两个孩子，两个儿子，两个女儿。"在找厕所的录音中，一个老人回答附近有没有厕所时说："没有，前边有个大楼，旁边有个胡同，进胡同就有。"在邮局，营业员说；"一共六毛八，等会儿等会儿，还得加三毛，一共九毛八。"这样的录音在让同学回答问题时往往由于误听而产生误解，问题在于留学生还不熟悉人们在口语表达中的自我纠正。

类似的句子还有很多：

"我从一个少年人成长为一个青年人。"（"少年人"应为"少年"）

"参加工作回来单位工作以后。"（"参加工作"是误说，"回来"应为"回到"）

"学习就应认真认真地学。"（"认真认真"应为"认认真真"）

"完成了一篇专著。"（"篇"应为"本"）

这些句子一般构不成大的听力障碍，以至误听。在纠正学生口语误差这一问题上历来就有不同的看法和做法。实况听力课纠正误差是让学生纠正录音中的误差，把有误差的录音片断反复听，目的是要听懂带有误差语句的准确含义。同时也找出误差，分析误差产生的原因，这不仅有助于提高听力，而且也可以减少他们自己口语中的误差。

在实况录音中，说话人由于没有准备，往往会说出一些杂乱无章、语无伦次的话来，这些地方无疑成了留学生听力上的极大障碍。

在谈到一所中学的改革时，有这样一段话："那么，在八十年代末，就要开始，我们第二轮的结束已经基本上差不多了，开始第三轮的时候"这话即使让留学生多听几遍，一时也难以理解。对此，应首先引导学生理清说话人的思路。说话人先说出"八十年代末，就要开始"后觉得还没说结束呢，于是又插入"我们第二轮的结束已经基本上差不多了"，然后又说"开始第三轮的时候"。这里的关键是要明白中间的插入语。这样同学便可自己理顺这句话："八十年代末，我们第二轮基本结束，就要开始第三轮的时候"。

一个青年教授在谈话中说："八十年代……有了一个从起跑线上已经开始起跑，有了一个加速的可能。"说话人本想说"八十年代，有了一个加速的可能。"可刚说到"有了一个"想到还没有说"起跑"，怎么会有"加速"的问题呢？于是自然插入"从起跑线上已经起跑"，这样便造成了句子的杂乱。引导同学理顺这一思路后，同学们便会自己理解这个句子。

作为一种尝试，汉语实况听力课开设几年来，得到了各国留学生的认可。近几年，参加汉语实况听力课的同学，其"HSK"的听力成绩或明显高于其他各项，或有显著的进步。当然汉语实况听力课还存在一些问题，如：如何解决教材的新鲜感与生命力的矛盾；如何与其他课型配合；怎样逐步克服随意性，加强系统化等。这些都是我们亟待解决的难题。高等汉语水平考试的听力理解部分已增加了实况听力的内容，这便更需要我们大胆实践，继续探索，解决难题，使得这一教学成果更加完善，进一步显示出其独到的教学效果。

参考文献：
1. 刘镰力、宗绍周，姜德梧，《关于高等汉语水平考试的设计》，《语言文字应用》，93.3。
2. 中国对外汉语教学学会汉语水平等级标准研究小组《汉语水平等级标准和等级大纲》，北京语言学院出版社。
3. 盛炎《语言教学原理》，重庆出版社。
4. 章兼中《国外外语教学法主要流派》，华东师大出版社。
5. 唐光桐《外语教学心理学》，黑龙江教育出版社。

（原载《天津市对外汉语教学论文集》，天津人民出版社1997年版）

关于初级汉语实况听力教学的几个问题

对外汉语教学发展到今天，似乎已经没有人怀疑教材使用真实语料的必要性和可行性。但是，这里有两个侧重：一是真实语料的使用侧重于阅读方面；二是真实语料的使用侧重于中高级阶段。本文所要讨论的，恰恰是这两个侧重所忽略的内容的集合点，即初级阶段的听力教学使用真实语料的问题。

在中高级阶段，使用真实、自然的实况汉语作为听力材料，已经得到了绝大部分专家和对外汉语教师的认可，在这方面我们也做了相应的理论探讨，并经历了长达20多年的实践。[①] 而关于初级阶段的实况听力教学，笔者曾在一篇论文中发表过这样的看法："实况汉语教学的起点，不是初级水平，更不是零起点，而是已基本掌握了汉语基础语法，具有中等水平的学习者。实况汉语教学是以习得为主的教学，在中级水平开设是适当的。"（孟国，2003）今天看来，这一说法已存有明显的偏颇。

随着对外汉语教学和汉语国际推广工作的迅速发展，人们对对外汉语教学的认识更加全面、更加科学。今天我们对实况汉语教学已经从"教学模式"或"教学模式雏形"（马箭飞，2004）的高度来认识。既然是一个"教学模式"或"教学模式雏形"，那么就不应该仅仅是某一阶段的教学，而应贯串于对外汉语教学的始终，特别不应该越过最关键的初级阶段。这样，就要求我们从一个新的视角来探讨一下有关初级实况汉语教学的几个基本问题。

---

① 关于这方面的论述，请参见拙作《关于实况汉语教学的几个问题》，语言教学与研究，2003（4）；《试论对外汉语实况听力教学的理论依据》，天津师范大学学报，2009（1）。

实况汉语教学的理论与实践

一 初级汉语实况听力教学的理论思考

首先,从第二语言教学的特点来讲,"以基础阶段为教学重点"已经得到大家的公认,这是因为基础阶段拥有的学习者最多。但是,其中的相当一部分学习者恐怕到达不了掌握汉语的胜利彼岸,这里原因多多。我们应该承认,初级阶段的教学状况,比如:教师的教学水平和敬业态度、教材及所讲内容的实用性和交际性、课型和课程的合理安排等等,都会在很大程度上影响着初级阶段学习者学习汉语的积极性。在初级阶段适当地、合理地安排实况汉语听力教学,将使得这一阶段的课程更加丰富多彩,使教学内容更具有交际性和实用性,使得学生能够在最短的时间内尝到学习汉语的甜头,产生成就感,获得自信。因此会迅速激发,并长时间保持学生学习汉语的积极性,减少从初级阶段到中高级阶段汉语学习者的流失。另外,到了中高级阶段,学生往往具有了一定的自主学习能力,很多东西不一定是在课堂上学到的。而初级阶段的学生很难做到这一点,他们对课堂教学有着相当的依赖性,他们迫切需要教师在学习方法和学习策略上的指导。由此,可以说,作为课堂教学形式的实况汉语教学在初级阶段开设,其必要性是不言而喻的。

其次,从语言交际能力理论来看,把提高语言交际能力作为第二语言教学从始至终的目标,对此人们已经达成共识。为了达到这一目标,人们提出要坚持教学过程交际化这一重要原则,当然初级阶段也不例外。教学过程交际化的一个重要方面是教材问题,这就是教材或教学内容要极具交际性。因此,许多学者主张,语言教学要选择真实的语言、真实的情景和在真实的交际过程中使用语言。(章兼中,1983)实况汉语听力教学是达到提高汉语交际能力这一目标的最有效的手段之一,是教学过程交际化的最生动的体现。汉语实况听力教学的内容,往往是初级阶段的学生迫切需要掌握的内容,这些内容贴近社会用语的真实与自然,学了以后马上就能用。我们应该尽量避免在初级阶段所学的内容与社会交际常用语脱节的情况发生,避免学生产生畏难、抵触情绪。然而,事实上人们往往忽略了这一点,于是,就出现了下面的情况:一是尽管老师很敬业,能够把教材的内容教得很好,学生也很努力,能够把教材的内容学得很好,但是,他们却不能和一般的中国人进行比较简单的、比较随意的汉语交际;另一种情况则恰恰相反,一些留学生不满足传统的课堂教学,他们很快就对课堂教学失去了耐心和信心,到社会上学习所谓的"马路汉语",或者找一个中国学生进行一对一的"单打独斗",由于缺少教师的指导,缺少学习的系统性,也很难取得实质上的进步。两种情况,表现迥然,原因一致,即我们的教学和教材远离外国留学生到中国后急需的汉语交际能力,我们的教师还在用那些陈旧的方式讲练那些过时的、脱离实际的内容。对此我们的教师似乎已经见怪不怪、甚至有几分麻木了。

最后,从语言习得理论来认识初级阶段开设汉语实况听力教学的必要性。西方学者认为:成人第二语言的获得,是从有意识的学习逐渐发展为对语言的自然习得。美国学者吴伟克(G Walker)用两个上下倒置、部分交叠的三角形来解释学习和习得的关系,他认为:随着时间的推移和语言水平的提高,成人第二语言学习中习得的成分越来越大,而学习的成分就相对变小了。如图1所示(刘珣,2000)

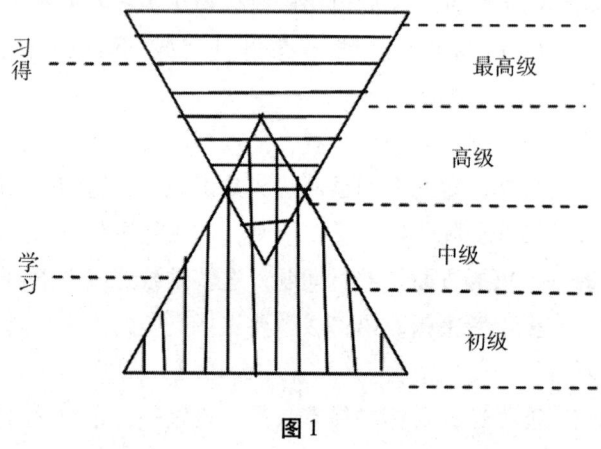

图1

这一理论使我们眼前一亮、豁然开朗,对我们的教学有很好的指导意义。按照这一理论,我们在中高级阶段开设实况汉语听力教学是适当的。但是我们遇到的问题是,中高级阶段的学生开始学习实况汉语时,同样有很多的不适应,尽管这时他们已经基本掌握了汉语语法和相当的汉语词汇。因为在这之前，也就是初级阶段，他们完全没有接触过这样真实、自然的语料，所以他们在语速、语气、口语语法特点、口语表达的残缺和口误等方面表现出极大的不适应。他们听不懂的地方，常常是一些很简单的词汇和语法，也就是说学生在学习了基本语法和词汇后，还要反过头来再适应语速和语气等问题。如果在初级阶段适时、适量、适当地开设实况汉语教学，可以在很大程度上避免这样的问题。需要强调的是，语言习得应该贯串于第二语言获得过程的始终，同样语言学习也应该贯串于第二语言获得过程的始终，尽管在不同的阶段可能存在着不同的侧重。于是，针对吴伟克的理论，我们对这个图形进行一下修改和补充。如图2所示。

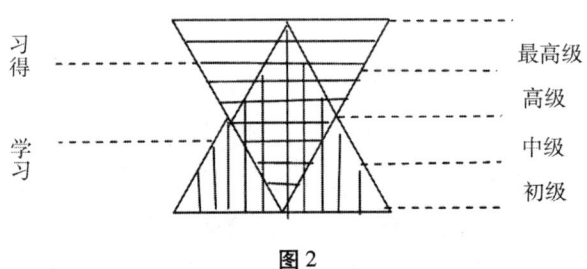

图2

其实，我们的理解和吴伟克的观点并没有根本上的矛盾，即随着时间的推移和语言水平的提高，成人第二语言获得过程中习得的成分越来越大，而学习的成分就相对变小了。然而，这一图形与吴伟克图形也存在着明显的区别：即初级阶段的语言获得过程并非完全是学习，比如，我们常常带学生去参观、去实践课上所学的内容；而最高级阶段的语言获得过程并非完全是习得，也需要不断地、有意识地学习来提高自己的汉语水平，虽然这些学习未必发生在课堂上。因此，我们在重视初级阶段的课堂教学等学习因素的同时，不能忽略习得因素的发挥。事实上，在初级阶段，对外汉语教师们一直在努力地采取各种各样的充分体现习得因素的教学方法，而开展实况汉语听力教学则是其中最典型、最有效、最可行的语言习得方式。

二 功能法的启示——初级汉语实况听力教学的变通性

在理论上阐释初级阶段开设实况汉语听力教学的重要性和必要性，人们也许没有什么异议，但是，初级阶段实况汉语听力的特点是什么？与中高级阶段比，初级阶段的实况汉语听力教学有哪些变通？如何提高初级阶段实况汉语听力教学的可行性？这些问题值得我们做进一步的探讨。可以说，不解决这些问题，必要性、重要性只能流于空谈。我们从国外的外语教学理论，特别是功能教学法中受到启发，得到了理论上的支持。

功能法语言教育家汉姆莱（Hammerly）曾就使用真实材料作为听力教材提出了自己的看法。他认为听力教材应有一个"由经过编排加工的材料到未经过编排加工的材料"的过程，也就是由有控制的材料到真实材料的过程。实际上这个"过程"就应该是从初级阶段的实况听力教学到中高级阶段实况听力教学的转变。汉姆莱认为在这一过程中，"语体由单一到多样，语音由标准到方音，语速由慢到正常，练习由易到难；辨音——听真伪——根据指令反应——回答简单的问题——听对话，说出人物、场合——听有背景噪音、冗余信息的谈话，听后复述大意"。汉姆莱还认为，一开始就听未经过编排、加工的材料，会使学生受挫。（盛炎，1990）汉姆莱对真实材料的"编排"与"加工"，实际上就是一种模仿和整修，以使其能够适应初级阶段的语言水平。

上个世纪60年代末期，人们对听力教学有了新的认识，人们普遍认识到听力教学应力争使用真实材料。所谓"真实材料"，英国教学专家玛丽·安德伍德（Mary Underwood）认为就是"普通人用普通方式说的普通语言。"（ordinary language by ordinary people in ordinary way）简言之，也就是真正的日常会话。玛丽经常在人们不注意的情况下录制人们的真实谈话，以此作为听力教学的内容。玛丽同样主张在初级阶段使用这些"真实材料"，但她强调：这些材料在内容上要有趣，长度要合适，要照顾到学生的年龄；在讲述上要清楚，说话者不要太多，方言口音不要太重，但话语和口音要有变化，语速和停顿正常，要有适量的冗余话；在录音质量上，可听度要高一些，要有一定的背景配音。

汉姆莱和玛丽的主张直接影响到我国的汉语教学，使得我们的汉语教学从综合性向单项技能训练发展，听力教学相对独立，教学重点由结构转向功能，并努力做到结构与功能的有机结合。他们的主张对我们的初级汉语实况教学有着很好的启示，其中的许多做法与我们的教学有很多相似之处。因此，我们认为，初级阶段的"真实语料"或"实况语言"是相对的。在初级阶段，我们强调教材中语言真实、自然，但却不主张使用完全的"真实语料""实况语言"。因为那样无疑将事倍功半，寸步难行。我们应对这些"真实语料"进行适当的选择和加工，这在计算机技术迅猛发展的今天已经不难做到。

多年来，在中高级阶段实况汉语听力教学中，我们一直坚持三大原则：教材编写上的"先声后文"原则；语言上的"真实、自然、新颖"原则；内容上的注重当今"国情文化"原则。最近，在完成《原声汉语——初级实况听力教程》①的过程中，我们深深体会到，要让初级阶段实况汉语教学的开展，教材的编写更加可行，就必须在坚持这些原则的基础上有所变通。

三 初级汉语实况听力教材的编写原则

在教材编写上，坚持"先声后文"原则。这是区别于传统听力教材编写方法的根本之点。课文只是录音的忠实文本，录音是教材的生命，根据真实、自然的实况录音整理文本。初级阶段的听力教材仍然坚持这一点，但有较大的变通。初级阶段实况汉语的语料不完全等同于中高级阶段的实况汉语，因为这些语料经过了编排与加工；也正是这些编排与加工让我们看到其与传统的听力教材存在着本质上的不同，它不是书面语的简单的有声表现形式。那么这些编排与加工是如何开展和进行的呢？

考虑到初级阶段留学生汉语水平较低，"先声"录音不完全等同于中高级阶段实况汉语，也就是说不是纯粹的"实况"，而是采取"模拟实

---

① 《原声汉语——初级实况听力教程》，北京大学出版社，2008-09出版。

况——半模拟实况——实况转录——实况采录"四种形式的过渡和组合。模拟实况，主要是一些不怎么需要情景和环境的对话，可以在录音室或教室里由教材编写者完成，录音过程往往是就某一交际项目所进行的对话，这个对话没有完整的文字材料，但要有一个粗略的大纲，如：问候与打招呼、询问日期和基本情况、询问教学安排等；半模拟实况，需要情景和环境，对话的双方往往有一方是我们的教材编写者，另一方可能是各行各业的从业人员，我们需要向对方说明我们的用意和要求，希望对方配合，如：问路、寻物、购物、在药店和医院、晨练等；实况转录，从电视、广播及网络上转录交际环境明确，交际性很强的语言片断，在此基础上进行删改、组合，如：听新闻、听节目预告、听天气预报、听广告等；实况采录，是在被采录者完全不知的情况下进行的，这些内容同样要求交际性强，环境典型，如：打咨询电话、交手机费、在银行、在邮局、在专卖店等，但这些语料往往需要一定的后期制作。四种情况的实况语料大致体现了由易到难的过程。这四种方式获取到的实况汉语录音具有共同的特点：即情景真实、熟悉；功能常用、典型；有一定的情节和内容，但不复杂；课文不长，生词不多，语法难点少见；语速适中，少有方音；与典型句子相呼应；注意句子的口语化。

我们从每个单元的三段实况录音中选择10个在这个功能和情景中经常出现的典型句子。这些句子除了具有实况汉语的特点外，还必须有扩张和延伸的基础，大部分是课文的原句，有的则对原句稍加修改，有的虽然在课文中没有出现，却是这一话题很典型、很实用的句子。然后对这些句子进行重新录音，并采取快、慢两种语速，注意相应的语气。对这一问题，吕必松曾提出：听力"教材的录音也要注意语速问题，最好每一篇教材都用三种语速，第一遍是慢速，每分钟160个字左右，第二遍用中速，每分钟180个字左右，第三遍用正常语速，每分钟200个字左右。"（1995）吕先生的论述对我们有很好的指导意义。但随着社会的发展，人们的语速也在逐渐加快，所以我们这里采取的语速标准大致为：快语速，220——240字/分钟；中语速，180字/分钟左右。而我们对搜集到的实况语料的平均语速是244.45字/分钟。（孟国，2006）让学生在听实况录音前反复听练，逐渐适应这几个典型句子的正常语

实况汉语教学的理论与实践

速,这样一方面减轻了教学的难度,另一方面也加快了教学的进度,使学生能够尽快适应实况的语料。

四 初级汉语实况听力在语言上的特点

语言上,坚持"真实、自然、新颖"的原则。中高级实况汉语听力教学坚持的是:真实的言语环境;自然的言语表述;新颖的常用语汇。初级阶段的实况汉语听力教学一方面坚持了这些特点,另一方面也充分考虑到初级阶段学习者的实际情况,在语言的实况性上有所变通。和中高级阶段不同的是:初级阶段的语料绝大部分都是对话型的,这是考虑到这一阶段的教学目的重在留学生基本交际能力的提高;初级阶段的课文短小,相当一部分课文的录音时间在 0.5~1 分钟之间,课文的文字在 100~200 字之间,这是考虑到这一阶段的学生听力水平较低,而听力练习比较枯燥,容易疲劳的特点,这是区别于中高级阶段的另外一点。

实况汉语从某种意义上来说是一种口语,我们在分析实况汉语的特点时总结了如下特点:语速之快恐怕会超出绝大部分人的普遍认识;口误的数量远远超过笔误,出现口误后有的人全然不知,有的人即使发现了也很少对口误做出明确的纠正;(孟国,1998)在语音上,南腔北调随处可闻,在音质上、音长上、音强上、音高上都有别于一般的书面语的有声材料;在语汇上,丰富多彩的重叠、语气词的妙用、叹词的频繁出现、量词的过度泛化、副词的单独成句、大量的独词句、惟妙惟肖的象声词、连接句子的填补性语汇、丰富的口语习用语与熟语等层出不穷;在语法上,句子短小、少用连接词、灵活自由的语序、大量的重复、屡屡出现的省略现象、插入成分的补充与提示等等屡见不鲜;在其他方面,停顿的随意性、语言的多提示性、引语的自然、语句中的自问自答、灵活俏皮的顺口溜、非语言因素的妙用等不胜枚举。

在初级阶段的实况汉语中,这些特点得到了一定的体现,但由于我们的编排和加工,使得初级阶段的实况听力材料与中高级阶段有一些区别。初级阶段的实况汉语在语速上将低于中高级阶段,两种不同语速的循序渐进、穿插与过渡,将有利于留学生对快速汉语的适应;在口误上,由于采用模仿的形式,口误肯定会减少,但模仿也包含对一些典型口误的模仿,所以这一特点将被保留;在语音上,初级阶段我们尽量不出现南腔北调的地方普通话,但由于是实况,发音不准之处肯定会明显多于一般的听力材料;在语汇和语法上,由于篇幅较短,且绝大部分都是对话型的内容,所以可能不如中高级阶段的语汇那么丰富,语法那么生动。需要强调的是,初级阶段与中高级阶段对语法和语汇的处理过程有着明显的不同,中高级阶段一般不把语法和语汇作为学习的重点,因为在听力理解的过程中,语法和语汇的问题往往构不成听力的主要障碍。而初级阶段则完全不同,由于这一阶段留学生在语法和语汇上刚刚起步,还谈不上系统,所以语法和语汇往往是他们听力理解的主要障碍之一,因此在听力理解的过程中,他们需要构建和完善自己的语法体系,需要扩展自己的词汇量,无疑,这些内容将是他们在实况汉语教学中学习的一个重点。当然,他们在这里学到的语法和语汇将是口语中常用的、比较典型的语法和语汇。这也是与一般听力教学的另一点不同。

五 初级汉语实况听力在文化上的特点

在内容上,坚持交际文化为主的原则。中高级实况汉语注重当今的国情文化。在这一点上,初级阶段实况汉语与此区别明显。中高级实况汉语教学的真实、自然、新颖的特点还有另外一层意思,即展示给学生的是当今中国的真实社会,让学生了解到普普通通的老百姓生活的方方面面。在实况汉语听力的课堂上,学生在学到鲜活的汉语的同时,也了解到普通的中国人在干什么,在想什么,在追求什么;了解到近几年的中国,在政治、经济、思想观念、生活水平等方面所发生的巨大变化。可以说这一阶段的实况汉语教学已不大注重那些留学生大致已经了解和掌握了的交际文化,而是一种中国的当代国情文化。

初级阶段的实况汉语与此恰恰相反,因为这个阶段他们迫切需要提高的是自己的汉语交际能力。不过,在初级阶段我们同样要坚持在文化上的真实、自然、新颖的特点，但与中高级所追求的国情文化的真实、自然、新颖大有不同，在《原声汉语——初级实况听力教程》中充分体现了这一点。初级阶段的"真实"主要指交际环境和情景的真实，这些环境和情景几乎是每个留学生天天身处其中，常常不期而遇的。在教材中，我们安排了下面这些环境和情景，如：在理发店、在洗衣店、在地铁、在药店、在菜市场、在专卖店、在路边的大排档等；初级阶段强调的"自然"主要指交际过程的自然，没有人为制造的痕迹，在教材中，我们安排了下面这些常用的自然交际过程，如：问地点、借东西、电话咨询、修自行车、询问课表、找洗手间、办签证延期、吃自助餐、开户、叫120、联系搬家公司、处理交通事故、定房间、旅游等等；我们强调的"新颖"，在初级阶段主要是功能项目的新颖，即紧跟时代的潮流，特别关注那些随着社会的发展，新出现的功能项目，在教材中，我们安排了租房、健身、交手机费、超市购物、自动取款、刷卡、电话咨询等。其实，我们主张的真实、自然、新颖往往是相互交叉的，这三点的有机结合便形成了初级实况汉语听力教学在文化上的主要特点：注重全面提高学生的语言交际能力。

如果说中高级阶段的实况汉语教学已经取得了一定的经验和成功，那么初级阶段的实况汉语教学则刚刚起步。虽然这是一个良好的开端，但是我们知道，对初级实况汉语教学中的一些问题，还需要我们作更深入的理论探讨，需要我们开展更广泛的教学实践。因为我们清楚，一个教学体系或教学模式的构建和完善不是几个人短时间内能够完成的，需要更多同行的参与，需要更长时间的探索。

参考文献：

1. 刘珣《对外汉语教育学引论》[M]．北京：北京语言文化大学出版社，2000：154．
2. 吕必松《对外汉语教学概论（讲义）（续十三）》[J]．世界汉语教学，1995，(3)：57~62．
3. 马箭飞《汉语教学的模式化研究初探》[J]．语言教学与研究，2004，(1)：17~22．
4. 孟国《口误与对外汉语实况教学》[J]．语言教学与研究，1998，(3)：74~85．

5. 孟国《关于实况汉语教学的几个问题》[J]. 语言教学与研究, 2003, (3): 64~68.

6. 孟国《汉语语速与对外汉语听力教学》[J]. 世界汉语教学, 2006, (2): 129~137.

7. 盛炎《语言教学原理》[M]. 重庆: 重庆出版社, 1990: 264-267.

8. 章兼中（主编）《国外外语教学法主要流派》[M]. 上海: 华东师范大学出版社, 1983: 225.

（原载《暨南大学华文学院学报》2009 年 第 3 期）

"电视实况视听说"课的
教学实践与理论探讨

一 电视实况视听说课的理论探讨

视听教学法产生于本世纪50年代的法国,这种教学法在听说法的基础上增加了视觉感官的效果,无疑在提供语言习得环境上有了长足的进步。当时,由于条件限制,所谓视觉效果,不过是图片、幻灯、电影等,与今天我们所说的以看电视录像为主要内容的视听说教学有着很大的不同。在听说教学中使用实况语言始于本世纪70年代,当时曾引起了人们的争论,争论的焦点是听力教学是使用真实材料,还是使用教师编写的人工材料?通过争论,人们进一步认识到使用真实材料的重要性。教师和教科书的编写者都应力图将真实材料和真实的交际任务联系起来。所谓真实材料,英国教学专家玛丽·安德伍德认为就是"普通人用普通方法说的普通语言"。不仅听力教学如此,视听说教学更是如此。实验证明,人们在视听并用时所接受的信息明显高于单纯的视和单纯的听。而在正常的言语交际中,绝大部分也是视听并用的,视而不听者是聋哑人的语言,或是人们在交际时偶尔用到的体态语,听而不视者唯有听广播打电话等。因此在教学中提供视听并存的语言环境,将会大大促进学习者的习得过程。这种环境应该是交际实况的再现,应尽量接近现实交际的原貌。这种交际过程中的"视",只是一种辅助手段,虽然在人们的言语交际中常常借助于这些手段但又绝不像影视演员们那样的丰富多彩,甚至过分夸张;而听到的则应是真实交际过程中的言语表达,是实况语言,并非一定必须是十分规范和标准的，因为现实中人们的言语交际本身就是这样。实况语言的特点十分突出，真实、自然、口语化，与经过加工的语言有很大的不同，有的流于地方普通话，发音不够标准；有的口语化太强，离开语境很难理解；有的偶有语病，甚至语无伦次令人费解。电视实况视听说就是再现社会上真实的言语交际的实况，实际上，在课堂上为汉语学习者们提供了一个学习语言与习得语言相结合的环境。

电视实况视听说是在怎样的基础上发展形成的呢？

首先它源于一般的视听说课。视听说是对外汉语教学中比较年轻的课型，由于其声像配合，深受留学生欢迎。最初，人们写好脚本，请人表演，如《中国话》、《开明汉语》等，后来又找一些内容和语言较适当的电视短剧，请演员排演。由于专用于教学，因此语言标准、语速较慢，与实际的言语交际存在着明显的差异。再以后，人们开始注意电视台平时播放的电视剧，根据学生水平和教学需要找出一些语言、内容和时间都适当的电视剧甚至连续剧，根据录像整理出文字作为教材，与以前的内容比，这些电视剧语言接近实况，情节也较自然，反映的内容也受留学生的欢迎，但它毕竟是文学艺术作品，文学味过重，人工斧凿痕迹很明显，实际上仍与普通中国人的日常言语交际有着一定的差异。已有专家对中高级汉语精读教材中过多使用小说等文学作品提出异议，而今对以电视剧为主的视听说教学产生不满也是理所当然的事。电视实况视听说吸收了一般视听说课声像并茂、生动活泼的长处，同时又在语境和语言的真实性上有新的突破，取材于电视中的实况材料，让同学看到、听到的是社会真实情况的再现。

其次它源于汉语实况听力课。汉语实况听力课，我们已有多年实践，由于它在课上再现了人们真实的言语交际，因此深受留学生欢迎。高等HSK 的听力测试已增加了实况听力的内容，这门课将会进一步引起同学的兴趣。然而，实况听力课的弱点也很明显：一是难度较大，因为只是听，没有视觉感受，再加上实况语言自身的难度，有极个别的地方一般的中国人也很难完全听懂；二是太枯燥，一遍一遍地听，容易使学生产生厌烦或畏难情绪。电视实况视听说课保留了其实况语言的特点，又增加了视觉感官的实况语境这一条件，在相当程度上克服了上面的两个弱点。视觉

实况汉语教学的理论与实践

系统的形象性不仅大大提高了课堂教学的趣味性，同时在一定程度上降低了教学的难度，此外还扩大了信息量，在课堂上生动地展示了当今中国社会的方方面面。因此，此时的"视"，已不是什么陪衬和摆设。当然，电视实况视听说不可能、也不应该代替实况听力，但它也确实具有实况听力课所不能取代的独特的教学效果。

总之，当电视已成为人们获取信息的主要媒体的今天，在汉语学习的课堂上展示了一个声像并茂的、真实的、丰富多彩的中国社会，受到留学生的欢迎是很自然的事。当然，电视实况视听说不可能适应所有学汉语的同学的所有阶段，它只能适应于中等汉语水平以上的同学，具体说，HSK六级以上、国外中文系三年级以上的学生，或是在中国认真学习汉语一年以上的留学生。

电视实况视听说课要达到怎样的教学目的？首先是能够听懂一般人在一般条件下所作的言语交际。所谓一般人包括各行各业、各种文化层次的男女老少，所谓一般条件是指这些人用具有各种特点的普通话（包括地方普通话）所进行的一般生活的言语交际和对各种社会问题的议论。同时，通过此课还要提高能够看懂电视实况内容的能力，能够正确地从电视中获取各种信息。其次，说也是此课的重要目的，这里的说不是指视听理解过程中的简单问答，而是就电视实况所提出的话题所作的成段的口语表述。再次，在语言的学和练的过程中，接触大量的当今中国的方方面面，因此此课的汉语学练过程自然就成了学习中国国情文化了解中国人文化心态的过程。此外，在听比较难懂的有声材料时，快速准确地看懂理解字幕，实际上可以说是一种特殊的阅读理解。由此可见，电视实况视听说是以提高听说能力为主要目的、兼顾各类文化内容的学习，并对阅读能力也有所提高的全面提高汉语能力的课型，这一点在课后对留学生进行的反馈调查中得到了证实。

二　电视实况视听说课的教学实践

选材是电视实况视听说课预备阶段中的第一步，也是十分重要的一步。顾名思义，电视实况视听说的选材，就是从电视中选取那些有语言实况特征的录像材料。这便要求教师要用大量的时间看电视,特别是电视节目中的纪实、采访等实况节目,如中央电视台的"东方时空"、"焦点访谈",以及各地方台类似的节目。由于事先不了解节目的具体内容,为了避免"遗珠"之憾,我们宁可多录少用。据粗略统计,在看过的十段内容中最多有三四段有录的价值,在录下的十段内容中最多有三四段可用在教学上,而这些可用的材料相当部分是一次性的,可以重复使用的不多,这是因为这门课具有极强的时间性和新闻性。

选材比较困难,是因为选取材料有着严格的标准。首先是语言标准。实况语言所具有的真实、自然的特点是最主要的选材标准。这些语言就是平常的对话和谈话,具有明显的口语特征,而不能过多地选录播音员的声音。这些语言材料对于一般的中国人听起来不应该有困难,反之则万万不可用。当然这一过程包括视觉系统,甚至包括电视屏幕上相应的字幕。在选材时要注意各种人物的口语,如不同的文化层次、不同的身份和工作、不同的年龄、不同的性格等,还可选用各地的地方普通话,但绝不能选用方言。不能把规范化视为唯一的选材标准,而摈弃那些活生生的言语材料尽管这些材料中有的地方,发音不十分标准,甚至偶有语病。其次在内容上也有着严格的标准。这些内容要真实地反映当今中国社会的方方面面,特别是自改革开放以来,中国所发生的巨大变化。这些内容应以健康的正面宣传为主,但也不必回避改革开放过程中社会上不可避免会出现的某些有一定普遍性的种种弊端。这样在同学面前所展示的是一个改革开放的中国的整体。同时,还应考虑所选内容应尽量是同学们感兴趣的当今中国的热门话题。此外,还应注意以下几点。首先应是教师熟悉的题材,因为一个教师不可能熟悉各个方面的内容,掌握各种知识;其次应注意材料的声像效果;再次应选取无字幕或少字幕的。最后在时间上应适中,作为一个单元(两课时)的教学内容一般不应超过十分钟,必要时可以适当剪接。

选定的教材实际上只是一个声像材料,没有文字材料,所以备课的第一个环节应该是根据录像整理出一个大概的文字脚本。然后在文本基础上找出重要的、关键的,可能是难点的生词语和语法现象,作为教学中的重要内容,因为这些极可能是同学的视听障碍,特别是有的词语听时容易写时难。有的词语非常口语化或方言化,却不常写,有的词语很专业化,虽

实况汉语教学的理论与实践

好写却很难准确理解其涵义,这便需要我们认真查阅各种工具书。还要把文本分出若干小的段落,根据内容设计出各种各样的练习。最后寻找、挖掘本段内容的话题,作为说(成段口述)的练习。

此课区别于其他课型的重要一点是课前无须任何预习,不必作任何教学内容的透露和生词语及语法现象的交代。课上首先完整地看一遍录像,在不作提示的情况下,让同学用一两句话谈谈录像的内容及看后的感想,也可以提出问题。然后根据备课过程中分成的若干小段,逐段反复看,使大部分同学能看懂大致内容,这一过程实际就是讲和练的过程。练习的目的是让大家听懂、看懂,并且抓住内容的核心。练习的形式一是问答练习,根据课文内容教师提出大量的问题,让同学回答,这些回答是很简单的,只是印证一下他们是否真的看懂了;如没看懂,其症结何在。二是让同学复述内容,其目的同样是印证一下同学是否真正看懂,而口语表达则是其次的,在复述过程中,教师可以酌情给予提示和讲解。当然,这些提示和讲解首先应该是引导式的,把同学的理解思路引导到正确的思维轨道,尽量让同学自己回答出正确的答案,而决不可替代同学自己的视听理解过程。这样逐段的视听、练习、讲解后,同学基本上理解了内容。在此基础上让同学进行话题练习,也就是在理解录像内容的基础上,根据教师提出的话题,进行成段口述的练习。这个练习是视听说三者的完美结合,教师应及时纠正他们在口语表达中的错误,以求提高其口语表达能力。

三 电视实况视听说课的几点思考

第一,电视实况视、听、说三者应是怎样的关系?多年来,人们根据自己对课型的不同理解和教学对象的不同国籍、不同水平,使用不同的教材和不同的教学方法,把视听说上成目的不同、类型不同的各种课型,不过大部分侧重于说,视之为一门口语课。而电视实况视听说对此则有不同的理解和做法,这里的说指的是话题的成段口述,而不是在视听理解过程中的简单问答。在不同的教学阶段,对不同水平的教学对象,视、听、说各处在不同的位置上。开始阶段——只视听而不说或少说的阶段,此时学生还不太了解这门课,加之汉语水平不太高。所以应以听懂看懂为主要目

对外汉语教学求索集

的,尤以听懂为主,视只是听懂的辅助手段,但快速阅读字幕也将是一个不可忽视的内容。在这个阶段,视听理解过程占去了绝大部分教学时间,视听与说的比例高达6∶1到8∶1。即使只视听而不说也不失为一种实际的教学方法。中级阶段——以视听为主,兼顾说的阶段,此时大约上了两三个月以后,同学已逐渐地熟悉了这门课,汉语的实际水平也在不断提高,说的比例应逐步增加,而视听的时间则越来越少,二者所占比例大致为3∶1至5∶1。高级阶段——以视听为手段,以说为目的的阶段,此时这门课已上了一学期以上,视听障碍越来越少,自然所需时间也就越来越少,而用大量的时间根据对录像内容的理解和录像所提供的话题进行成段口述和讨论,此时二者所占比例大致为1∶1到1∶2。

第二,通过不断实践,电视实况视听说课还有一些需要研讨的问题。

在此课的反馈调查中,不少同学提出希望预习,提前看到生词语,以减少课上视听过程的难度。这个问题的提出虽说不无道理,但提出者缺少对此课立意的理解。此课不同于其他课型的重要之点就是极强的时间性、新闻性,追求新鲜、真实和自然。备课时经常遇到的情况是今天晚上录的内容,明天上午就要用,因此,提供生词,在时间上也是不允许的。况且本课的立意之一就是要在真实的语境中理解或克服可能遇到的生词语或其他障碍。因为在现实的言语交际中,任何人也不会谈话前先给你一个生词表。这便提出了另外一个问题,即教材的生命力和稳定性从来就是一对难以克服的矛盾。在这门课的教学实践中我们也发现在选中的教材中,确实有一部分相对稳定的内容,这部分内容时间性不很强,可以说是一个相当长时期内的热门话题。如:戒烟,中国人买汽车,野生动植物的保护,中国的变革与中国人的心理,残疾人的问题,贫困与反贫困等等。如能把这样一部分内容的电视实况编成教材,与那些时时在发生的新闻性内容结合使用,至少有如下三个长处:一是因为有了可参照的文字材料,所以适当地降低了难度;二是减轻了教师的备课负担,减少了备课的时间;三是使这门课在一定程度上系统化,克服了随意性。我们将努力争取并热切期待这样的教材问世。

同学们的兴趣不一,众口难调也是本课遇到的难题之一。在本课的反馈调查中,对已经学过的内容,同学们感兴趣和不感兴趣的五花八门,大相径庭。虽然同学们的兴趣程度并非是我们选材的唯一标准,不过,让大部分同学感兴趣,确是我们应该努力做到的。

此课在教学过程中往往是天马行空,独往独来,缺少与其他课的衔接与配合。这一点与其说是个缺点,不如说是个特点。高等 HSK 已经出台,高级班的教学内容怎样与高等 HSK 联系也是一个值得思索的问题。在高级班的教学中,各门课的相互配合以及与前后课的衔接不像初级班那么重要。有一些独往独来的课是很自然的,也可以说是应该的。

第三,电视实况视听说课对任课教师有些特殊要求。所谓特殊要求,即相对于对外汉语教师所具备的一般条件而言。

与一般课比,此课课前准备的时间更多,因为目前没有固定的教材,因此,所教的内容永远是新的,况且要自己寻找教材,因此,要求教师不怕辛苦,肯于投入大量的时间和精力。同时还要求教师的知识面要宽,甚至超出中文系所教所学的内容,对历史、地理、时事、哲学、经济学等等都应有一定的了解和积累。并且,要有极强的应变能力。因为尽管我们认真备课,但很难预料同学会提出什么问题。此外,还要求教师对汉语口语要有一定研究,最好是要有口语课、听力课和视听说课的教学经历和教学经验。最后,准备一台较好的录像机和很便利的录像环境也是必不可少的一个重要条件。以上各点对一般的对外汉语课的任课教师也应该或最好具备,但对于电视实况视听说课的教师来说,则是必须的,不可缺少的。

电视实况视听说课作为一门独立的、有特色的新课,还需我们继续大胆实践、不断努力探索,使之逐步完善。在实践中我们十分需要专家同行的指教。这也正是本文的写作目的之一。

(原载《天津师大学报》1996 年第 6 期)

口误与对外汉语实况教学

高等汉语水平考试对听力有着更高层次的要求，刘镰力等在《关于高等汉语水平考试的设计》一文中认为高等汉语的听力应该达到这样的水平："在交际中，一般词汇、语法上的问题不再成为听力上的障碍，遇到障碍有跳听、猜听而不误听的能力。""对口语里不完整或不规范的语句，能正确理解语义，不发生误听。"这里所说的"障碍"和"不完整或不规范的语句"自然包括各种口误。

在外国留学生学习汉语的过程中，听到的大都是一些发音标准、语速较慢、语法运用及选词用语比较规范的录音，实际上是书面语的有声材料。这种有声材料与现实中绝大多数人的语言实际有着相当的差距。为了解决这一问题，人们往往加强听力课的教学，而一般的听力教学听到的同样是那种十分标准的语言，因此难以解决这一问题。让具有中级汉语水平以上的留学生在课上听实况的汉语、非常口语化的汉语，这是对对外汉语听力教学的一个新的尝试，是提高留学生听力水平的重要步骤。

实况语言即未经加工修改的口语，与反复推敲修改后的书面语存在着明显的差异。人们在日常言语交际中经常出现口误，自然就有了各种纠误的方法。书面语中虽也偶有笔误，但写作者有着较充足的时间检查修改，直至满意为止。阅读时我们很难看出写作者的纠误过程，当然也就不会形成什么阅读障碍。口语则不然，在数量上，口误要远远超过笔误，出现口误后有的人甚至全然不觉；有的人即使知道，也很少对口误做出明确的否定，而往往根据口误的不同程度和自己的口语习惯，采取不同的纠误方式。这样，就势必在口语表达上出现凌乱无章、重复啰唆的现象，给听者特别是那些外国留学生造成听力障碍。调查汉语口误的状态，归纳其特点

实况汉语教学的理论与实践

及纠误方法和过程,探索其中的某些规律,对于搞好对外汉语的听力教学,提高留学生实际的汉语听力水平是十分必要的。

一 说者没有察觉的口误

在口语表述中,经常有这样一种情况:说话人对自己的口误并无察觉,自然也就不存在纠误的方法和过程。这种情况大致分为三种类型。

1. 口误一般不会产生歧义、造成误解。要听懂这些句子的本意,自然需要能逾越口误这道障碍,实际上是在听者的头脑里完成纠误过程。如(本文例句均为笔者在多年的教学实践和教材编写过程中搜集整理的有声材料,都有实况录音①):

(1) 我的思想来了个90度的大转弯。
(2) 如果行人不小心,掉到井盖里该谁负责?
(3) 要指我们去找就业机会,我们的就业面局限面特别小。
(4) 打起精神来,又学化妆又学美容,自己特别高兴,走出社会,去上那儿看看去,正好有招工的,就走了。
(5) 在解决技术问题的时候,我们投资是比较大的,就是在降低低毒害、低危害的卷烟。

例(1)的说话人是位癌症患者,她想自杀,但当她看到年幼的孩子时,就改变了自杀的念头。这个改变应该是180度,90度的转变怎么理解?又想死,又不想死?这显然不是说者的本意,听者也不会这样理解。细想起来,类似的说法不是个别的,把转变说成360度也不鲜见。例(2)的说话人是中央电视台的一位著名主持人,他在谴责偷马路井盖的行为的同时,指出可能会造成人掉到污水井里的恶果,却说成了"掉到

---

① 本文例句主要来源于:孟国《汉语实况听力中阶》,北京语言文化大学出版社1997年版;孟国《汉语实况听力高阶》,北京语言文化大学出版社1997年版;孟国等主编《汉语实况听力》,语文出版社1994年版;孟国等编《高级汉语听力——汉语的原声和实况》,语文出版社1997年版;孟国《看电视学汉语》,生活·读书·新知三联书店2003年出版。

井盖里",这虽然不可思议,但也不会有人如此理解。例(3)是一位下岗女工的话,她想说的本意是"我们的就业面特别小,局限面特别大",可是竟不知不觉地把两层意思搅在一起,说成了"局限面特别小"。例(4)也是一位下岗女工的话,她要"走出社会",不知她要去哪儿?显然她的本意是"走出家庭"或"走入社会"。例(5)如果只从字面上理解,应是"减少那些低毒害、低危害卷烟的产量"。那么我们是否可以理解为要提高高毒害、高危害卷烟的产量?显然不是,其本意应为"降低卷烟的毒害和危害"或"研究低毒害和低危害的卷烟"。

上述说话人虽未纠正自己的口误,但一般不会造成歧义,这是因为我们明显地知道哪些是口误,并在思维中完成纠误的过程,从而能够准确地理解本意。

2. 口语表达中出现了明显的用词不当,说话人对此并未予以纠正,但一般说来,也不会造成什么歧义。这种情况有时是说话人一时口误而没有察觉,有时则是由于说话人的口语表达能力不强所造成的。如:

(6)(他这个人)心眼挺好的,也挺实惠。
(7)参加工作回来单位工作以后……
(8)你感到怎么样?
(9)我觉得离这个店的名气名声相比……
(10)当地姑娘对丈夫的体贴呀,能干哪,泼辣呀,这一点是值得我学习的。

例(6)是一位农村青年妇女在评价自己的丈夫,"实惠"显然是"实在"的错用。例(7)是说一个人从单位上的大学,毕业后回到原单位工作。"参加工作"显然是口误,应为"回到单位工作以后……"。例(8)"感到"是"感觉"的错用。例(9)的"离……相比"应为"和……相比"。例(10)是一个男人在夸自己的妻子,最后说的"是值得我学习的",学习什么呢?"对丈夫的体贴"?"能干,泼辣"?显然都不是,本意应为"对这一点我是很满意的"或"这一点是值得我敬佩的"。

这几个例句都能看出几位说话人词语贫乏,用词不准。虽然有的说话人对自己的用词也不甚满意，但口语表达时容不得仔细推敲，只好胡乱找一个意思"接近"的用上了，这样虽没造成歧义引起误解，但人们听起来却不舒服。

3. 口误可能会产生歧义，使听者误解。如：

（11）……所以，老年人的凝聚力就大了。
（12）如果不是这个社会，残疾人帮助他，这个人不会活到今天。
（13）黑色都是50岁以上的老太太。
（14）我总觉得，希望他们最好能改变一下教学方法。

例（11）的"老年人"何以有那么大的凝聚力？联系上文，我们知道"老年人"是"老年人协会"的口误。例（12）中为什么只有"残疾人帮助他"？联系上文，我们知道"残疾人"是"残疾人协会"的口误。例（13）中的"黑色"怎么成了"50岁以上的老太太"？联系上下文，我们明白了那是"穿黑色服装的"的口误。例（14）乍一听一定会以为说话人是在给教师提出希望，而听了整段录音后我们知道，这是说话人对家长的希望，显然"教学"是"教育"的口误。

二　说者察觉的口误及纠误的不同方法和过程

口语表述中的口误现象里的大部分，人们是有所察觉的。对已察觉的口误，人们往往根据口误的轻重程度，或使人误解的程度来采取不同的纠正方法。不过，所有这些方法都不可能达到像纠正过的笔误那样，不留一点痕迹。

在这些纠误方法和过程中，最容易辨别的是这样一种情况，即非常明确地否定原句中的口误，然后说出正确的意思，但这样的句子在日常言语表达中却不多见，在笔者所掌握的几十盘录音带、录像带中也并未发现太多。陈建民先生的《汉语口语》曾举过几个这样的句子："二十。不，十块。""明天下午，不，明天上午。"这些句子虽能说明一些问题，但也都是陈先生从一些小说等文字材料中找到的,并不是用录音机录下来的。可见,虽然人们在察觉自己的口误后马上纠正,但这中间却极少用"不对""我说错了""对不起,我再重说一遍"等等。如:

(15) 这个一毛三,那个三毛二,再加上挂号费,一共六毛八,一共六毛八。你……等会儿,等会儿,还得加三毛钱,一共九毛八。

(16) 大爷,附近有厕所吗?——附近没有厕所。
没有。——前边有大楼,一进胡同就是。

(17) 你叫什么名字?——我叫丁美香。
丁美香,有多大年纪了?——21了,31岁了,不识数了。

例(15)是一个邮局的营业员在接待一位顾客,挂号信增加三毛附加费是新的规定,所以在算账时忘了,算完账后又想起来了,用"等会儿,等会儿"否定了前面的说法。例(16)的一位老大爷说完"附近没有厕所"后,又想起不远处有一个,于是耐心地告诉了路人。例(17)答话者是一个到城市打工的农村妇女,把自己的年龄都说错了,最后以一句"不识数了"自嘲了之。

这些句子虽然纠正得很及时、很明确,但都没对已说出的口误给以明确的否定。这里的原因是多方面的,一是这些谈话都比较随意,口误也不是什么"重大失误",也就不必认真到那种程度。二是这样的纠误方法和过程对一般中国人来说,不会造成歧义和误解。三是人们都不大愿意在一些事情上用"不"等否定词语来明确否定自己,尽管否定的是自己的口误。

另外一种情况更复杂,有些人在表述中,知道自己说错了,或不够准确,马上就纠正了,可是由于种种原因并没有纠正为正确的句子,反而又出现了新的问题,这往往给人以更凌乱、更糊涂的感觉。说话人自己也知道并没有完成纠误过程,但他觉得自己的意思对方大概已经明白了,而反反复复纠过来正过去,自己也会觉得不好意思,因此对没有纠正到位的句子也就不了了之。造成这种情况的原因一是说话人太随意,二是有些人的口语表达能力不强,三是有些人出于自尊的心理。如:

实况汉语教学的理论与实践

(18) 每天晚上，第二天要飞行了，今天晚上，每天夜里，都要起来几次看天气。

(19) 绝大部分的依靠工薪阶层收入的能够买得起轿车这个产品，这才是真正的家庭，进入家庭的轿车。

(20) 因为山羊它的两个角像铲子，把树皮给铲掉了，它的两个嘴，它的一张嘴像一把钳子。它的四个蹄子像四把镐，把草根都刨出来吃掉了。

例（18）是一个孩子的话，他父亲是个飞行员，他在向别人介绍父亲在起飞前一天的夜里要起来几次看天气的情况。这个孩子大约七八岁，口述能力有限，先说"每天晚上"，后觉得不是"每天"，纠正为"今天晚上"，可又觉得不是"今天"，又纠正为"每天夜里"，显然仍不对，他也不愿意再改了。我们根据他前后谈话的意思知道应该是"起飞前一天的夜里"。例（19）是一位公务员在谈轿车进入家庭问题。"这才是真正的家庭"，宾语"家庭"显然与主语在意义上搭配不当，纠正后"进入家庭的轿车"中的宾语"轿车"，仍然与主语在意义上搭配不当，此时他也不好再纠正了，根据上文，我们理解这句话应为"这才是轿车真正进入家庭。"例（20）是一位科学家谈山羊对大自然植被的破坏。"它的两个嘴"是个明显而可笑的口误，察觉后他马上纠正为"它的一张嘴像一把钳子，"本想强调是"一张嘴"，而实际上反而又给人造成了这样的误解：这是一种怎样的怪物羊，有两张嘴，其中一张像钳子，另一张呢？使人莫名其妙。正确的表达应是"它的嘴像一把钳子。"

三 追加——重要的纠误方法

在口语表达中，出现口误或用词失当是屡见不鲜的。当说话人发现这些问题后往往要给以纠正，纠正的方式中最常见的是追加。然而，由于这种追加往往不是对这些口误的明确否定，所以仍然会给听者特别是外国人的理解造成一定的歧义空间，因为它必定会留下明显的痕迹。追加在纠误过程中的作用是多方面的,它既可以纠正口误,也可以对不当的选词予以替换,甚至可以集几种追加作用于一段表达中。

1. 对一些有较明显口误的句子,以追加的方式予以纠正,否则便会产生歧义,造成误解。如:

(21) 取消中学,小学升初中的门槛。
(22) 老市……老区长张好生同志……
(23) 我们也考虑,是否可以让更多的残疾人回归社会,回归主流社会。
(24) 这次我回来,前天,昨天我来逛……
(25) 它起码是生一斤蛋,用4.5到5公斤饲料,生一公斤蛋。

例(21)"取消中学"显然是口误,说话人本意是想说"取消小学升初中的考试"。而他先说出了"取消中学",显然是想说"取消中学考试",而话没说完已觉不妥,于是后面追加一句"小学升初中的门槛",对口误迅速加以纠正。例(22)开始想说"老市长张好生同志",说到一半觉得不对,因为张好生不是老市长,而是现任副市长,过去是天津市和平区的区长,所以后面追加一句"老区长"。例(23)让残疾人回归社会,原来他们不在社会吗?追加了"回归主流社会",我们便可更准确地理解这个意思了。例(24)显然是时间记错了,开始以为是前天,说出后才觉得应该是昨天,于是又追加了"昨天"。例(25)开始说"生一斤蛋用4.5到5公斤饲料",所用重量单位不统一,显然"一斤蛋"是口误,而说话人对此虽有所察觉,但又不能十分肯定,所以在句末追加一句"生一公斤蛋"。如果前面说的是"一斤",这便是追加式纠误,如果前面说的是"一公斤"这便是追加式强调和明确。很明显这几个句子经过追加纠正,人们不会再有什么误解。

2. 在第一部分中笔者曾经提到口语表达中用词不当而没有察觉的情况。下面的情况则是一些人在口语表达中用词不当后有所察觉,意识到可能会使人不解或误解,所以说话人往往用追加的方式,以更适当的词语迅速纠正这些不当之词。经过这一追加过程,虽然听起来有点凌乱,但其用

词恰当了,意思明确了,表达也较完美了。如:

(26) 这样呢,他还可以减少他,减慢他的衰老过程。
(27) 我们也应该多加关怀,多加关心他们。
(28) 一般说来,刚参,刚到,刚搞管理的时候……
(29) 1985年参加了旅游学院,考了旅游学院。
(30) 我们的广告很多还是照搬西方的很多广告的模型,模式。
(31) 我们当中有没有朋友不受广告影响,你广告吹得好,你做得再好,我就是不去买,就是不去看。

例(26)"减少""衰老过程",动宾搭配不当,于是追加一句"减慢""衰老过程"。例(27)是一群女大学生在讨论如何对待自己的父母,所以"关怀他们"显然不当,于是追加为"关心他们"。例(28)开始想说"参加管理"虽然动宾搭配尚可,但有话没说透之感,于是想改为"刚到管理",这样动宾搭配明显的不合适,于是又追加为"刚搞管理"。例(29)的"参加旅游学院"不仅搭配不当,也容易使人误解,追加一句"考了旅游学院",强调的是经过考试上的大学,而不是"保送"或一般地进修。例(30)"模型"是选词错误,追加为"模式",这两个词的区别是很明显的。例(31)中的"你吹得再好",针对所有的广告,显然有失公允,说话人也已发现,于是马上追加一句"你做得再好"。

3. 追加有时会在一段文字中多次运用,但其作用却不尽相同。下面这段话是一位妇女住上新楼房后,回忆过去住平房下雨时的情形。

(32) 说不好听,上厕所还得打着伞,那伞又撑不开,那院又窄,撑不开,再上厕所,再上公厕。我说你回来屋里又没地儿,外面再漏,再下雨,屋里再漏。

这段谈话有三处追加。"那院又窄,撑不开",是追加解释前面说的"伞撑不开"的原因;"再上公厕"是追加明确去的是公共厕所,而不是家里的卫生间;"再下雨,屋里再漏"则是对"外面再漏"这一口误的纠正。通过这个例子,我们至少可以肯定下面三点:一是追加在口语表述中的出现相当频繁,有多方面的使用意义,是最重要的纠误方式;二是追加对口语表义非常必要,没有追加便会影响表义;三是追加相当迅捷,有错即改,往往不等一句话说完。

四 口误与对外汉语实况教学

上面所引例句都是在众多带有口误的句子中挑选出来的,应该说能够客观地反映汉语口语表述的现实。让留学生听懂这些句子自然是必要的,而且也是可以做到的。

上文我们按照一般中国人对口误的察觉程度及纠正方法作了分类和论述,但对留学生来说,则应有另一种分类标准,即根据口误给留学生造成的误解程度,来提出并实施帮助他们逾越口误障碍的良策。

1. 有些口误极易给留学生造成误解。如例(1)的"90度的大转弯",例(2)的"掉到井盖里",例(3)的"走出社会"。这些口误对中国人来说不会产生歧义,人们能在思维中完成纠误过程。而外国留学生在对上述句子的理解作选择练习时,有相当一部分同学分别选择的是"又想死,又不想死","踩在井盖上","他对社会不满"等错误理解。

2. 有些口误对留学生来说不是误解,而是费解。如例(11)的"老年人的凝聚力",例(12)的"残疾人帮助他",例(13)的"黑色是老太太"等。这些句子大部分在语法上没有什么问题,很难断定有无口误,哪些是口误,因此,极易使人费解。当然我们也应该承认这种费解有时也发生在中国人身上,只是中国人可以较快地搞清楚。另一类令留学生费解的口误是那些虽经反复纠正,最终也没纠正为正确的句子。如例(18)的"夜里看天气",例(20)的"山羊的两个嘴"等。对这类句子的理解选择,可说是五花八门。再有例(15)的"还得加三毛",例(16)的"附近没厕所",例(17)的"不识数"等,句子很简单,口误很明显,但由于没有明显表示否定的纠误词,常使留学生对句子的理解犹豫不决。

3. 有些口误一般来说不会给留学生造成障碍,口误主要是用词或语法上的错误。如例(6)的"挺实惠",例(8)的"感到怎样",例

(19)的"进入家庭的轿车",例(27)的"关怀"与"关心",例(31)的"你广告吹得再好"等。这主要是由于留学生本身汉语水平不高,对这类口误不太敏感。另有些口误由于说话者追加及时,句子又较简单,使留学生比较容易理解,如例(21)的"取消中学",例(22)的"老区长",例(24)的"前天,昨天"。有些口误虽然没给留学生造成听力障碍,但往往会成为他们口语表达模仿的对象,从这一角度讲,让留学生找出口误,纠正口误,对于提高其口语表达能力是十分重要的。

怎样使留学生逾越口误这道听力障碍呢?

首先,在中高级阶段应坚持汉语实况教学,即在课上让留学生接触到真实、自然的,却未必是十分规范的汉语。近几年,这方面越来越引起了人们的重视。如以电视、电台的实况节目和实地采访为有声教材的汉语实况听力课,以电视中的《东方时空》、《焦点访谈》等节目为主要内容的电视实况视听说课。此外还有以电视台《实话实说》节目为话题的高级口语课,带领留学生走出课堂,把普通的中国人请进课堂的社会语言课。这些教学缩小了课上课下留学生所接触汉语的差距,增加了对外汉语教学的实用性和时效性。

第二,重视语境,而不能过于强调语法。在教学中,当提示留学生这里有口误时,大部分同学的第一反应是进行语法分析和词义辨析,但常常不得要领。这是因为口误和病句不完全是一回事,病句中的相当一部分并不影响其表情达义,不会形成理解障碍;而口误虽然极易造成误解,形成理解障碍,却未必在语法和用词上有失当之处。如例(11)(12)(13)(14),如果脱离语境便不可能发现口误在何处。在辨听这些有声材料的过程中,必须紧紧依靠上下文,整体理解,认真体会,否则定会造成误解或干脆不知所云。

第三,要结合误句的现状向留学生讲明纠误的种种方法和过程。其实口误在留学生的汉语表述中也常常发生,但他们往往马上以"对不起,我说错了""请让我再说一遍""不是××,应该是××"等来纠正口误,因此,他们在听到口误时也以为会有类似的明显的纠误。但如上所述,这种情况在汉语口语中是极少见的。自然,这也就成了形成口语障碍的一个原因。讲清这些纠误方法和过程对正确理解口误是有帮助的。汉语中的口误及其纠误方法与过程有自己的特点和规律。从位置上讲，口误在前，纠误大部分紧随其后，特别是一些明显的、对语义影响较大的口误，往往不等一句话说完立即纠正；从语音上讲，纠误的内容往往读音较重，语速较慢；从内容上讲，对明显的口误，只纠正或追加口误的词语，以突出纠误的内容，相反，口误不明显或说话人认为不十分严重的，往往追加整个句子。追加作为最常用、最有效、最便捷的纠误方式，应作为教学的重点和难点。这一方面是因为追加对口误的纠正没有明显的否定，追加后的语句常常显得比较凌乱，对外国留学生来说往往一时听不出哪些是口误，哪些是追加。另一方面是因为口语表达的不可重复性，使得听者不可能像读者一样反复审视语言材料，而是一听即过、稍纵即逝。当然，由于个人的口语习惯不同，性格差异较大，也使得每个人的纠误方式和过程不尽相同。

最后，口误永远是不可避免的，口误也不是汉语的专利，在任何一种语言里，口误的出现都是很正常的。留学生应对口误有个正确的认识，做到见怪不怪、习以为常，遇到不理解的句子应敢于考虑是否有口误。为了让外国留学生尽快提高辨别口误和纠正口误的能力，除了让他们了解其特点和规律外，整体提高留学生对汉语口语的悟性，也是十分必要的。这便是多听实况汉语，以及多用汉语想和说，即我们常说的汉语思维和汉语口述，当然，这就不能完全依靠课堂教学来解决了。

参考文献：

1. 陈建民《汉语口语》，北京出版社1984年版。
1. 刘镰力等《关于高等汉语水平考试的设计》，《语言文字应用》，1993年第3期。
2. 孟国《录听实况析辨声义——关于汉语实况听力课》，载《天津市对外汉语教学论文集》，天津人民出版社1997年版。
3. 孟国《"电视实况视听说"课的教学实践与理论探讨》，《天津师范大学学报》，1996年第6期。
5. 赵元任《汉语口语语法》，吕叔湘译，商务印书馆1979年版。

（原载《语言教学与研究》1998年第3期）

实况汉语教学的理论与实践

对外汉语听力教学中语速问题的调查和思考

随着外国留学生学习汉语的目的越来越明确，越来越多样化，对外汉语听力教学更加引起了人们的重视，人们在不断地探讨影响听力提高的诸多因素和提高听力的途径。汉语语速问题一直是人们十分关注、争论较多，却一直没有定论的问题。这些问题包括：什么叫"语速"？对外汉语听力教学的各个阶段所使用的听力材料语速是否应该一致？如果一致，这种语速应该是多少？如果不一致，各个阶段使用的语速应该是多少？人们常说的"正常语速"是在怎样情况下的语言交际？正常语速应该是多少？

一 关于"语速"和"正常语速"

首先，我们应该搞清什么是"语速"。《现代汉语词典》第5版新增了"语速"这一词条，其唯一的义项是"说话的速度"。《现代汉语规范词典》则比《现代汉语词典》多了一个义项，即"单位时间内播出音节的多少"。显然，我们说的"语速"指的是后者。说得再具体点，就是："在一分钟内，一个人所说出的话的音节数量。"按照人们的普遍理解，语速不是统计一个句子所需要的时间，而是统计一个语段，甚至一个完整的话语表达所需要的时间。本文所统计的语料绝大部分都在0.5分钟以上，其中的50%以上的语料超过一分钟。因此，本文的语速统计自然包括句际间的停顿，也就是说，统计的字数实际上是音节数，不包括标点符号。比如："52%"我们按6个音节统计，"234"我们按5个音节统计，"一会儿"、"聊天儿"等则按两个音节统计。但是，我们的文字表述却沿袭了人们用"字",而不用"音节"的传统做法,即用"245字/分钟",而不用"245音节/分钟"。在本文的调查和统计中,字数保留到个位,分钟保留到小数点后两位,采取四舍五入的原则。另外,一个人的语速往往由多种因素决定,其中"性格"起到很重要的作用,比如性格外向者往往语速较快,而性格内向者往往语速较慢,但我们的调查很难将这些内容量化,无法体现这一点,因此,其调查的结果也是相对的。这次调查的语料是笔者编写的《汉语实况听力中阶》《汉语实况听力高阶》(北京语言文化大学出版社1997年版)中搜集的126段实况录。(见表1)

表1 《汉语实况听力中阶》《汉语实况听力高阶》语速统计

调查语料数量 (段)	最快语速 (字数/分钟)	最慢语速 (字数/分钟)	平均语速 (字数/分钟)
126	350	156	244.45

平均语速为244.45字/分钟,这一结果恐怕会超出大部分人的普遍认识和说法。已故北师大语音专家周同春教授的研究表明,对于日常生活中非常熟悉的语言,在短时间内(几秒钟内),人耳的接受程度可达每秒七八个字,甚至更多(即400~500字/分钟);一般情况下,人耳的接受程度,即辨析率是每秒四五个字(即240~300字/分钟)。400~500字/分钟,需要有重要的前提,即"日常生活中非常熟悉的语言"和"在几秒钟之内",因此不是正常语速;而240~300字/分钟,是在"一般情况下",因此,可以认为是正常语速。这一研究成果恰恰和我们调查统计的平均语速244.45字/分钟比较吻合。

有人主张"正常语速"应贯穿听力教学的始终,也就是说一开始就使用"正常语速",也有人主张到高级阶段再使用"正常语速",还有人认为听懂正常语速是听力教学的目的,而不是手段。这里首先要搞清的问题是什么叫"正常语速"?正常语速应该是多少?对此人们的看法也不尽相同。石佩雯、李继禹认为正常语速是200字/分钟,这一看法被很多人沿用,吕必松先生也认可了这一说法。《汉语水平考试大纲》中规定的正常语速为170~220字/分钟。杨惠元认为:"要听懂正常语速的谈话,不能只停留在正常语速的训练上,而要有计划地进行快速练习。"杨惠元提到的"快速练习"也不过210~220字/分钟,显然他把正常语速也定位在一个不太高的程度上,可能不超过 200 字/分钟。

我们说不清正常语速为 200 字/分钟这一说法是否有理论依据,是否有语言调查和统计的数据支持;但我们可以肯定地说,这一数字和现在人们语言交际的语速相去甚远,对此人们往往表示怀疑,并依据自己的调查、统计提出了自己的看法。刘镰力的统计说明,中央电视台新闻节目的语速一般在 280～300 字/分钟。刘超英计算出 10 位对外汉语教师的语速是 207～287 字/分钟,平均是 239 字/分钟。这两组数字对我们讨论"正常语速"问题有着很好的参考价值。笔者对语速的调查也显示,现行语速状况与我们对语速的传统认识存在着较大差距,因此,我们有必要,也有理由对"正常语速"的传统说法提出质疑。

什么是"正常语速"?正常语速应该是多少?我们认为:正常语速是大部分母语相同的人,在自然的语言环境中,在自然的状态下进行言语交际时的说话速度。这种说话的速度可能受性别、年龄、职业、交际环境以及性格等方面的影响,其快慢的幅度较大,我们经过调查统计得出的实况汉语 244.45 字/分钟的平均语速可以作为一个参考。大致说来,现行阶段正常语速应该在 245 字/分钟左右。但是,正常语速不应该是一个数值点,而应该是一个不太小的数值段,如果划出一个幅度的话,我们认为 200～300 字/分钟应该属于正常语速的范围,在我们调查的 126 段语料中,这一语速段共有 84 段,恰好占全部语料的 2/3,这和我们前面提到的正常语速是"大部分"人的语速相一致。在这个正常语速段中,我们还可以把 200～219 字/分钟语速段视为"较慢正常语速段";把 220～269 字/分钟语速段视为"适中正常语速段";把 270～299 字/分钟语速段视为"较快正常语速段"。我们还可以把 180～199 字/分钟语速段视为"接近正常语速段",把 150～179 字/分钟语速段视为"较慢语速段",把低于 150 字/分钟语速段视为"超慢语速段",把 300～350 字/分钟语速段视为"较快语速段",把超过 350 字/分钟语速段视为"超快语速段"。(见表 2、图 1)前文提到许多专家认为正常语速是 200 字/分钟左右,显然缺少对现行语速的实际考察和统计,只能认为是"接近正常的语速"或"较慢的正常语速",也许还可以说这是和外国人交际比较适当的语速。

表2　现行阶段语速状态的分布与比例

语速状态	较慢语速	接近正常语速	正常语速（84段，占全部语料66.7%）			较快语速
			较慢正常语速	适中正常语速	较快正常语速	
语速标准	150~179字/分钟	180~199字/分钟	200~219字/分钟	220~269字/分钟	270~299字/分钟	300~350字/分钟
人数	9	12	11	58	15	21
在全部126段语料中的比例	7.14%	9.53%	8.73%	46.03%	11.9%	16.67%
在全部84段正常语速中的比例			13.1%	69.05%	17.85%	

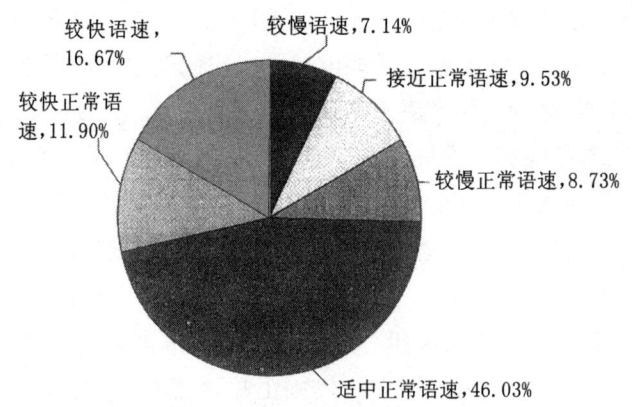

图1　现行阶段语速分布对比图

二　目前人们对听力教学语速问题的认识和做法

首先，我们应该回顾一下人们在这些问题上的不同看法。国家汉办编制的《高等学校外国留学生汉语言专业教学大纲》里明确规定各个年级对听力能力的不同要求，四个年级分别是160~180字/分钟、180~200字/分钟、180~240字/分钟、180~280字/分钟。这个大纲在各个阶段的语速要求普遍高于大部分人的认识，通过我们的调查、统计，280字/分

实况汉语教学的理论与实践

钟已经属于"较快正常语速",这一标准也体现了由慢到快的循序渐进的原则。北京语言大学汉语速成学院的教学大纲对 A、B、C、D 不同等级在听力上的语速要求分别是 100～120 字/分钟、120～140 字/分钟、140～160 字/分钟、160～180 字/分钟。显然,这里的 A、B、C、D 是一个不太长的教学阶段,与汉办《高等学校外国留学生汉语言专业教学大纲》中的四个年级不是同一概念,不怎么具有可比性,但其中的差距之大是明显的。语速量化是应该的,但没有必要量化到那么细的程度,因为过细的语速要求很难体现在教学实践中。另外,100～150 字/分钟的语速已经不能算作正常的会话交际了,只能认为是"超慢语速"。石佩雯、李继禹最早的做法是逐渐增加录音速度,从 130 字/分钟(第一册)到 150 字/分钟(第二册),再到 150～170 字/分钟(第三册),最后到 180 字/分钟(第四册)。吕必松认为教材录音最好用三种语速(160 字/分钟、180 字/分钟、200 字/分钟)。这些做法与今天的听力教学存在着不同程度的差距。以上主张虽然不尽相同,但听力教学应该有一个由慢到快的过程则是共同的。也有的专家提出不同的看法,杨惠元曾认为"一开始就要让学生听正常语速,只有听惯了正常的语速,才不会觉得别人说话太快"。石佩雯、李继禹也有类似的主张。

专家们的主张在很大程度上体现在教材上,因此我们有必要了解一下现行的听力教材的语速状态。我们对一些现在通用的听力教材的语速作了大致的统计(见表 3):

表 3 现行部分通用听力教材的语速统计

教　材	语料数量	最高语速	最低语速	平均语速
初级汉语课本一	4	160 字/分钟	129 字/分钟	137 字/分钟
初级汉语课本二	4	174 字/分钟	139 字/分钟	160 字/分钟
初级汉语课本三	6	191 字/分钟	147 字/分钟	167 字/分钟
中级汉语听和说	3	180 字/分钟	173 字/分钟	177 字/分钟
汉语听力教程一年级第三册	6	206 字/分钟	172 字/分钟	187 字/分钟

结合本文的语速调查,从这一统计中可以看出,现行通用的对外汉语听力教材的语速相对来说是比较慢的,《初级汉语课本》一、二、三各自的平均语速虽然体现了由慢到快、循序渐进的原则,但其平均语速都属于

较慢语速（150~179字/分钟），而第一册只能属于"超慢语速"（150字/分钟以内）；《中级汉语听和说》虽说已经是"中级"，但也没有达到"接近正常语速"（180~199字/分钟）；2000年出版的《汉语听力教程》的一年级第三册，应该属于初中级的过渡性教材，在语速问题上显然注意到了现行语速的实际情况，其平均语速达到了"接近正常语速"，其中一些语料已经达到了"正常语速"（200字/分钟以上）。当然，我们并不主张从初级阶段就让留学生使用正常语速的语料作为听力教学的教材，但从上面的统计中，我们可以看到现行听力教材与目前汉语语速的实际状况存在的差距十分明显。

三 HSK 中的汉语语速

汉语水平考试（HSK）对我们的教学有着很好、很重要的导向作用，HSK听力部分的语速对我们的听力教学应该是一个重要的参考。我们对HSK（初中等、高等）样卷的听力部分的语速进行了统计。（见表4）

表4　汉语水平考试（HSK）（初中等、高等）样卷听力部分语速统计

样　卷	语料段数	最快语速 字数/分钟	最慢语速 字数/分钟	平均语速 字数/分钟
HSK 初中等听力（三）	6	240	193	214.67
HSK 高等听力（一）	7	228	202	216.29
HSK 高等听力（二）（实况）	3	231	186	201

从这个统计中我们可以看到：第一，HSK初中等和高等的听力部分的语速虽然都达到了正常语速的范围，但都属于"较慢正常语速"，所以语速有适当提高的空间和必要。HSK高等（一）的平均语速（216.29字/分钟）和HSK初中等（三）的平均语速（214.67字/分钟）基本持平。我们认为作为高等考试，在语速上应该拉开与中等考试的差距，至少应该达到"适中正常语速"（220~269字/分钟）；第二，尽管HSK的听力部分属于"较慢正常语速"，但其平均语速已明显高于我们现行的听力教材和教学的标准，所以现行的听力教材和教学在语速这一问题上还有相当的提升空间，可以说这是HSK对我们教学和教材编写的一个重要启示，是

实况汉语教学的理论与实践

一个具有指导性的意见，所以适当提高初中等听力教材和教学的语速，可以使我们的教学与 HSK 的关系更加紧密；第三，HSK 高等（二）的实况听力部分的语速略低于 HSK 初中等和高等的非实况听力部分的语速。这里虽然有出题专家选择语料时考虑到语速的标准这一因素，但我们至少可以看出，语速的快慢绝不是实况听力和非实况听力最主要的区别。实况听力只是在语句内语速较快，但整段表达停顿较多、较长，因为实况表述往往需要思维的瞬间，而照本宣科的诵读则不需要这些。所以实况汉语的平均语速也不会太快，前面的调查统计出的大量数值也证实了这一点。

四 关于汉语语速的调查

为了解释上文提出的诸多问题，本文对不同性别者、不同年龄者、不同职业者以及人们在不同交际场合言语交际的语速等进行了调查、统计和必要的分析。

4.1 不同性别者语速调查

不同性别者的语速调查和统计的结果超出了大部分人的估计，请看表 5 统计。

表 5 不同性别者语速统计

	调查语料数量（段）	最快语速字数/分钟	最慢语速字数/分钟	男女平均语速字数/分钟	语速快慢排序
男	83	336	163	249.29	1
女	43	350	157	238.86	2
男女平均				244.08	

表 6 不同性别者语速快慢的分布及所占比例

	语料数量	语速在 150~199 字/分钟 数量及比例		语速在 200~244 字/分钟 数量及比例		语速在 245~299 字/分钟 数量及比例		语速在 300 字/分钟 以上数量及比例	
男	83	12	14.46%	29	34.94%	24	28.91%	18	21.69%
女	43	9	20.93%	15	34.88%	16	37.21%	3	6.98%

男性和女性比，谁说话快，人们没有认真考虑过。笔者在进行的很随意的口头调查中，大部分人认为，女性比男性说话快，然而，结果却恰恰

相反。很多人认为,教语言,女性比男性更合适,留学生往往也愿意女老师教,对于这种现象人们也没有认真地分析和思考过,其中的原因应该是多方面的。通过语速调查可以肯定的一个原因是男性比女性说话快,每分钟 11 个字已不是一个很小的数字,特别是超过 300 字/分钟的较快语速,男性占 21.69%,女性只占 6.98%;而低于 200 字/分钟的"较慢语速"和"接近正常语速",女性却占 20.93%,男性则只占 14.46%。我们通过对男女不同语速的统计,计算出男性和女性的平均语速是 244.08 字/分钟。从图 2 中我们可以更清楚地看到不同性别者的语速差异。

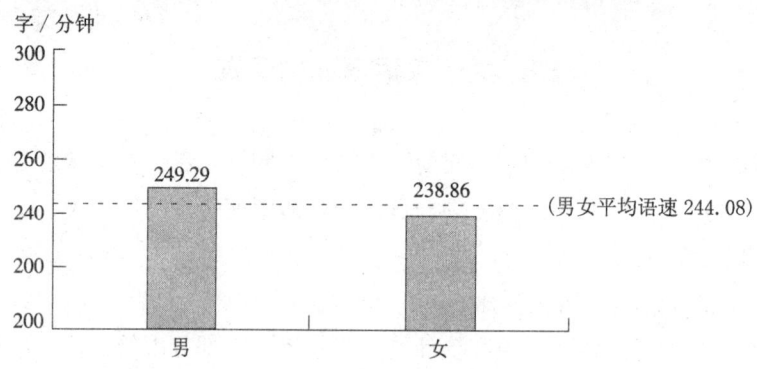

图 2 不同性别者语速对比图

4.2 不同年龄者语速调查

不同年龄者的语速状况调查和统计的结果符合绝大部分人的估计,但青年、中年、老年在语速上的差距之大,却有点出乎人们的预料。(见表 7、表 8)

表 7 不同年龄者语速统计

年龄段	调查语料数量(段)	最快语速字数/分钟	最慢语速字数/分钟	平均语速字数/分钟	语速快慢排序
青年	62	350	177	276.40	1
中年	55	310	156	223.09	2
老年	8	223	157	184.38	3

表8　不同年龄者语速快慢的分布及所占比例

年龄段	语料数量	语速在150~199字/分钟数量及比例		语速在200~244字/分钟数量及比例		语速在245~299字/分钟数量及比例		语速在300字/分钟以上数量及比例	
青年	62	2	3.23%	12	19.35%	27	43.55%	21	33.87%
中年	55	11	20%	29	52.74%	14	25.45%	1	1.81%
老年	8	7	87.50%	1	12.50%	0	0%	0	0%

需要说明的是，在青年、中年、老年的划分上我们很难十分科学，我们只能根据录音提供的背景进行尽可能准确的估计和推测。从分布上看，年轻人中的33.87%超过300字/分钟，中年的这一语速段的比例仅仅是1.81%，老年人在245字/分钟以上则一个人都没有，也就是说没有一个人达到244.45字/分钟这一平均语速。200字/分钟以内，青年人只占3.23%，中年人则占20%，老年人则高达87.50%。由此可以看出年轻人生活节奏快、思维敏捷、口齿伶俐的特点，当然也可以看出中老年稳重、成熟、有条不紊的性格。图3更形象地表现出不同年龄的人群在语速上的差异。

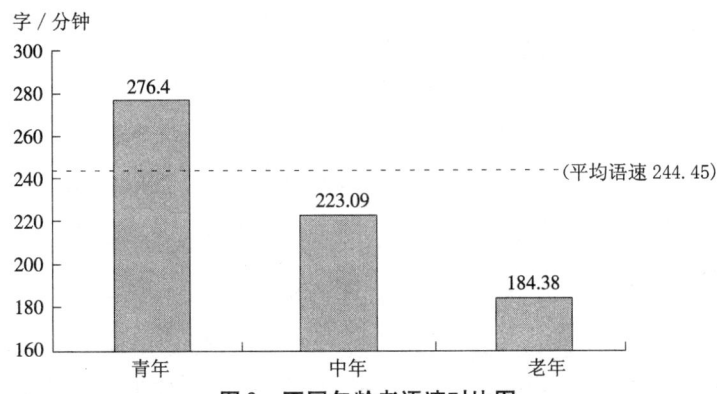

图3　不同年龄者语速对比图

4.3 不同职业者语速调查

不同职业者在语速上的不同是人们可以预料到的，但哪些职业语速快，哪些职业语速慢，他们之间的差距有多少，恐怕难以说清。（见表9、表10）

表9 不同职业者语速统计

职业	调查语料数量（段）	最快语速字数/分钟	最慢语速字数/分钟	平均语速字数/分钟	语速快慢排序
主持人、记者	35	335	220	290.71	1
大学生	12	350	223	278.58	2
知识分子（不含教师）	14	293	156	227.36	3
官员、干部	18	286	163	222.72	4
普通人群	26	310	157	222.62	5
知识分子（含教师）	35	293	156	218.77	
教师	21	247	159	213.05	6

表10 不同职业者语速快慢的分布及所占比例

职业	语料数量	语速在150~199字/分钟数量及比例		语速在200~244字/分钟数量及比例		语速在245~299字/分钟数量及比例		语速在300字/分钟以上数量及比例	
主持人、记者	35	0	0%	2	5.72%	16	45.71%	17	48.57%
大学生	12	0	0%	2	16.67%	8	66.66%	2	16.67%
知识分子（不含教师）	14	4	28.57%	4	28.57%	6	42.86%	0	0%
官员、干部	18	5	27.78%	9	50%	4	22.22%	0	0%
普通人群	26	6	23.08%	14	53.85%	4	15.38%	2	7.69%
知识分子（含教师）	35	10	28.57%	17	28.57%	8	22.86%	0	0%
教师	21	6	28.57%	13	61.90%	2	9.53%	0	0%

通过调查，我们看到7种不同职业者的语速情况。"主持人、记者"伶牙俐齿、咄咄逼人、排在首位、理所当然；"大学生"年轻气盛、思维敏捷、口齿伶俐，紧随其后也属自然。这两种人形成语速快的"第一集团"，其语速大大超过244.45字/分钟的平均语速。值得注意的是，在全部126段语料中，语速在300字/分钟以上者只有21人，而在"第一集团"中，这一语速段则多达19人，占90%以上。在200字/分钟以内的语速段，"第一集团"没有一个人，而低于244.45字/分钟的平均语速者，"第一集团"也只有8.5%；换句话说，"第一集团"中的90%以上超过244.45字/分钟的平均语速。"知识分子（不含教师）"知识丰富、头脑清楚、表述严谨、语速适中，这也在情理之中；而"干部、官员"

语速不太快也有一些道理，这些人言语谨慎、深思熟虑；另有一些人口头语较多，在任何场合讲话都像作报告。"普通人群"是个笼统的概念，不是职业上的划分，有点"大杂烩"的味道，我们注意到"普通人群"是7种职业者中唯一一个在4个语速段中都占有一定比例的"职业"，其"最快语速"和"最慢语速"相差最大，高达157字/分钟，这恰恰符合其三教九流、包罗万象的特点。这三种人群形成了接近244.45字/分钟的平均语速的"第二集团"，这一"集团"与"第一集团"的较大差距，似乎在人们的意料之中。倒是以说话为职业的"教师"语速最慢，有些让人吃惊。不过，细想起来也有个中缘由，一般来说教师应该是思维清晰、口齿清楚、语音标准，希望自己的每一句话都让对方听清，而这些特点恰恰使得他们的语速不会太快。我们发现，有90%以上的教师的语速低于244.45字/分钟的平均语速，其中教师的"最快语速"和"最慢语速"相差最小，只有88字/分钟。从下页的对比图（图4）中，我们能够更清楚地看到不同职业者在语速上的变化。

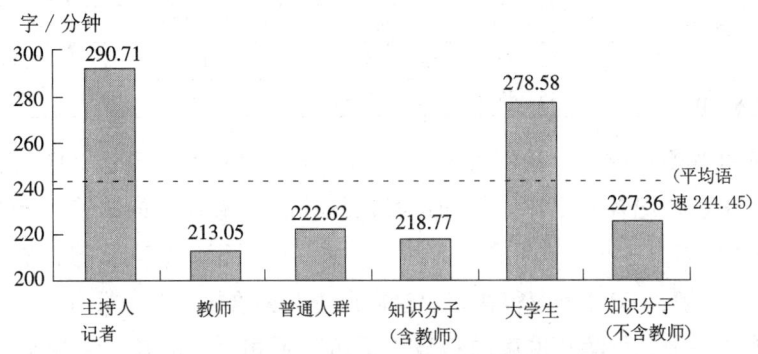

图4 不同职业者语速对比图

4.4 不同语境的语速调查

语言环境，指人们的交际场合、交际对象和交际目的。应该承认不同语境往往和不同职业有密切的关系，但这毕竟是从两个不同的角度来分析语速，分析出的结果也具有不同的意义和价值。（见表11、表12）

表 11 不同语境的语速统计

语境	调查语料数量（段）	最快语速字数/分钟	最慢语速字数/分钟	平均语速字数/分钟	语速快慢排序
采访	4	336	260	298.75	1
主持节目	26	335	245	296.77	2
被采访	41	350	183	243.66	3
日常会话	13	310	157	229.69	4
一般讲述	29	306	163	222.21	5
对外国人谈话	13	258	156	201.62	6

表 12 不同语境语速快慢的分布及所占比例

语境	语料数量	语速在 150~199 字/分钟 数量及比例		语速在 200~244 字/分钟 数量及比例		语速在 245~299 字/分钟 数量及比例		语速在 300 字/分钟以上 数量及比例	
采访	4	0	0%	0	0%	2	50%	2	50%
主持节目	26	0	0%	0	0%	12	46.15%	14	53.85%
被采访	41	2	4.88%	20	48.78%	17	41.46%	2	4.88%
日常会话	13	4	30.77%	5	38.46%	2	15.38%	2	15.39%
一般讲述	29	8	27.59%	13	44.82%	7	24.14%	1	3.45%
对外国人谈话	13	7	53.85%	5	38.46%	1	7.69%	0	0%

通过调查和统计，我们发现"采访"的语速最快，高达298.75字/分钟。采访是记者的工作，但却比我们统计的"记者"的语速（290.71字/分钟）高出一些。这里有其必然性。采访时，记者进入状态，语言犀利、咄咄逼人，自然语速很快，但这次调查此类语料较少，只有4段，所以很难说是十分科学和准确的；与"采访"不相上下的是"主持节目"，同样，"主持节目"时的语速比前面统计的"主持人"的语速（290.71字/分钟）稍快一些。这两种语言环境的语速最快，而且远远高于其他，其语速全部在平均语速244.45字/分钟以上，而且有50%以上者的语速超过300字/分钟；"被采访者"虽然是各类不同的人群，但往往不由自主地受采访者的影响，其语速比"日常会话""一般讲述"等要快得多，最接近平均语速；"日常会话"也是各式各样的人群，我们注意到这些谈话者中老年人居多，其语速比我们调查的平均语速慢一些也在情理之中；"一般讲述"往往是一个人的成段口述，讲述过程中常常因思维中断、组

织句子而停顿,所以明显低于平均语速也不意外;"对外国人讲话"语速最慢,这是在所有人意料之中的事,统计表明,超过244.45字/分钟的平均语速只有一人,占7.69%,也就是说有92%的人的语速没有达到平均语速。201.62字/分钟的平均语速,与北京大学刘超英统计的239字/分钟的对外汉语教师的平均语速有明显差距。这里主要问题在于调查对象的不同。我们所调查的"对外国人谈话"的13个人中,只有两例是对外汉语教师。在和外国人谈话时,对外汉语教师的语速往往比一般人要快一些,这是因为他们常年接触留学生,了解和留学生交流时的最适当的语速,而一般人往往低估了留学生的汉语能力。从下面的对比图(图5)中,我们能够更清楚地看到不同语境在语速上的变化。

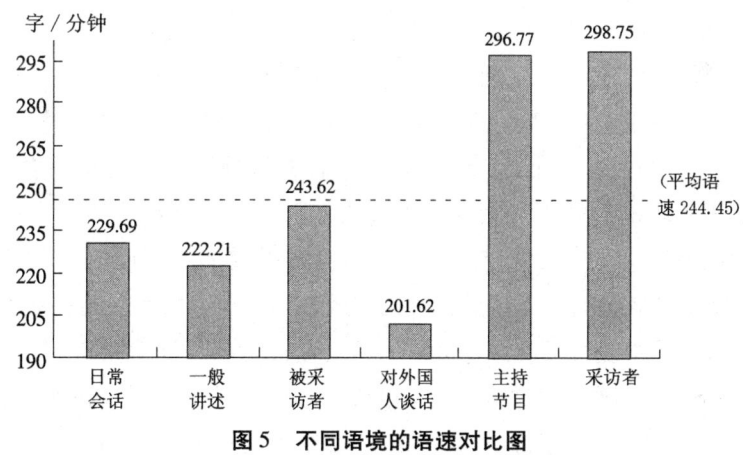

图5 不同语境的语速对比图

五 关于听力教学语速问题的思考

随着社会的进步和发展,语言也发生了很大的变化,语速的变化就是其中的一点。有资料显示,改革开放以来,人们的语速在不断的加快,以中央人民广播电台最具影响力的《新闻和报纸摘要》节目为例,20世纪60年代的平均语速是185字/分钟;80年代是200~220字/分钟;90年代是240~260字/分钟;近几年是250~270字/分钟,最快时达到300多字/分钟。这里原因很多,一方面,语速随着人们生活节奏的加快而加快;另一方面,在人们之间的言语交际中,信息量的大幅度增加,也需要加快

对外汉语教学求索集

人们语言表达的速度。如此说来，我们的对外汉语教学也不应该停留在五六十年代的语速状况，而应尽量适应现在的快节奏的语速状态和大信息量的语言表达。这就需要我们不断地改进教材的内容，调整教学大纲的各项指标和要求，使听力课的课堂教学能够和这一状态相吻合。

那么，对外汉语听力教学的语言材料的语速应该是多少？我们以为对不同水平，不同教学阶段的留学生应该使用不同语速的语言材料。但这个阶段不应该划分得过细，也不应该划分得太绝对，语速的起点不应该太慢。

我们主张留学生学习汉语的开始，不应该使用150字/分钟以内的"超慢语速"，而可以使用"较慢语速"（150~179字/分钟）；但这一阶段不应该太长，要逐渐地过渡到"接近正常语速"（180~199/字分钟），在初级阶段应该完成"接近正常语速"的听力训练。几位专家提到，应尽快让学生使用180~200字/分钟左右的"正常语速"的汉语材料，我们觉得这一语速是可行的，但称其为"正常语速"的说法则有失准确。初级汉语阶段的语速不能太快，使用220~269字/分钟的"适中正常语速"则欲速不达，但长期使用和正常语速相去甚远的超慢语速和较慢语速，也达不到教学目的，因为这种语速的教学很难适应将来的正常语速的教学和交际。中级阶段应该完成从"接近正常语速"到"较慢正常语速"（200~219/字分钟）的过渡，这一阶段应该适当接触实况汉语听力材料。高级阶段应该完成"正常语速"（200~299字/分钟）听力材料的适应过程，这就要全面地进行汉语实况听力的训练。语速作为听力的障碍，不同于生词、语法，没有多少需要专门学习的东西，很大程度上是个适应问题，这就需要多听多练，逐渐地适应。教学实践证明，开始阶段给留学生接近正常语速的汉语材料作为听力教材是可行的，也是必要的。

听懂正常语速的汉语交际是听力教学的目的，所以在听力教学中以正常语速的实况汉语作为教材，是十分必要的。我们主张，让留学生尽快接触250字/分钟左右的正常语速的听力材料。这种做法绝不是说250字/分钟左右的有声汉语材料是我们听力教材的标准，而是主张以自然状态下的实况汉语作为听力教材；这些实况汉语的语速变化较大，慢的不超过160字/分钟，快的则达到350字/分钟，在上面的调查中可以清楚地看到这一点。一般来说,在留学生学习中级汉语的时候,或者说在中国学习一年汉语以后,听力课就应该多听这样的实况汉语。开设"汉语实况听力"课,肯定地说,开始阶段学生有个适应过程,但一个月以后,学生便能够逐渐地适应实况听力的正常语速。当然,实况听力学习的开始,应该精心挑选那些适合他们的语言材料,这些汉语的实况材料最好是没有或少有生词和新的语法点,语速不要太快,少有方音,内容对于留学生来说比较熟悉。这样循序渐进,经过一个学期的学习,留学生就可以完全适应这种正常语速的实况汉语语料,当然也就达到了能够自如地和普通中国人进行正常的言语交际的目的。

参考文献:

1. 中国社会科学院语言研究所词典编辑室《现代汉语词典》(第5版),商务印书馆2005年版。
2. 李行健《现代汉语规范词典》,外语教学与研究出版社、语文出版社2004年版。
3. 北京语言学院汉语水平考试中心《汉语水平考试研究论文选》,现代出版社1995年版。
4. 国家汉语水平考试委员会办公室《中国汉语水平考试大纲(高等)》,北京语言文化大学出版社1995年版。
5. 北京语言文化大学汉语学院汉语系《中级汉语听和说》,北京语言文化大学出版社1999年版。
6. 鲁健骥《汉语初级课本听力练习》,北京语言大学出版社2003年版。
7. 北京语言学院来华留学生三系《汉语初级课本听力练习》,北京语言学院出版社、华语教学出版社1991年版。
8. 张雪梅《汉语听力教程(一年级教材第三册)》,北京语言大学出版社2000年版。
9. 陈军《利用现代教育技术监控听力有声材料语速的必要性》,《北语新闻网》,2002年。
10. 国家汉办《高等学校外国留学生汉语言专业教学大纲》,北京语言文化大学出版社2002年版。
11. 刘颂浩《对外汉语听力教学研究述评》,《世界汉语教学》,2001年第1期,第93~107页。
12. 刘英林《汉语水平考试研究》,现代出版社1989年版。
13. 吕必松《对外汉语教学概论(讲义)》国家教委对外汉语教师资格审查委员会办

公室,1996年。
14. 孟国《汉语实况听力中阶》,北京语言文化大学出版社1997年版。
15. 孟国《汉语实况听力高阶》,北京语言文化大学出版社1997年版。
16. 谢礼遮,周振玲《广播新闻播音语速浅析》,《湖北广播网》,2002年。
17. 石佩雯,李继禹《听力训练在语言教学中的作用》,《语言教学与研究》,1977年第1期,第11~16页。
18. 杨惠元《汉语听力说话教学法》,北京语言学院出版社1996年版。

(原载《第八届国际汉语教学讨论会论文选》,高等教育出版社2007年版。本文的主要内容曾以《汉语语速与对外汉语听力教学》为题,发表于《世界汉语教学》2006年第2期)

实况汉语教学的理论与实践

《读报章　学汉语》

　　《读报章，学汉语》是在《原貌汉语——高级汉语读报课本》的基础上修改而成的。《原貌汉语——高级汉语读报课本》是我在捷克共和国查理大学任教期间编写的一部教材。当时编写这部教材，主要出于如下考虑：查理大学中文系的学生到中国留学一年回到捷克后，大部分人听说能力很好，但阅读能力却不尽如人意；研究汉学，阅读尤为重要，而且迫在眉睫，因为只有达到了相当的阅读能力，才具备了研究汉学的可能。当时我和查理大学的老师们商定，以中国的最主要报纸上的原文为基本素材，按照普通中国人的视角来选课文，编写一部读报课本。这一工作自然落到了我的头上。

　　对于编写一部有特色的阅读教材，其实我早有想法。多年来，如何营造和利用习得汉语的环境，一直是对外汉语教学研究的热门课题，对此我也进行了一些研究和探讨。这些研究和探讨主要是考虑如何改变我们传统的对外汉语课堂教学，把学习汉语的教室变成习得汉语的环境。其具体的实践就是尽量让他们接触汉语的本来状态、真实状态、自然状态，特别是到了高级阶段，更应如此。近十几年来，我主要搞汉语听说教学和研究，在中高级听力教学和视听说教学中，坚持使用实况汉语，也就是以原声汉语作为教材，为此撰写了多篇与这一思路相关的论文，编写了几部以"先声后文"为主要原则的听力教材和视听说教材，取得了不错的效果，也有一些较好的影响。此外，我也曾经上过报刊阅读课，当时我和其他老师及留学生一样，几乎对所有的阅读教材都不满意，于是由教师或留学生从近几天的报纸中选取文章,到课上使用。这样的教学,虽然内容真实、新鲜,但实际上等于没有教材,这就是因为虽然有课文,但没有适当的参考资料,没有精心设计的各种练习;由于是临时选定的课文,教师没有条件认真备课,因此有着很大的随意性,无系统性可言。特别是学生的意见常常不一致,有的学生提供的文章,在内容或形式上无法用于我们的教学。教师围着学生跑,频于奔教,十分被动。学生们往往开始还感兴趣,时间长了也就不了了之了。第二语言教学以学生为中心十分重要,然而以学生为中心,并不是事事都是学生说了算,而是指教学要从学生的特点和需要出发,要研究学生的个体差异,特别是在强调以学生为中心的同时,应该坚持以教师为主导的原则,教师的主导作用主要体现在对教学的组织、促进、示范和指导上。当时,我曾想,在适当的时候可以考虑按照《汉语实况听力》的思路编写一部原貌汉语的阅读教材。可是,我怎么也不会想到这一思路居然在捷克共和国的查理大学得以实践。由于教学的急需,这本教材可以说是边编写边使用的,几乎在编写的同时,我已经采用编好的部分单元给同学开始上这门新课了,这样一方面满足了教学的急需,另一方面也有利于教材的磨合,使它更适合学生的需要。历时近一年,终于完成。

　　本教材的最主要的编写原则和特点就是坚持使用材料上的"原貌"状态。这些语言材料不是专门为外国人学汉语而编写的,也没有进行过任何的删节和修改,是一般的中国人阅读的汉语。为此我采用粘贴的方式,以保持语言材料的真实和自然,给同学的感觉是在读报而不是在读课文。为了便于教材的编写,在选材上有相对严格的限定,即限定于2000年的《人民日报》和《光明日报》。在编写过程中,我发现所选材料虽然出自《人民日报》和《光明日报》,但仍有一些表情达意上的不准确、甚至错误之处,当然对这些错误,我在词语例释或注释中作了必要的说明。另外课文中的一些词语和语法句式也不是一般交际中常用的,只是常见于报端。让学生能够准确地理解这些,并逐步达到掌握是我们的教学目的之一,这也正是我们这部教材和这种"原貌汉语"教学的特点之一。

　　本教材考虑到学生的需求,但不怎么考虑学生的兴趣,这是不同于其他阅读教材的重要原则和特点。培养学生的读报能力,提高他们的阅读汉

实况汉语教学的理论与实践

语报纸的水平是本课的主要目的。为了达到这一目的，我们必须让他们读一些他们可能不怎么感兴趣。甚至于有些枯燥乏味的报纸上的重要文章，如社论、领导人讲话以及国内外重大事件的新闻报道等，它涉及政治、经济、文化、教育、外交等重大方面。一些教学法和教材为了提高学生的学习语言的积极性，过分考虑学生的兴趣，而忽略了我们的教学目的，使得教材里五花八门，课堂上热热闹闹，学生们虽然一时高兴，但冷静下来却发现没有学到什么东西。客观地讲，这样的教学对于听说方面的能力或许有所提高，但对于提高那些有较高汉语水平的留学生的汉语阅读能力却不会有太大的帮助。其实我们所说的学生们不怎么感兴趣，绝非是教材的内容脱离现实，而是指有些内容可能有些单调，可能难度较大，可能有些学生不怎么关心这方面的内容。但考虑到真正提高留学生的实际的汉语阅读能力，始终是我们对外汉语教学的重要目标之一，考虑到留学生将来必须要阅读这些文章，那么我们就有必要坚持这种原貌汉语的教学。

　　主课文、副课文、泛读课文的有机结合也是本教材的原则和特点之一。本教材共 18 个单元，每个单元的内容相对集中，大约可以使用一个学年。每个单元有主课文（1 篇）、副课文（2 篇）和泛读课文（若干篇）。我在首选的千余篇文章的基础上，根据语言、内容、篇幅以及版面的需要等标准选择了 213 篇进入教材。然后根据同样的标准把这 213 篇文章分为主课文（18 篇）、副课文（36 篇）和泛读课文（159 篇）。每单元的内容都是有所关联的。主课文有生词语和专名、词语例释、注释、练习。主课文应该是精讲精练；副课文只提供生词语和专名，一般只有一个练习，应该是少讲多练；泛读课文只提供课文，数量较大，为教师和学生提供了较大的选择空间，基本上是不讲只练，教师只解答学生的疑问。根据教学的需要和时间的安排，可以把泛读课文作为课下作业，可以作为检测学生水平的内容和手段，也可以作为课上教学的补充。

　　有条件的阅读，是本教材区别于其他阅读教材的重要原则和特点。所谓"条件"，指的是限时阅读、独立阅读，阅读时尽量不查工具书。限时阅读的意义不仅表现在将来参加 HSK 等测试的应试训练上，更重要的是这一作法将会极大地提高学生的实际阅读能力。时间的掌握具有弹性，一要考虑学生的实际水平，二要考虑课文的难易，三要考虑练习的不同要

85

对外汉语教学求索集

求。一般掌握在每千字用10~15分钟读完。对时间的要求是硬性的,在规定的时间内必须读完,甚至允许做练习时出错误,允许有读不懂的地方,但不允许超出规定的时间。显然这些课文是不需要预习的,只要求学生在上课前能够把教材提供的生词语、词语例释、注释等基本搞明白。当然,开始阶段应允许学生有一个适应过程,但随着教学的不断深入,学生阅读水平的进一步提高,其限时性将越来越严格,当学生能够适应限时的要求时,他们的阅读水平将会得到真正的提高。在限时的条件下,坚持独力阅读,阅读时同学之间不商量,不向教师提问。在教材里,虽然我们对主课文和副课文作了生词语的提示、一些语言现象的例释,以及一些有关内容的注释,但课文中的生词语和学生的理解障碍绝不限于此。泛读课文则没有任何提示,也绝不是因为课文容易,没有障碍,而我们坚持不允许学生阅读时查工具书,一是极力控制他们对工具书的依赖性,二是使阅读的"限时"目标得以保证和兑现。对于课文中的生词或一知半解的词语,应该训练学生不断掌握逾越这些障碍的方法,提高他们这方面的能力。比如,根据上下文的语言环境,根据对已经掌握的词语的正迁移,根据课文内容的大胆估计和猜测,大多数情况是可以基本理解词语的大概含义的。其实这也是提高他们言语能力的一个方面。对学生不理解,或理解错误、理解不准确的词语,在练习后教师的讲解是必须的,我们强调的是这种讲解,应在学生阅读、练习之后,而不是之前。因为这样既可以使学生的阅读保持完整,具有真实阅读的意义,也可以使学生牢固地掌握这些生词语,以及自己原来掌握不好的词语和语法现象。

在进行汉语教学的同时,注重中国国情文化的教学,这是本教材另一个编写原则和特点。在编写过程中,我们注意到尽量全面地、真实地、客观地反映当今中国的方方面面,因此学生理解课文的障碍不一定只是语言上的问题,也有的是对中国国情文化认识上的不足。不同于其他教材的是,本教材注重从大的方面介绍中国,如党和国家的大政方针、中国政府对国际重大问题的立场和外交政策、中国改革开放的巨大成就、中国城乡经济的发展、中国在前进中存在的问题等。此外对一些人们普遍关心的内容教材中也尽量体现。可以肯定,认真学习本教材,不仅有助于学生汉语水平的提高,而且对学生全面了解当今的中国也会有很直接的帮助。

实况汉语教学的理论与实践

　　以理解为主的练习设计，涵盖了课文中的绝大部分内容，这一原则和特点将使使用本教材的教师得心应手、事半功倍。学生们边阅读、边练习、边理解，认真做好每课中的练习，再经过教师的讲解，基本上就理解了课文，自然也就达到了我们的教学目的，在这一过程中，无须教师再补充什么练习。教材中的每一个练习都是以理解课文为目的的，也就是不在语言形式上提出过高的标准。练习形式有选择正确答案、判断正误、填空、回答问题等，都是以阅读理解为核心。我们说以阅读理解为核心，并不排除在阅读过程中可能进行的一些写和说的练习。由于学生水平可能不太一致，何时做练习教师可以根据自己的理解来安排，如学生水平较高，可以让学生直接做练习，教师不做任何讲解；如学生水平一般，可以在讲解生词语、词语例释和注释后做练习；如学生水平较低，也可以讲解完课文后再做练习。学生练习后的讲解，同样可以根据学生水平的不同而酌情处理。副课文一般只有一个练习，但这个练习基本上也涵盖了课文的内容。我们坚持练习以理解为主，但对于主课文、副课文和泛读课文的理解却有着不同层面的要求。对主课文的理解要求，不仅体现在字面的理解上，对文章的背景及有关的内容也要有一定的了解；对于副课文的要求只是对课文内容本身的理解；对于泛读课文的要求，则只限于课文大概内容的理解。

　　《原貌汉语》共有 18 个单元，每个单元都有一个相对集中、有些关联的内容。各单元相对独立，在教学中可以根据需要打乱单元顺序，也可以根据课时安排有所取舍。每单元的主课文有下面几项内容：（1）生词语和专名。生词语和专名严格按照在课文中出现的前后顺序排列，注有汉语拼音，根据课文长短和难易，在数量上也不尽相同。由于单元的顺序不是很严格的，允许对某些单元进行取舍，所以生词语在各课中的重复出现是正常的。（2）词语例释。词语例释主要是对课文中那些比较难懂，容易用错，而且又是常用的词语和语法现象的解释，这种解释以举例为主要手段，主要侧重于对新闻、报刊等书面用语的例释。（3）注释。注释是对一些历史背景、文化现象、某些行业的专用词语的注释，主要是为教师备课提供一点儿方便。（4）练习。练习是本教材最重要的部分，做完并弄懂本教材的练习，可以认为已经基本理解了教材的主要内容。教材的最

87

对外汉语教学求索集

后附有各课的练习参考答案,当然这只为那些有明确答案的练习准备的,这个附录一方面有利于教师备课,另一方面也为自学的朋友们提供一点方便;不过应避免学生做练习时对它的依赖。

当然,这种教材的编写和教学的实践还是一种尝试,还有一些不完善的地方。首先,由于课文是粘贴的报纸剪报,很受版面的限制,内容有时要屈就于形式,因此,对一些很好的文章不得不忍痛割爱,而个别不太满意的文章却作了充数的滥竽。其次,真实、鲜活的语言,一旦编成教材往往就失去了原有的活性,变成了固定的、静止的语言材料,因此这样的教材总也跟不上语言的发展,到了一定的时候就会显得过时,本教材同样有这样的问题,所以按照这一思路编写的教材应不断更新。另外,本教材很难体现教材由易到难的坡度,这也是本教材的一个局限。

在即将出版这部教材的时候,我还想说的一句话是"谢谢大家"。因为这部教材从始至终没有离开大家的帮助。《人民日报》《光明日报》及有关文章的作者为本教材提供了丰富的素材。捷克查理大学中文系的领导和老师们对本教材的编写提出了很好的意见,并从始至终地为我提供了方便。在刚刚接受这部教材的编写时,由于事先在资料方面没有任何准备,只好求助于国家汉办,汉办师资处和业务处的同志及时给我寄去珍贵的参考资料。郭锐女士在教材的筹划阶段就和我奔波于布拉格,从搜集报纸到作剪报,付出了许多心血。令人痛心的是郭锐女士因意外事故而结束了她年仅38岁的生命,在此我对这位勤奋刻苦、敬业好学、热情友善的女性表示深深地悼念。《光明日报》布拉格记者站的刘文才和周小勤夫妇为本教材提供了大量的报纸,并为某些词语的注释提供了很好的帮助。驻捷克大使馆教育组和新华社记者站也为本教材提供了很好的支持。与我同时到捷克任教的北京语言大学的刘学敏副教授,几乎看了教材的所有内容,指出了教材存在的不足,并提出了很好的修改意见。由于资料的欠缺,对某些词语的注释使我很难下笔,我的妻子贺晚霞女士是哲学副教授,做这些工作是轻车熟路、游刃有余,她对一些内容进行了科学而详尽的注释,最后通过 E-mail 发送给我。回国后,天津师大汉院的领导十分重视我的这本教材,并资助出版。在本教材即将出版之际,对上述各位表示诚挚的谢意。

最后，我要对大家说的是，希望各位老师、各位同学、各位朋友，在使用这部教材时多提意见。几年后，这部教材的内容可能会过时，希望有志于此的同行编出更新、更精、更完美的《读报章，学汉语》。

（本书由生活·读书·新知三联书店 2003 年出版）

《看电视 学汉语》

本教材是国家汉办 1998~2000 年规划教材。《看电视，学汉语》是一部汉语视听说教材。原名为《汉语实况与话题》《汉语实况视听说》。作为一门新的课型，这种以电视实况为主要内容的汉语教学，我们已经开设多年，在本课的教学实践中，我们不断探索新的作法，不断调整自己的思路，使得这门课逐步走向完善、走向成熟。在国家"汉办"举行的全国对外汉语教学评奖中，以本课为主要内容的教学获得三等奖。同时还获得天津师范大学优秀教学成果二等奖。

《看电视，学汉语》取材于电视中的实况内容，是一部中高级汉语视听说教材。本教材适合具有 HSK 六级以上或在华学习汉语一年以上的外国留学生。在本课学习过程中，留学生在课堂上看到的是当今中国的方方面面；听到的是人们日常交际和言语表达的真实、自然的状态；说出的是目前人们十分关注的热门话题。

在本教材编写过程中，我们首先坚持的是实况原则，这是本教材选材、编写的最重要的原则，本教材所选录像都是电视节目中的实况采访内容，学生看到、听到的是人们在正常情况下的交际，虽有南腔北调、语无伦次之处，但却是现实生活中人们言语交际的真实、自然的写照；其次，我们坚持注重国情文化的选材原则，本教材能够真实、全面地反映当今中国国情，特别注重反映我国改革开放以来的巨大变化和人们观念的更新；此外，我们还坚持"先声后文"的编写原则，本教材的录像文本都是根据有声的实况录像整理而成的，保留了录像中的口语特点，教材的其他部分，都是以此为本；最后，在本教材的使用上我们坚持视听说相结合的原则，获得信息以听为主；但也要充分利用视觉系统，在视听的基础上进行成段口述及话题讨论。

实况汉语教学的理论与实践

本教材的编写和使用是为了达到以下教学目的：使学生能够不断提高从电视中通过汉语获取信息的能力；使学生能够逐步听懂普通的中国人在自然状态下所说的口语性很强的汉语；使学生能够尽可能深入地了解当今中国的国情，特别是改革开放以来中国发生的巨大变化，知道中国人在干什么，在想什么。

本教材共 15 课，1～7 课每课六段录像，每段录像两分钟左右。8～13 课每课三段录像，每段录像 5 分钟左右。14～15 课每课一段录像，每段录像 10 分钟左右。全部录像约 240 分钟。

本教材每课内容包括下面几个部分：

内容提示，在每课前都有一个 150 字左右的内容提示，尽量概括本课内容，提示本课话题，对全课起到一个导视、导听、导说的作用。

词语提示区别于一般教材的生词部分，其目的不仅仅是让学生课前预习，其中相当一部分词语并非是生词语，然而却是录像中的重点、难点词语。在视听过程中，这些词语将起到重要的提示作用。因此，这些词语是严格按照录像中出现的前后顺序排列的，也正是因为这一原因，各课的词语提示会重复出现。

注释是帮助学生排除视听障碍的一个手段，包括两个方面的内容：一是难理解的，用法比较复杂的词语的例释；二是对一些文化背景和文化现象的注释。

视听练习是本教材的核心部分，作视听练习的过程，就是对录像的理解过程。通过学生的反复练习及教师的讲解，达到看懂、听懂并理解录像内容的目的。本教材力争做到让教师按书中练习上课，便可以收到满意的教学效果，而无需教师补充练习；因此视听练习量大，形式多样，与课文和录像有着很强的对应性。视听练习，几乎不需学生逐个地作口语表述，而是集体练习，这有利于调动每个同学的积极性。建议教师准备一些简单的答题纸，让学生把判断、选择等练习的答案写在答题纸上。这样对学生的问题，老师可以一目了然，使教学更能有的放矢。

常用口语词语例释是对录像中出现的口语性较强、使用频率较高的词语的讲解和例释。这些词语一般不会造成视听障碍，但能准确理解并能在口语表述中运用自如确非易事。能够准确熟练地运用这些词语，正是这一部分的教学目的。此外也可以在后面的说话练习中运用这些词语，以巩固理解。

说话练习之所以与视听练习分开，正是为了加强说话练习，在视听说的教学中，人们往往在视听上花时间过多，而削弱了说话练习。说话练习的单独进行，正是为了纠正这一偏向，当然说话练习是在视听练习的基础上进行的。由于人们对视听说课的不同理解，说话练习所用的时间也不尽相同，一般来说，学生水平越高，说话练习所用时间越多。说话练习主要是两部分内容，一部分是对课文的复述和理解，另一部分则是对本课话题的议论。它们的共同之处则是成段的口述练习，而非简单的问答。

本教材的"教学参考"部分是为教师备课提供的，同时也为自学的朋友提供一些方便。这部分包括以下三个方面的内容。

录像文本，由于是实况录像，所以以此为本整理出的文字既有真实、自然的一面，也有不大规范之处，在这些文字中我们可见到错用词语之处、不合语法之处、语无伦次之处，对此我们都基本保留。重要的是这些文字只是"参考"，而不能替代录像成为"课文"。也就是说在视听录像之前，或做视听练习之时不可"参考"这些文字。当然，对水平较低或视听障碍较大的录像部分，适当地参考这些文字，也是必要的。

视听练习参考答案只为那些有固定答案的练习提供。

教学提示与建议，主要是介绍本录像的一些背景材料。同时也就如何学好本课提出一些建议，有时还就录像中出现的一些语言现象进行分析。

当然，本教材最重要的部分是录像带。

在本课的教学和本教材的写作过程中，我们得到了国家汉语国际推广领导小组办公室的大力支持；同时也得到了广大教师的热情帮助；中央电视台精彩的节目为本教材提供了丰富的素材；特别是天津师范大学汉语言文化学院的资助出版，使本教材将以一个崭新的面貌活跃在对外汉语教学课堂，对此，我们表示深深的谢意。我们深知这种以电视实况为主要内容的汉语教学是一门有特色的新课，还需我们继续实践和探索。《看电视，学汉语》的出版是我们向前又迈出的一步，在今后的实践中，我们十分需要专家同行的指教，以及各方人士的宝贵意见。

(本书由生活·读书·新知三联书店2003年出版)

实况汉语教学的理论与实践

《原声汉语——中级实况听力教程》前言

　　回顾我们汉语实况听力教学的发展，至今已经有20年的历史。20年来，我们从油印单张的讲义，到成册的教材，然后几次编写出版汉语实况听力教材，使得这一教学不断更新，不断完善；围绕着汉语实况听力教学，我们发表了十几篇相关的论文，使得这一教学在理论研究上更加深入，更加充分。

　　随着对外汉语教学的发展，人们逐渐地认识到课堂教学使用真实语言材料的必要性和可能性，也出版了一些使用真实语料的阅读类对外汉语教材，但是，在最需要真实语料的听力教学方面，却没有见到更多、更理想的教材。虽然人们对汉语实况听力的教学模式在认识上并没有取得完全的一致，但是作为探索和尝试，汉语实况听力教学至少是值得人们去试一试的。

　　对外汉语教学发展到今天，没有人怀疑在汉语目的语环境学习汉语的种种优势，但如何充分利用汉语目的语环境，搞好我们的对外汉语教学，确实需要我们努力探索，大胆实践。有的留学生到了中国后不会利用汉语环境，教师也缺少必要的指导，每天除了上课外就是在宿舍里看书，这与他们在国内学习汉语没有什么区别。尽管老师很敬业，学生也很努力，他们往往也能够把课上的录音听得很明白，但是离开课堂，离开学校，离开北方大城市，就什么也听不懂了，甚至看不懂电视，听不懂广播。他们能够把练习做得很好，考试成绩很高，却不能和一般的中国人进行比较随意的汉语交际。另外一些留学生则完全相反，他们不满足远离语言现实的课堂教学，当他刚刚具备一点点汉语能力后，就对课堂教学失去了耐心和信心，到社会上学习所谓的"马路汉语"，或者找一个中国学生进行一对一的"单打独斗",虽然学了一些社会上的方言土语,但整体上汉语水平很低。这两种学习都不可能成功。虽然其中原因很多,但我们首先还是应该从教学本身寻找,一方面我们的教材远离社会语言的真实状态;另一方面我们的教师往往用那些陈旧的方式,给学生讲练那些过时的,虚假的内容。也就是说我们并没有充分利用汉语目的语环境,并没有营造出一个课堂教学的汉语习得环境。为了改变这种状况,人们往往增加一些由教师组织的参观访问活动。这虽然是必要的,但解决不了课堂教学中存在的根本问题。有的老师在某些课的教学中,偶尔带留学生到真实的交际场合进行一些功能性的练习,如打电话、买东西、寄信等,无疑,这将有利于提高他们的学习兴趣,也会在一定程度上提高留学生的汉语交际水平;但这只能是一种点缀,课堂教学不能天天这样。汉语实况听力教学试图从根本上解决这个问题,改变这种状态,纠正我们上面提到的轻视语言环境和忽视课堂教学的两个极端倾向。于是我们把社会上真实、自然的语言交际编入教材,让学生坐在教室里,看到的、听到的、学到的是当今社会上语言的真实、自然的状态,真正做到教学过程交际化。

　　教学过程交际化越来越受到人们的重视,人们不满足学习者单纯的言语技能的提高,而是把教学目标提升到培养学习者语言交际能力的高度。这是因为作为言语技能的传统的听、说、读、写缺少交际性,而汉语实况听力课,在课堂上学生听到的不是那些十分规范的,非常标准的,录音棚里的录音,而是人们真实、自然的正常的言语交际,因此它具有很强的交际性,是教学过程交际化的一个很具体的实例。

　　我们的实况汉语教学与研究得到了有关领导、专家及同行的关注和肯定。北京语言大学的马箭飞教授认为,我们的实况汉语教学是"具有特色、富有新意的""教学模式或雏形","提出让学生视听实况材料,培养学生接受真实信息,并直接用于实际生活需要的技能"。赵金铭教授主编的《对外汉语教学概论》也有类似的评价。刘珣教授在南开大学的学术报告中,把汉语实况教学列入对外汉语教学十大模式之一。北京大学的刘颂浩认为,汉语实况听力教学和研究"具有自己独特的研究方法和视角"。北京语言大学速成学院的翟艳则称我们是"既做研究又身体力行的人","独自在实践着自己的理论"。

实况汉语教学的理论与实践

距离最近一次出版的《汉语实况听力》已经整整 10 年了，教材的各个方面都应该更新。这次编写我们组成了一个"原声汉语"的系列教材，即：《原声汉语——初级实况听力教程》《原声汉语——中级实况听力教程》《原声汉语——高级实况听力教程》，这次出版的是后两册，即：中级教程和高级教程，初级教程我们将在明年出版。本教材的编写坚持了我们一贯主张的三大原则：语料上的"实况"原则；编写上的"先声后文"原则；内容上注重当今"国情文化"的原则。在此基础上，此次编写结合我们多年的教学实际，又做了一些新的尝试和补充，特做如下说明：

1. 教材的难度有一个比较明显的坡度，这是以前我们的教材做得不够好的一个方面。本教材单元的划分一是考虑难易度，二是考虑语言的特点。即使这样，我们也很难从词汇和语法的角度进行准确的等级切分。

2. 在内容上，本教材共六个单元，每单元十段录音。大致使用一个学期（每周 4 课时），而实际上一个学期可能用不完，这主要考虑教学过程中，教师可以根据课时的多少、学生的水平和兴趣而有所取舍。

3. 练习形式丰富多彩。每段设计了三个以上的练习，有一个核心练习，即听录音后的选择或判断。

4. 生词有注音和英文注释，个别的还有汉语注释。这是考虑到教学过程中可能发生的取舍，生词和注释可能会重复出现。每一段录音都有一个内容提示。

5. 使用多媒体制作技术，录音的质量有较大提高。

《原声汉语——中级实况听力教程》是集体智慧和劳动的结晶。本教材由主编孟国制定编写大纲，主持教材编写的各项活动。本教材的编写分三个阶段进行，第一阶段是录音的搜集与整理，由孟国、王丽、王业奇、郝茵、郭晓玮、梁雪垠负责，然后由孟国负责录音的筛选、整理和取舍，最后由大家分头进行录音文本的整理。第二阶段是教材的写作阶段，由孟国制定教材的结构框架、篇目安排、写作的具体要求，并作出样篇，然后由大家分头进行初稿的写作。初稿完成后，副主编徐家宁、郭红负责初审和修改工作；然后由主编孟国对全书进行再审、修改，最后定稿。第三阶段是利用多媒体技术制作 CD 盘，由张乃乐、孟国、王业奇、郭晓玮等负责。

在本教材编写的各个阶段，我们得到了来自各个方面的支持。在录音搜集工作中，我校李东平老师提供了大量的资料，我院加拿大留学生黎飞（Ritsuko Mcwilliams）审阅、修改了本教材的英译部分；最后，我校齐世和教授对英译部分进行了审核。徐世英教授悉心审阅了全文，提出了许多宝贵的意见。在录音制作过程中，迟德发、马静、董月凯等老师付出了辛勤汗水的劳动。特别是北京语言大学的刘珣教授，在百忙之中审阅了全书，并欣然为本书作序。北京大学出版社汉语及语言学编辑室沈蒲娜主任给了我们大力支持，责任编辑宋立文为本书的出版付出了辛勤的劳动。在此，对以上各位及所有支持过我们，帮助过我们的朋友表示由衷的感谢。

（本书由北京大学出版社2007年出版）

对外汉语教学的理论、原则和方法

对外汉语教学的理论、原则和方法

语言获得：语言学得和语言习得

在语言教育理论的研究中，人们越来越重视对语言学习（Learning）和语言习得（Acquisition）的研究，人们对这两个概念的内涵也基本达成共识。西方学者的研究文章已出现用术语"习得"代替"学习"（即用 Acquisition 代替 Learning）的趋势。在国内，越来越多的人也把第二语言学习称为第二语言习得。总之，"习得"一词的使用越来越多。然而，由于"学习"与"习得"是两个意义上有关联，但又有不同所指，甚至在意义上相对的概念，因此，在"习得"一词被广泛使用的同时，"学习"并没有被取代，"学习"与"习得"常常是不加区别地同时出现在一本专著或一篇论文中，给人造成混乱。可见，在很多时候人们似乎并没有看到它们的区别，随意替代和互换。而实际上这两个词作为术语有着很明显的不同，因此我们有必要在搞清它们各自不同含义的前提下，明晰它们之间的关系。

克拉申（S. D. Krashen）把有无"意识"作为二者的分界，这一点已被大多数人接受。西方学者普遍认为，语言学习（Learning）指在课堂环境下有专门的教师指导，严格按照教学大纲和课本，通过讲解、练习、记忆等活动，有计划、有系统也是有意识地对语言规则的掌握（如：成年人学习第二语言）；语言习得（Acquisition）指在自然的语言环境中，通过旨在沟通意义的言语交际活动，不知不觉地获得一种语言（如：儿童习得母语）（刘珣 2000：153）。然而，Learning 和"学习"，Acquisition 和"习得"是否是完全等同的概念，这是个很值得讨论的问题。我们应该用哪些汉语词汇准确地表述这些概念，以及它们的上位概念？这些概念之间，以及它们与上位概念之间是一种怎样的关系？这些关系如何表示？

对这些问题人们却见仁见智。在我们见到的一些专家的论述中,有的互相矛盾,有的含糊不清,往往是自己的论述和自己的定义相互抵牾,难以自圆其说。

吕必松(1996)认为:"'学习'是一种行为,'习得'是一个过程;'学习'是为了'习得','习得'是'学习'的结果;'学习'中包含着'习得',但'学习'不等于'习得';'学习'和'习得'的关系是一种包容关系。"(第29页)吕先生(1996)说:习得是一个"结果",又说习得是一个"过程"。"结果"和"过程"本来就不是一回事(第28页)。Acquisition 有两个意思,翻译成汉语一个是"获得",一个是"习得"。吕先生说的"结果"应该是 Acquisition 所具有的"获得"的义项,而他所说的"过程"才是 Acquisition 所具有的"习得"的义项。获得一种语言,可以说是一种结果或目的,必须要经过习得或学习;而习得语言只是获得语言的一种方式或方法,或许也可以说是一个过程,习得的结果不一定都能够获得。而实际上,习得也许能够学会,但恐怕更多的是学不会,习得语言的人很多,但真正获得语言的人却要少得多。因此我们应该说:习得是为了学会,即获得。

吕必松(1996)指出:"学习"包含"习得",但这个"学习"不是 Learning,而是 Acquisition,是"获得",或者说是广义的学习,即学和习,这样才形成二者的包容关系。吕先生还说:"学习"是为了"习得",这个学习是狭义的,是我们后文要提到的"学得";这里的"习得"应该是"获得"。这句话的意思应该是:学得是为了获得。吕先生说:语言习得就是通过学习而获得语言。说"习得"是为了"获得语言"是对的,但不一定是通过学习。吕先生还说:学习和习得不是并列的,是包容关系,而在吕先生的文章中,我们一次又一次看到"学习和习得"这样的说法(第28页)。

刘珣(2002)认为:"第一语言的获得大体上经过两个不同的时期,即早期的潜意识的语言习得和入学后的有意识的语言学习。"第二语言的获得"虽然也有可能在目的语的社会环境中通过长期的语言交际活动而自然习得,但对大多数人来说,还是通过接受正规的语言教育、有意识学习而获得的"(第6页)。刘珣(2000)还指出:一般用法是:广义的学习包括习得和狭义的学习。也有学者主张把狭义的学习称为"学得",以示与其上位概念的学习的区别,即学习包括学得和习得。还有人把习得称为"获得"(第153~154页)。

刘先生的上述论述应该说是很清楚、很准确的。他对习得有一个被众人认可的定义,他认为学习和习得是获得语言的两个不同途径。但他强调:"本书也基本上采用'第二语言习得'这一术语,但在强调成人的正规学习,特别是课堂学习时,则用'学习'。"(刘珣2000:154)显然,这里的"第二语言习得"指的不是"成人的正规学习,特别是课堂学习"。那么,在今天,大家一致认同第二语言教学以课堂教学为主的情况下,"第二语言习得"指的又是什么呢?"第二语言习得"是一个表意十分含糊的概念。在大部分情况下,应该是"第二语言学习"或者是"第二语言获得","二语习得"更是省略不当,语焉不详。刘珣《对外汉语教育学引论》(2000)多次出现的"习得",也不大符合他自己所下的定义,即不是"在自然的语言环境中,通过旨在沟通意义的言语交际活动,不知不觉地获得一种语言"。所谓的"第二语言习得"有时应该是"第二语言获得";有时应该是"第二语言学习"。如:第五章第三节的"二、第一语言习得与第二语言习得的异同比较",这里的"习得"应该是"获得"。第一语言与第二语言的获得方式主要相异之点,一个是习得,一个是学得,都称之为习得,还有什么区别呢?《对外汉语教育学引论》里的"习得环境不同""习得方式不同""习得过程不同""习得词组""习得相关的词"等等,都应该是"学习"。

李宇明(2000)根据语言学习方式的不同,把语言学习分为三种类型:语言习得、语言学得、语言康复(第174页)。他还详细地分析了Acquisition和Learning这两个术语的具体含义,认为我们应该把Acquisition的含义定位在"无序的语言输入中学习语言的方式,它不与课堂教学相对立"。应该把Learning分解为二,一指"学习",定位于"泛指一切语言的获得";二指"学得",定位于"有序的语言输入条件下的语言学习",与习得相对(《世界汉语教学》编辑部等,1994)。李宇明在他的论文中关于学习、习得的表述十分谨慎。他的语言学习的三种类型同样应该适合于语言获得的类型。语言学习和语言获得是不完全相同的概念,语言学习者不一定能够获得语言，而语言获得者则必须要经过语言学习。所以我们也可以这样说，语言获得者往往是成功的语言学习者；而语言学习者却不一定都是语言获得者，甚至可以说语言学习者中的大部分不是语言获得者。总之"学习理论"代替不了"获得理论"，同样"获得理论"恐怕也难以代替"学习理论"。

根据以上各位专家的论述，我们不妨把习得及与其相关的概念的关系以下图表示：

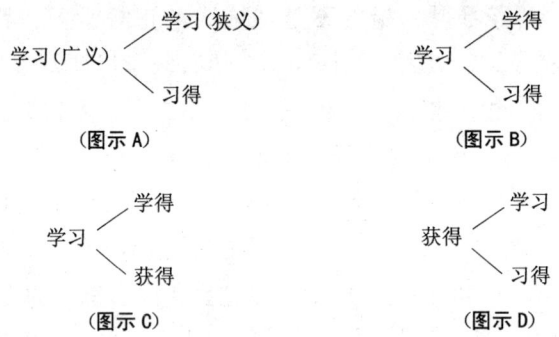

上面的论述中，图示 A 基本上是吕必松的主张；图示 B 符合李宇明的看法；图示 D 与刘珣的意见很接近；图示 C 和其他我们没有表述的图示都属于其他学者的看法。对于这些图示，孤立地看都有道理，表意也清楚，但把几个图示放到一起看，就不免产生混乱。我们发现，在上面的图示中，都有"学习"这个概念，有的甚至在同一图示的三个概念中出现两次。我们认为，学习一词在平时的使用上，一般不存在歧义，但当我们把它作为专用术语表示特定的概念时，由于它自身存在的歧义，而显得是那样地力不从心，甚至可以说，"学习"是造成以上概念关系混乱的关键。应该承认，"学习"一词的原始义是一个并列复合词，即"学"和"习"，但是在今天的言语交际中，"学习"已经逐渐演变成为一个偏义复合词，即只有"学"的意义，而无"习"的内涵。在上述论述和图示中的"学习"，有时是并列复合词，有时是偏义复合词，即使注上"广义"和"狭义"的区别，也给人以混乱。

学，甲骨文从"双手"从"爻"，爻兼表声。爻是筹码相交。金文下又加"子"，表示孩童学习筹算。《玉篇·子部》有"学受教也"，即接受教育、学习。《论语·为政》有"学而不思则罔,思而不学则殆",这里的"学"是一种模仿(曹先擢、苏培成,1999:601)。

习,甲骨文上边是鸟之双翅,下边是太阳,表示鸟在空中练习飞翔。篆文把"日"讹为"白"("自"),成为从"羽""白"("自")声的形声字。《说文》解释为"数飞也,从羽从白,凡'習'之属皆从'習'"。"习"的本义是鸟多次练习飞翔。《礼记·月令》有"鹰乃学习",引申为学习,练习,复习。《论语·学而》有"学而时习之,不亦说乎?""习"的意思由多次接触引申为熟悉,表示结果(曹先擢、苏培成,1999:564)。

"学"和"习"的这些基本义和今天的意思很接近,《现代汉语词典》中"学"的前两个义项是"学习"和"模仿"。"习"的前两个义项是"学习"和"对某事物常常接触而熟悉"(《现代汉语词典》第五版,2005:1546、1458)。显然,今天的"学"和"习"一方面在意义上密切相关,它们的第一个义项都是"学习";但另一方面它们在意义上又各有所指,毕竟是两码事,它们的第二义项分别是"模仿"和"对某事物常常接触而熟悉"。《现代汉语词典》对"学习"一词的注释为"从阅读、听讲、研究、实践中获得知识或技能"(《现代汉语词典》第五版,2005:1548)。显然"学习"一词在今天已经是只有"学"而无"习"的偏义复合词了。

这样,用"学习"作为上面图示的下位概念,与"习得"相对,应该说是比较适当的(如图示A、图示D)。但是,"学习"和"习得"之间在意义上总是有着一种割舍不断的关联,特别是人们常常提到"学习"的广义概念,而且明确提出"学习"中包含着"习得"(吕必松,1996:29),把"学习"定位于"泛指一切语言的获得"(《世界汉语教学》编辑部等,1994)。也就是说,在很多时候,人们还是把"学习"看做是"学"和"习"的并列复合词,这样再用"学习"作为与"习得"相对的概念,就不那么合适了。所以有人提出用"学得"这一个新的术语代替"学习",作为这个图示的下位概念,与"习得"相对(李宇明,2000:174)。这是一个非常好的创意。

实际上,更多的人用"学习"作为上面图示的上位概念(如图示A、

103

图示B、图示C），显然，这里的"学习"是既包含"学"，又包含"习"的并列复合词。如上文所述，事实上，人们普遍认为现今的"学习"往往是只有"学"，没有"习"的偏义复合词，就像上文李宇明所论，把"学习"定位于"有序的语言输入条件下的语言学习"，与下位的"学得"是同一概念。《现代汉语词典》对"学习"的注释也在很大程度上支持了这种对"学习"的定位。显然，"学习"作为上位概念也不合适。

可见，"学习"有广义、狭义之分，有并列、偏义之别，所以把"学习"作为表意严谨的术语，表示某个特定含义的概念，则有些勉为其难。这是因为，我们既不能忽略"学习"的本义是"学"和"习"的并列复合词这一很原始的说法，也不能无视今天的"学习"已经演变成了只有"学"而没有"习"的语言事实。那么，要想清楚地表达上面图示的概念关系，唯一可行的办法就是在这一图示中回避表义含糊的"学习"这一词语。上面提到，用"学得"代替"学习"，作为与"习得"相对的下位概念，是一个很好的创意。至于上位概念的"学习"，即李宇明明确指出的"泛指一切语言的获得"，那么，我们为什么不用"获得"代替"学习"呢？有人用"获得"代替"习得"作为下位概念，表示一种方法和途径，有失妥当。也就是说，"语言获得"是"语言学得"和"语言习得"的目的和结果；"语言学得"和"语言习得"是人们获得语言的不同方法与途径。于是我们可以用这样的排列组合来表示这几个概念之间的关系：

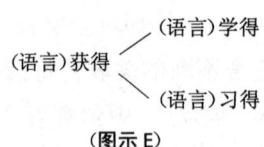

(图示E)

毫无疑问，"习得"一词是舶来品。较早地把Learning和Acquisition这两个概念进行区分的是兰姆波特（Lambert），后来科德（S. P. Corder）和克拉申又进一步对二者加以区别，并强调区分的意义（盛炎，1990：42）。特别是克拉申提出的监控理论，把"学习"和"习得"当成一组对立的概念。汉语中本来也没有专门术语直接与英语中的Acquisition对应，"习得"一词是为了与"学习"一词相区别而创造出来的（束定芳、庄智象,1996:35)。李宇明一方面把 Learning 的含义定位在"泛指一切语言的获得"上,另一方面又把 Learning 的含义定位在"有序的语言输入条件下的语言学习"(《世界汉语教学》编辑部等,1994)。于是他把那个颇具创意的关系图(图示 E)用英语表示为:

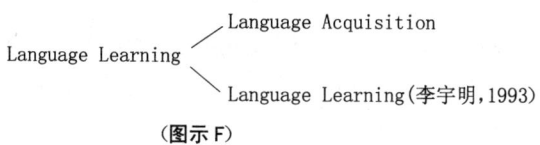

(图示 F)

Learning 在上位概念表示"一切语言的获得",显然 Learning 没有这一义项;在下位概念则表示"有序的语言输入条件下的语言学习"。同一图示中的两个 Learning,不免给人们造成一点混乱。再者,用 Learning 表示"一切语言的获得"也显得有些勉强。因为 Larning 是"学"的意思,如果把它翻译成"学习",也不是"学"和"习"的并列复合词,而是只有"学",没有"习"的偏义复合词,是"有序的语言输入条件下的语言学习"。所以把 Learning 翻译成"学得",作为下位概念是很合适的。那么作为上位概念的"语言获得"用英语如何表示呢?最合适的表示应该是 Language Acquisition,因为 Acquisition 的本义就是"获得",后来才赋予 Acquisition 一个新的语言学义项,即"习得"。我以为这一关系用英语表示应该是这样的:

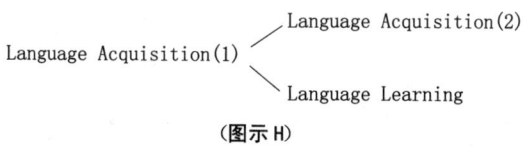

(图示 H)

很遗憾,在这里我们也感到了英语在表意上的"理缺词穷",因为我们找不到三个更恰切的词语来表示这个并不太复杂的关系,所以我们不得不用同一词语表达两个不同的概念。于是,在这个图示中便出现了两个 Language Acquisition,Language Acquisition(1)作为上位概念,它表示"语言获得",这是 Acquisition 的基本义,是很适当的;Language Acquisition(2)作为下位概念表示"语言习得",这是 Acquisition 被赋予的新的语言学意义,也是大家公认的。

参考文献：

1. 曹先擢、苏培成《汉字形义分析字典》，北京大学出版社 1999 年版。
2. 李宇明《语言学习异同论》，《世界汉语教学》1993 年第 1 期。
3. 李宇明《论语言运用与语言获得》，《语言教育问题研究论文集》，华语教育出版社 2000 年版。
4. 刘珣《对外汉语教育学引论》，北京语言文化大学出版社 2000 年版。
5. 刘珣《汉语作为第二语言教学简论》，北京语言大学出版社 2002 年版。
6. 吕必松《对外汉语教学概论（讲义）》，国家教委对外汉语教师资格审查委员会办公室，1996 年。
7. 盛炎《语言教学原理》，重庆出版社 1990 年版。
8. 《世界汉语教学》编辑部、《语言文字应用》编辑部、《语言教学与研究》编辑部：《语言学习理论研究座谈会纪要》，《语言学习理论研究》，北京语言学院出版社 1994 年版。
9. 束定芳、庄智象：《现代外语教学》，上海外语教育出版社 1996 年版。
10. 中国社会科学院语言研究所词典编辑室：《现代汉语词典（第 5 版）》，商务印书馆 2006 年版。

（原载《汉语研究与应用》第五辑，中国社会科学出版社 2007 年版）

对外汉语教学的理论、原则和方法

论目的语环境中的汉语习得

在语言教育理论的研究中，人们越来越重视对语言学习（Learning）和语言习得（Acquisition）的研究，对这两个概念的内涵也基本达成共识。汉语中本来也没有专门术语与英语中的 Acquisition 对应，"习得"一词是为了与"学习"一词相区别而创造出来的（束定芳 庄智象 1996：35）。西方学者的研究文章已出现用术语"习得"代替"学习"的趋向（刘珣，2000：154）。显然，目前这种趋势已经蔓延到我国国内，越来越多的人把第二语言学习称为第二语言习得，"学习"与"习得"常常是不加区别地同时出现在一本专著或一篇论文中，随意替代和互换。在我们见到的一些专家的论述中，有的含糊不清，语焉不详；有的自己的论述和定义相互抵牾，难以自圆其说。笔者认为，在讨论"语言习得"与"语言学习"的关系时，必须强调一个概念，即"语言获得"。另外，根据一些专家的建议，把"语言学习"改称为"语言学得"（李宇明，2000），如此我们可以这样认识它们之间的关系："语言获得"是"语言学得"和"语言习得"的目的和结果；"语言学得"和"语言习得"是人们获得语言的不同方法与途径（孟国，2007）。

一　关于第二语言习得

"第二语言习得"这一概念，用的人虽多，但很少有人认真思考一下，第二语言习得到底指的是什么。第二语言习得是第二语言获得的一个重要的方式。因此，一方面需要搞清什么是第二语言习得，第二语言习得与第二语言的其他获得方式，即第二语言学得有什么不同；另一方面，同为语言的习得,第二语言习得与第一语言(母语)习得有哪些差异。这些将是我们重点探讨的问题。

1.1 第二语言习得与第一语言(母语)习得

同为语言习得,第二语言习得与儿童的第一语言习得相比,其特点主要表现在如下几个方面:

(一)第二语言习得环境不一定必须在目的语环境。绝大部分的外语学习实际上都是在母语环境中进行的。在没有目的语环境的情况下,如何进行第二语言习得,已经引起越来越多的语言教师的兴趣和重视,且有很多成功的先例。如美国的明德暑校、我国的新东方等教学模式,给人们开启了一个在母语环境习得目的语的新思路。另外,很多大学、中学的外语教学纷纷采取请外教,开展外语角、外语晚会、外语沙龙等活动,这些都是在努力营造一个第二语言的习得环境。但这个问题不是本文讨论的重点。

(二)第二语言习得基本上是在课堂上进行,这是区别于儿童习语的主要一点。第二语言习得不像有些人理解得那样,每天带着留学生到社会上去实践,去和普通中国人进行汉语交流,而主要是在课堂上进行。第二语言教学以课堂教学为主,这是人们的普遍认识。因此离开课堂教学的语言习得将不大可能成为第二语言获得的主要方式。

(三)既然第二语言习得基本上是在课堂上进行,那么这种习得自然就具备了如下条件:有教师的监控和指导,学生的训练是在教师具体指导下进行的;有教学大纲,这个大纲不仅体现语法结构,也体现了功能;有教材,教材应该以真实、自然的语料为主,既有语言知识,又充满交际性;有系统性,这不仅体现在大纲和教材中,也体现在教师的教学环节中。显然,这样的习得完全不同于传统的幼儿习语。

(四)第二语言习得不仅注重沟通意义的语言交际活动,这是传统上的幼儿习语所特别关注的;也十分注重语言结构的系统训练,这是传统的第二语言学习所强调的。第二语言获得体现了成年人的特点,即具有较强的演绎能力和归纳能力。忽略语法学习,第二语言获得将事倍功半,对今后的学习甚至可以说是一场灾难。

(五)第二语言习得往往具有较明确的意识。成年人学习第二语言目

108

的明确，意识清醒，即使在习得环境和习得过程中，也会保持比较清醒的头脑，不可能像儿童习语那样的"无意识"或"潜意识"。这种清醒的意识也体现在教师身上，但却不仅仅体现在课堂上，教师本身要熟知语言习得理论，认识到语言习得理论的重要意义，这样，才有可能有意识地指导学生、督促学生充分利用身边的汉语环境。显然这种清醒的意识不但不会影响其习得的成效，反而会大大提高他们的语言交际能力和水平。

1.2 第二语言习得与第二语言学习

通过第二语言习得与第二语言学得的比较，我们看到作为同一种语言的两种获得方式所存在的不同。

（一）虽然二者都是课堂教学，但第二语言习得以学生的训练为主，第二语言习得的目的是语言交际能力的提高，而不仅是语言知识和语言能力的掌握。教师在课堂上的单纯的知识传授和讲解不是第二语言习得；第二语言习得是对这些知识的反复训练，最终内化为语言交际能力的过程。第二语言习得强调的是培养学生的语言交际能力和综合运用语言能力。

（二）虽然二者都有教师，但第二语言习得理论要求教师不应该仅仅是知识的传授者和讲解者，更应该是学生训练活动的指导者和组织者。以学生为中心，决不能放弃教师的主导作用，这个主导作用也不应该仅仅是教师对知识点的传授和讲解，而是教学中一系列语言训练活动的系统性和科学性的体现。第二语言习得理论特别强调，教学过程特别是训练过程要极力避免随意性。

（三）虽然二者都有大纲和教材，但第二语言习得理论要求大纲和教材不仅体现语言结构的学习顺序，更应该体现语言功能的获得顺序。教材不仅仅是语言知识和结构的教科书，更应该是充满交际训练的真实语料的再现。在他们语言交际能力得到提高的同时，他们对中国当代的国情文化和交际文化也有了一个比较深刻的了解。

（四）虽然二者都有课堂上的训练，但第二语言习得的训练不应该是简单的重复、模仿、记忆等机械性的训练。真正的语言习得训练应该以理解、组装、应用为主，特别是训练学生独力进行语言交际的能力，同时还要关注成段语言交际能力的训练。

可以看出，第二语言习得实际上是儿童习语与传统的外语学习的结合。如果吸收了二者之所长，对外汉语教学的成效必将大大超过幼儿习语和传统的外语教学。古老的翻译法认为，学习语言就是学习知识，把翻译当成主要的教学手段；100年前的直接法，把儿童习语的经验搬到第二语言教学的过程中，但他们忽略了第二语言学习者以及第二语言本身的特点（章兼中，1983：7、32）。后来的外语教学流派忽左忽右。一直到上个世纪七八十年代，盛行全球的认知法和功能法，依然分别存在着轻视交际和轻视语言结构的倾向。今天，我们应该借鉴前人的经验，努力发现体现第二语言习得理论的行之有效的教学方法和手段。

二　关于目的语环境的汉语习得

所谓目的语环境的汉语教学，即对外汉语教学，有着很好的语言习得环境，但是不论是汉语学习者还是汉语教师，都在一定程度上存在着缺少习得意识的问题。在教与学中缺少习得的手段和方法，其结果自然是没有很好地利用汉语的目的语环境。

2.1　表现在学生身上的问题

表现在学生身上通常是两种截然不同的情况：

一是有的留学生到了中国后不会利用汉语环境，每天除了上课外就是在宿舍里看书，这与他们在国内学习汉语没有什么两样。尽管老师很敬业，能够把课上得很好，学生也很努力，能够把练习做得很好，考试成绩也很不错，但是离开课堂，离开学校，离开北方大城市，往往不能和一般的中国人进行比较随意的汉语交际。另一种情况则完全相反，一些留学生不满足传统的课堂教学，课堂所学与他们的急需有着相当的差距。所以，当他们刚刚具备一点点汉语知识和能力后，就对课堂教学失去了耐心和信心，到社会上去"习得"所谓的"马路汉语"，或者找一个中国学生进行一对一的"单打独斗"。虽然他们学了一些社会上的方言土语，但整体上汉语水平很低。

两种表现迥然不同，其结果则存在着某些一致性，即都不可能获得真正的汉语交际能力（孟国，2009）。产生这些问题的原因也有着很大的一致性，即都和第二语言习得有着密切的关系：前者，固守着传统语言学习的模式，忽视第二语言习得的重要性；后者，忽视第二语言的特点和规律，实际上是对第二语言习得的偏离和误解。另外还有大量的国外汉语学习者，认识不到目的语环境的重要性，认为在母语环境一样可以学好，因而很难迈出关键的一步。对于目的语环境的优势，已经取得了广泛的共识，没有再深入讨论的必要。

2.2 教师的责任

探讨问题的根源，我们发现在对外汉语教师身上同样存在着下面的问题：

一是第二语言习得意识到缺失，特别是随着汉语教学发展，大批没有系统学习过语言教学理论的教师走上对外汉语教学的讲台。他们一方面受自己外语教与学经验的影响；另一方面受中小学语文课教与学经验的影响，按部就班地讲解课本的知识，忽视练习，特别是交际性的练习。

二是一些教师虽然在一定程度上了解并重视语言习得，但在思想上停留在对习得理论的传统认识上，缺少思辨。在很大程度上受了克拉申理论的影响①，把语言习得和课堂教学对立起来，一提到语言习得就带着学生到社会上去实践。

还有一些教师存有另外一种偏向。虽然他们在课堂上进行一些交际性的训练，但忽视对语言知识的学习，忽视课堂教学的基本原则，受自然主义影响，采取放羊式的教学，没有教材，没有大纲，虽然做到了以学生为中心，但却放弃了老师的主导作用，随意性很强。这种情况完全照搬幼儿习语的经验和做法，忽略了第二语言教学及第二语言学习者的特点。

---

① 克拉申认为，成年人学习外语有两个过程：一是在老师的指导下有系统地学习，这是有意识地学习；二是在自然环境中习得语言，这种语言能力的习得在主观上不需要任何努力，是无意识的。他认为第二语言的获得和第一语言的获得一样，主要靠的是后者。这一理论使得人们在重视第二语言习得的同时，也导致了人们把第二语言学习和习得割裂开来，轻视课堂教学的弊端。

三　目的语环境汉语习得对传统语言教学的冲击与挑战

第二语言习得理论对传统的第二语言教学的许多主张和做法有所突破和冲击，我们很难说这种突破和冲击是积极的还是消极的。简单地说，运用适当，学习效果将更具交际性和实用性，学习过程充满情趣；运用不当，可能会适得其反，事倍功半，学习的内容不够扎实和系统，学习的进度相对缓慢。

和外语教学比，对外汉语教学有着理想的目的语环境，但是我们却不敢说目前我们对外汉语教学的成效会优于外语教学，这里的原因是多方面的。两种语言在课堂教学等方面的许多做法不尽相同。为此我们对把对外汉语教学和我国的英语教学情况进行了一些调查①，通过调查和对比，我们在看到对外汉语教学的优势的同时，也发现了我们的不足。

3.1　对外汉语教学的优势

（一）目的语环境为我们对外汉语教学提供了得天独厚的习得汉语的优势，对外汉语教学注重语言交际能力的培养，特别是注重听说能力的培养，这是他们生活和学习的急需。对外汉语的课堂教学，教师讲解和学生训练为1：2的比例得到了人们的普遍认可②，学生所学的内容可以在课堂上得到及时地、充分地训练。对外汉语课堂教学中，在"讲练新内容"后，有一个重要环节，即"巩固新内容"，就是通过训练消化和掌握课上所学的知识和技能。而传统的外语教学大都没有这一环节，也不可能拿出2/3的时间进行训练。这里在体现了对外汉语课堂教学的这种优势的同时，我们也看到，由于重交际、重技能，往往对课文和语言知识有所忽略，也可能影响到教学的进度。

（二）练习是对外汉语教学中最重要的一个环节。对外汉语教学的练习包括机械练习、意义练习和交际练习。与对外汉语教学不同的是，英语

---

① 本文的相关调查，参考了我的研究生王丽（2009）同学毕业论文中的一些数据。
② 参见拙作（2007）关于对外汉语课堂教学时间配制的调查，《第五届国际汉语教学学术研讨会论文集》，朱永生、姚道中主编，世界图书出版公司北京分公司。

课堂上主要是意义练习，很少涉及机械练习，这表明英语教学预习做得好，学生可以自己完成，同时也显现了对外汉语教学不重视预习的弊端；英语教学不涉及交际练习，这表明英语教学重知识、轻能力，同时也显现了对外汉语教学重视交际能力的优势。

（三）目的语环境为留学生提供了大量的自主性学习的条件。下表是关于留学生和英语专业学生课外学习内容和学习策略的调查。调查方法为请学生根据自己的情况为各种课外学习内容和学习策略打分，最常使用为5分，最不常使用为零分，调查结果显示的是每种学习内容和策略的平均值。

表1：两种语言自主性学习内容和策略的调查

内容与策略	留学生	英语专业学生
1. 完成作业	2.64	4.74
2. 阅读报纸，杂志	2.54	4.02
3. 阅读小说	1.48	3.24
4. 听广播	1.26	3.96
5. 电视节目，电影	3.46	3.76
6. 在中国/英语国家旅游参观	4.56	1.08
7. 与中国人/英语国家人交流	4.58	1.56
8. 与同学用汉语/英语交谈	3.34	3.16
9. 参加课外辅导课程	2.9	2.54

调查结果显示：旅游，与中国人交流等是留学生常常选择的学习策略。而英语专业学生放在第一位的是完成作业，其次是看电影、听广播、阅读书报杂志等策略。我们可以看出：留学生的课外学习重听说、重交际；而英语学习者重的是作业和读写。可见，留学生的课外学习更活泼，更全面，更能体现习得汉语的过程。造成这种差异的原因是多方面的，如两者学习目的和学习条件的不同等。

（四）对外汉语教学中，对语言教学中的文化因素的重视程度远远超过英语教学。为此我们对两种语言教学各25名教师进行了调查。

表2：教师授课中文化内容调查表

问题	调查对象	经常	偶尔	几乎不
1. 授课过程中涉及词语的感情色彩、语体色彩、文化背景等内容吗？	汉语教师	16人	7人	2人
	英语教师	3人	12人	10人
2. 授课过程中涉及与文化背景有关的内容吗？	汉语教师	16人	7人	2人
	英语教师	3人	12人	10人
3. 授课过程中涉及日常交际套语吗？	汉语教师	13人	11人	1人
	英语教师	6人	15人	4人

我们发现，在对外汉语教学的课堂上，教师在向学生讲清这些词语和语法点的具体用法的过程中，往往会涉及与这些语言现象相关的文化内容，如：感情色彩、语体色彩、文化背景以及人们的使用习惯等。因此，在对外汉语课堂上，学生能学到地道的汉语。同时，教师能够提供大量最新的学习资料，对课文的文化背景和内涵等进行深层次地挖掘。对外汉语教师对此可以说是信手拈来。但是，对大多数英语教师来说，或无法做到，或勉为其难。这一问题的存在，对提高学生的英语水平和能力的影响显而易见，且毋庸置疑。

可见，在目的语环境坚持语言习得理论，对传统的外语教学是一个突破和挑战，这无疑是一个进步和发展。但是，同时我们也看到习得理论对传统语言教学也是一个冲击，甚至是一个背离。第二语言习得与学习的关系不是谁代替谁的问题，也很难说以谁为主，而是相互的结合。处理不好二者的关系，就会出现一系列的问题，比如忽略知识学习的重要性，忽略教学的系统性，忽略学生学习的积极性和刻苦性，忽略成年人学习第二语言的特点等。这些问题在我们的实际教学中屡见不鲜。

3.2 对外汉语教学暴露出的问题

留学生到了目的语环境后，积极投身到汉语环境中，进行语言交际的练习，这本是很正常的，但他们的时间和精力是有限的，因此，常常会影响他们课堂学习的投入。我们的调查显示他们对预习的完成情况。

表3：留学生及英语专业学生课前预习情况

	每次课前	经常	偶尔	几乎不
留学生	0人	8人	10人	32人
英语专业学生	38人	12人	0人	0人

我们看到了留学生对于预习的不认真态度。大部分学生在课前并没有系统预习的习惯。即使预习也仅限于浏览课文与生词等比较基础的内容。因此，虽然教师要求预习，但是教师在教学过程中不会过多依赖学生的预习。例如：在讲解生词和课文之前，教师都要带领学生朗读生词或课文；教师都会详细地讲解每一个知识点。实际上，学生对新课预习的好坏，对课堂学习的效果影响并不大。这就形成了"学生不认真预习——教师不依赖学生预习——教师详细讲解所有内容——学生更加不认真预习"的恶性循环，也导致了课上时间得不到有效地利用，延缓教学进度，学生对知识理解的不准确、不完整的现象。调查同时显示，我国英语专业学生的预习情况则截然相反。由于学生认真预习，课上老师讲解的起点很高，上面提到的教师带领学生朗读生词或课文等环节几乎都不进行。如果学生没有认真预习，很难跟上课堂的教学节奏。

由于同样的原因留学生对作业不认真、不完成、不屑一顾，这一点与我国的英语教学同样大相径庭。

表4：两种语言教学关于作业情况的调查

问题	调查对象	A	B	C	D
1 留作业的习惯是： A 每次课后　　B 经常 C 偶尔　　　　D 几乎没有	汉语教师	0	7	18	0
	英语教师	22	13	0	0
2 对于学生作业情况怎样监控？ A 每次检查　　B 经常检查 C 偶尔检查　　D 几乎不检查	汉语教师	0	6	9	10
	英语教师	20	5	0	0

续表

问题	调查对象	A	B	C	D
3 学生完成作业情况如何？ A 所有学生都完成　B 大部分学生完成 C 小部分学生完成　D 不清楚	汉语教师	0	4	9	12
	英语教师	21	4	0	0

  对外汉语教师虽然也留作业，但是，学生是否认真、按时完成，却没有有效的监督措施，老师对完成作业的情况不抱有过高的希望。事实上，留学生对完成作业不习惯、不认真，以至少有按时完成者。长此以往，老师对留作业也很难再认真了。这样导致了教师的复习时没有针对性，缺少系统性，且花时间较多。相比之下，英语教师对于作业的要求就严格得多，学生每天必须交作业，作业的完成情况要计入平时成绩。可以说，英语教学对作业的严格要求起到作业应有的作用。

  显然，对外汉语教学在预习、复习、作业方面不像英语专业的学生那样认真，但其原因不能完全归结为学生不用功、不认真。如前所论，他们的课外时间主要用于和中国人交流，这是我们极力倡导的汉语习得方式，他们不可能像学习英语的学生那样，有着足够的、充分的时间来预习和复习，这样势必影响到课堂教学的进度和成效。从另一角度讲，这也许是汉语习得对传统汉语教学的冲击和背离。

  由于上面提到的原因，留学生忽略必要的复习和预习，再加上他们本身的懒散、不勤奋以及国外的一些不良习惯，导致了他们对课堂教学重视不够，有时课堂气氛过于懒散。就连最简单的全勤都很少有留学生能够做到，迟到现象更是司空见惯。所以对外汉语课堂教学在正式讲课之前，往往有一个长达几分钟甚至十几分钟的"组织教学"环节，这个环节基本不涉及教学内容，进行的是"闲话家常"式的聊天。其实这也是一种无奈，老师是在耐心地等待迟到的学生。更有一些学生"三天打鱼，两天晒网"，不能保证学习的连贯性，学生的流失也不是个别的现象。这些自然也大大影响到教与学的连续性。类似的情况在我国的英语教学中几乎不可能出现。这里的原因比较复杂，但我们不得不承认，过分鼓励留学生在

对外汉语教学的理论、原则和方法

目的语环境习得汉语，可能会助长他们的这些不良习惯。

诊断性测试主要包括针对课文内容和语法点的小测验，听写生词、单元测验等。诊断性测试的利用情况，在两种语言教学中也大不相同。

表5：教师诊断性测试习惯调查

问题	调查对象	A	B	C
1 诊断性测试在教学中的作用： A 重要　B 不重要	汉语教师	18	7	……
	英语教师	23	2	……
2 诊断性测试的频率： A 每次上课　B 经常　C 偶尔	汉语教师	0	5	20
	英语教师	22	3	0
3 对于测试结果如何处理？ A 非常重视　B 比较重视　C 不重视	汉语教师	0	18	7
	英语教师	15	10	0
4．如果学生成绩不理想，您倾向于： A 督促学生认真学习　B 改进教学方法	汉语教师	5	20	……
	英语教师	21	4	……

表6：学生对诊断性测试的看法

		A 同意	B 无所谓	C 不同意
1 如果有考试（小测验，期中，期末考试等），我会更加努力地学习。	留学生	40	10	0
	英语专业学生	50	0	0
2 考试成绩对我来说很重要。	留学生	20	17	13
	英语专业学生	45	5	0
3 考试对我的学习有帮助。	留学生	16	18	16
	英语专业学生	23	12	15
4 考试会影响我的学习，对我的学习没有好处。	留学生	15	6	29
	英语专业学生	0	12	38

调查结果显示，诊断性测试在英语教学中起到了非常重要的作用。在英语的综合课教学中，几乎每次讲正课之前都会有小测验，每当学完一个单元，都会有一次比较大的单元测验。可以说，诊断性测试几乎成了英语教师监控并督促学生学习的唯一方式；也可以说英语教学中的诊断性测验对学习起到了正向反拨作用。在对外汉语教学中，情况却大不相同。虽然没有人否定诊断性测试在教学中的作用，但是，教师在教学中使用诊断性测试的频率却不是很高。对于测验的结果也没有明确的处理方法，学生对于测验的结果也不以为然。对外汉语教学中，诊断性测试实际上成了一种可有可无的形式，并未起到诊断问题、监测效果的作用。

我们看到在目的语环境第二语言习得理论的重要性，但我们也应该清楚，语言习得并不是第二语言获得的唯一方式，甚至我们不敢说是最主要的方式。这一点不同于人们第一语言的获得。作为第二语言的获得，必须坚持语言习得与语言学得的结合。那么，如何把这两种语言获得方式结合好，就成了一个很值得我们深入研究的问题。

四 目的语环境汉语习得的五个层级

各国留学生到中国来学习汉语，如何充分利用好汉语环境，汉语习得如何与课堂教学相结合，这是个值得人们深入探讨的问题，在此我们提出在目的语环境习得汉语的五个层级。

第一个层级：到中国来，置身于汉语的习得环境。到中国来学习汉语，这一点人们已经达成共识，没有人怀疑到中国学习汉语的重要意义，但这只是习得汉语的最表层的做法，是我们习得汉语的"万里长征"的第一步。有人认为，到了中国就等于进了汉语的"保险箱"，无须做任何努力就能自然习得到熟练的汉语；有人到中国后仍然采取与本国同样的封闭式的学习方法，其效果不佳是必然的；还有人由于文化恐惧，或认识不到目的语环境的优势，犹豫不决，迈不出走进中国的第一步。对外汉语教师有责任鼓励、教育、引导学生到中国来习得汉语。这一层面虽是学生的行为，但离不开教师的具体指导。

第二个层级：课堂以外的汉语习得实践。留学生到中国后，我们应该

对外汉语教学的理论、原则和方法

积极、主动地为他们创造汉语习得环境，使他们迅速消除"恐惧感"。鼓励、指导他们交中国朋友；合理安排食宿，特别是住宿问题，鼓励他们入住普通中国人居住区，住在校内的尽量不与本国人同室；教学分班要打乱国别，同国别的尽量不在同一班；组织他们去参观、访问，丰富他们的课外生活，鼓励留学生有计划地到外地去旅游，大胆进行语言实践。目前，客观存在的问题是有些学校的某一国学生过于集中，这些学生住在一起，吃在一起，甚至一个班里都是一个国家的留学生，这在一定程度上削弱了外国留学生到中国学习汉语的意义。这一层面主要是教学管理方面的事情，但它将直接影响到教学的成效。教师要协助有关部门做好这方面的工作。

第三个层级：与课堂教学内容相结合的汉语习得实践。结合课上所学的知识和技能，带领学生到真实的交际环境中进行语言交际；结合课文内容请有关人士到学校讲座、座谈；结合课堂教学的内容，组织学生走出校门，走入社会。这些做法是对教学和教材内容的有效延伸和补充，对提高学生的学习兴趣，提高他们的汉语交际能力是大有补益的。但是，对外汉语课堂教学不能天天如此，这只是教学的一个侧面，不能因此而忽略语言知识的学习和训练。

第四个层级：努力做到课堂教学过程的交际化，在课堂上创造习得汉语的环境。提倡任务式教学法，结合课堂教学内容，模拟环境，再现交际场合，趁热打铁，巩固留学生课上所学的内容。在教学中，补充多种形式的练习，特别是交际性学习。同时要注重使用适当的教学方法和技巧，使得语言学习与语言习得密切结合。如：识读汉字时，尽早丢掉拼音，直接认读汉字；课上练习尽量多说，少读；听说要密切结合，多提问题，多做问句的练习；多写句子，少写孤立的词和字；加强成段口语和书面语的训练。这里涉及很多具体的教学方法，和第三个层级不同，这些是对外汉语教师天天做、课课做的事情，是对外汉语教师基本功的集中体现。

第五个层级：编写原声、原貌汉语教材，开创新课型，构建对外汉语教学的新模式。坚持原声、原貌汉语的教学模式，这是在目的语环境习得汉语的最高级的一个层面。现在我们要从对外汉语的"教学模式"或"教学模式雏形"（马箭飞，2004）的高度来认识原声、原貌汉语的教学。这一模式主要强调在教材编写、教学内容和教学方法上对传统教学模式的改革。教材的编写要特别注意接近生活，接近真实、自然的汉语现实。听力教学要坚持原声汉语的教学，让学生在课堂上听到的是普通的中国人在普通的场合所说的普通汉语；中高级的视听说课要坚持电视实况与话题相结合，让学生看到的是反映中国方方面面的真实的内容；中高级的阅读教学要坚持原貌汉语的阅读，让留学生读到的是普通中国人看的报纸和杂志。这样就能够让留学生在课堂上学到真实、自然的汉语，全面提高留学生的汉语交际能力；同时，也能够让他们了解到现今的中国人在想什么，在做什么，在追求什么，使他们看到中国的发展和变化，全面地认识中国。

把对外汉语教学的课堂营造成一个习得汉语的尽可能真实、自然的中国社会的缩影——这就是我们努力的目标。

参考文献：

1. 李宇明（2000）论语言运用与语言获得，见吕必松主编《语言教育问题研究论文集》，北京：华语教育出版社。
2. 刘珣（2000）《对外汉语教学引论》，北京：北京语言大学出版社。
3. 马箭飞（2004）汉语教学的模式化研究初探，语言教学与研究。
4. 孟国（2007）语言获得：语言学得和语言习得，《汉语研究与应用》第五辑，中国人民大学对外语言文化学院编，北京：中国社会科学出版社。
5. 孟国（2007）关于对外汉语课堂教学时间配制的调查，见朱永生、姚道中主编《第五届国际汉语教学学术研讨会论文集》，北京：世界图书出版公司北京分公司。
6. 孟国（2009）试论对外汉语实况听力教学的理论依据，《天津师范大学学报》第1期。
7. 束定芳 庄智象（1996）《现代外语教学》，上海：上海外语教育出版社。
8. 王丽（2009）对外汉语与英语专业教学的比较研究，天津师范大学硕士学位论文。
9. 章兼中主编（1983）《国外外语教学法主要流派》，上海：华东师范大学出版社。

（原载《不同环境下的汉语教学探索》北京语言大学对外汉语研究中心书系之五，北京：外语教学与研究出版社2009年出版）

对外汉语教学的理论、原则和方法

国际汉语教学的十个基本原则

今天我们通常用"对外汉语教学"来指称"在国内对来华留学生进行的汉语教学",用"汉语国际教育"来指称"在海外把汉语作为外语的教学"。(崔希亮,2010)"国际汉语教学"是"国际汉语教育"的一个主要部分。随着汉语走向世界,汉语的国际教育的主战场也从中国转向世界,如此,我们营造多年的对外汉语教学的方法和经验已经很难满足形势的发展和需要。对于习惯了对外汉语教学模式的我们,有必要思考一下两种汉语教学的同异。

国际汉语教学的基本原则与对外汉语教学存有"大同":教学内容都是汉语;教学对象都是外国人;教与学的目标都是为了掌握汉语的综合能力;都是以课堂教学为主。但二者也有"小异",如:语言环境;师资;对媒介语的利用程度等。当然最终也会殊途同归。国际汉语教学所存在的弊端有目共睹:缺少汉语环境;对课堂教学过于依赖;没有足够的课时;教学形式单一;汉语课程所处位置尴尬。学好汉语往往要付出超过学习其他外语几倍的努力。如此,我们探讨国际汉语教学的基本原则,对于提高其学习成效十分必要,迫在眉睫。

一 坚持"结构——功能"相结合的原则

结构与功能既是对立的,又相互依存,在语言交际中两者紧密结合。纵观外语教学法流派可以发现:有些教学法只重结构,坚持以"结构"教学为主体,背离了外语教学的基本规律;有的则只重功能,单纯地追求交际的成功,对语法错误过于宽容。结构与功能相结合是我国汉语教学的成功经验。但由于语言环境的不同,这一重要原则的体现也有差异:对外汉语教学重功能;国际汉语教学重结构。

  对外汉语教学重视功能,这是必要的,留学生迫切需要掌握汉语进行交际;缺少功能训练的学习会使他们不耐烦,失去兴趣和信心,所以我们以功能带结构。另外,师生双方缺少相互沟通的媒介语,老师不可能用绝大部分学生都能听懂的语言讲解汉语语法和知识。可见,对外汉语教学重功能是一种"必须";而对语法结构的忽略,则是一种"无奈"。

  国际汉语教学的学生除极少数汉语专业的学习者外,绝大部分属进修性质,他们的学习目的不够明确,人员不够稳定,对交际活动不那么迫切。对于交际训练,课上需要较多的时间,课下则需要环境。这样,国际汉语教学的重点很难放在功能上。而语法教学不怎么需要环境,却需要师生具有共同的媒介语,这恰是国际汉语教学扬长避短的机会。本国教师利用母语讲解汉语的语法,无疑为今后的汉语学习奠定了一个坚实的基础。国际汉语教学要坚持结构与功能的结合,努力探索出适合非目的语环境的汉语教学模式。

二 充分利用学生母语,坚持语言对比的原则

  对于母语授课,各个教学法历来就有各不相同的观点。实践证明,完全使用母语或完全摒弃母语都有失偏颇。第二语言教学不用母语是一种巨大的浪费,不符合第二语言教与学的特点,而对外汉语教学很难做到这一点。国际汉语教学则有着得天独厚的条件,师生共同的母语特别有利于语法和词汇的教学。

  母语的讲解作用是不可替代的。面对基础薄弱的初学者,用汉语清晰地解释复杂的汉语语法是不可能的。当地的汉语教师,对于两种语言的异同理解得更深刻。如:语法项目的分解、语法规则的细化、语法运用的解释等,可以做得更好。在非目的语环境中,对初学者,如摒弃母语,如何深入地讲解汉语语法和词汇?利用母语,对当地教师轻车熟路,而对广大的汉语志愿者则是一个挑战,无疑汉语志愿者们只能迎难而上,尽量学好学生的母语。

三 调动课堂教学的习得因素，模拟交际过程的原则

目的语环境对于第二语言获得的重要性毋庸置疑，而国际汉语教学则基本不具备目的语环境。对此，我们不能"放弃"。构建尽可能逼真的汉语环境，模拟极可能真实的交际情景，显得十分必要。美国明德暑校的经验并不可能在世界各地推广。任务型教学法和沉浸式教学法都在这方面都取得了成功，印证了模拟环境和情节的重要性和可行性。

首先，国际汉语教学，教师要加大师生的双向交流。汉语的获得主要是通过课堂来实现的，促使每个人都能参与到课堂交际中去。如：双向型或多向型交际活动、课堂辩论、语言与图画转换等。其次，要积极创造课堂真实交际的环境。教师要尽量将学习和交际结合起来，如："脱口秀"演讲、阅读汉语书刊、收听汉语广播、观看汉语影视节目等，让学生受到语言环境的感染和暗示。再次，教师对教材要适度延伸、挖掘、发挥，让学生围绕教学内容，联系实际进行交流。另外，还要加强课外汉语环境的营造，鼓励并组织学生开展演讲、小品表演、学汉语歌、课外阅读、汉语角等活动。教师可以指导学生有计划地阅读汉语读物，由易到难，并培养学生写汉语日记、周记的习惯。

四 利用多媒体教学手段，加强可理解性输入的原则

在传统的国际汉语教学中，教师往往通过语言、板书和其他的辅助手段将教学内容传授给学生。这虽然可能取得成功，但也显现出不足。如：难以因材施教；汉语输入不足；教学模式单一；忽略了学生的主体性。而多媒体教学可以在很大程度上弥补这些不足：节省课堂时间，增加汉语输入，优化师资力量配置。实验心理学家的实验和研究证实：人们能记住阅读内容的10%，听到内容的20%，看到内容的30%，听到和看到内容的50%，在交流过程中自己所说内容70%。（查国荣 张俊红，1999）学生通过眼、耳、口等把信息传递到大脑，经过分析、综合、记忆而获得知识；因材施教，有效地推动了汉语学习的进程，选取适合本人的项目，对

教师讲解不够充分的语言点，通过多媒体可以得到有效的弥补；提供逼真的交际环境，提高学生的汉语交际能力。

五　合理安排讲练比例的原则

对外汉语教学的讲练比例为3：7，这已得到广大汉语教师的认可。（孟国　车俊英，2007）而国际汉语教学很难保证这一讲练比例。这主要是因为：课时不足；教学条件较差；交际训练的目标要求不迫切。另外，训练往往和讲解、测试等相抵牾。语言训练多是输出性的，缺少公共性，常常是单兵教练，而眼下的测试大部分是以输入性为主，或是没有输出性，或是输出性的难度大大低于输入性。

美国汉语教育专家吴伟克认为：初级阶段的学习者，往往以学习为主，随着语言水平的提高，学习成分越来越少，习得成分越来越多。（刘珣，2000）再考虑到国际汉语教学以基础阶段为主这一事实，我们十分理解其在讲练比例上与对外汉语教学的不同。国际汉语教学以模拟性和理解性的训练为主体，具有公共性，自然也具了可行性，这些练习便于测试，容易量化。当然这种练习不够全面，自然也难以保证语言技能的全面掌握。

六　指导学生自主性学习的原则

国际汉语教学有比较充分的时间，有利于自主性学习，包括：预习、复习、写作业等。这些在非目的语环境中更为重要，而对外汉语教学则未必：

表1：不同环境外国学生预习与复习情况调查

	A 每次课		B 常常		C 有时		D 几乎不	
国际汉语教学	5人	10%	19人	38%	23人	46%	3人	6%
对外汉语教学	0人	0%	8人	16%	10人	20%	32人	64%

对外汉语教学的理论、原则和方法

从上表（王丽，2009；马思颖，2010）我们可以看到不同环境的汉语教学的一些不同。对复习和预习，国际汉语教学"常常"和"有时"占84%；而对外汉语教学"常常"和"有时"只占36%。因此，对外汉语教师在教学中不会过多依赖学生的预习和复习。当然，我们可以理解，留学生要进行各种形式的汉语交际，而没有更多的时间预习和复习。国际汉语教学复习和预习是提高教学效率的一个重要保证。不管那种教学，掌握自主性学习的方法都是非常重要的，学习者不可能长期在校学习；而学习汉语又是一个长期的任务，他们在校学习汉语的同时，应尽可能掌握有效的、可行的自主学习的方法。这自然也是国际汉语教师的责任。

七 注重测试、评估，加强元认知策略的原则

语言测试是语言教学的重要环节。国际汉语教学重知识，使得测试成为必须和可能。一般来讲，国际汉语教学多属学历教育，测试是必须的；对外汉语教学恰恰相反。国际汉语教学缺少交际，对学习成效唯一的检测手段就是测试。测试为教师带来反馈，可帮助学生发现自己的差距，对学生的学习策略特别是元认知策略给以指导；同时，教师也要反思自己的教学方法，进行元认知策略上的反思。特别是诊断性测试，更显示出语言学习"轻骑兵"的作用，其频率高、随堂进行、针对性强、反馈迅捷，为能够及时而有效地调整语言学习的"航线"。有调查显示，对测试中显现出的问题，约80%的国际汉语教师主张"督促学生认真学习"；约80%的对外汉语教师主张"改进教学方法"。（王丽，2009）这一明显差异，应引起我们进一步的思考。

八 适时利用目的语教学的原则

吴伟克认为：随着语言水平的提高，习得成分越来越多。[4]国际汉语教学在充分利用母语的基础上，随着学生水平的提高，适时增加汉语授课，这是可能的，也是必须的。利用目的语教学是一种重要的习得手段，在一定程度上可以弥补语言环境的不足。汉语授课并非是中国老师的专

利，当地的汉语教师应该努力做到这一点。一般来说，在语音、汉字和文化方面，中国的汉语老师有着先天优势。在非目的语环境中，课堂是学生汉语输入的主要来源。一方面，中国老师可以培养学生更加准确、地道的汉语发音；另一方面，中国文化的传播也是中国老师的突出优势。中国老师对中国文化有着最直接、最深刻的理解，这样可以有的放矢地向学生展现中国文化。

九　注重当代中国国情文化教学的原则

没有人怀疑语言教学中文化因素的重要性。但人们重视的往往是传统的中国文化，而这一点恰恰是离我们的教学目标最远的内容，大部分学生对此兴趣不大，这些内容不应该成为我们教学的主体。人们往往也重视交际文化，但交际文化的内涵常常是潜移默化在我们的各种语言教学中，在学习汉语的过程中自然也就掌握了。而我们所说的当今的国情文化，即：今天的中国人在干什么，在追求什么，他们的希望和担心是什么，他们的生活状况如何。这类内容没有专门的教材和课程，但它的重要性却一点也不能低估，尤其是在国际汉语教学中。由于不在汉语环境，自然也就不了解中国当代国情。再加上中国社会的飞速发展，教材的编写和出版往往滞后，所以很难编写和出版这类教材。如此，提高当地教师对中国当今国情文化的了解刻不容缓，如选派他们定期到中国进修，为他们提供了解中国的条件等。我们的国际汉语教师和志愿者也应该重视自身这方面的修养。

十　增强学生对汉语的感情，提高学生学习兴趣的原则

情感因素，即对汉语的感情，是我们十分关注的问题。留学生勇敢地迈出来中国学习的第一步，说明他们对中国有感情，对汉语有兴趣。而国际汉语教学则不同，他们学习汉语往往是被动的，他们对中国、对汉语几乎一无所知。因此，提高学生对中国的情感、对汉语的兴趣，是国际汉语教学迫切而又漫长的工作。其重要性远远超过对几个汉语词语和语法点的掌握。我国的国际汉语教师和志愿者应该有这种意识和责任，国外的汉语

教师则应不断加深高自己对中国的感情和对汉语的兴趣。情感，不是说教，而是存在于教学环节之中。我们应把汉语课上得不仅有用，而且有趣，不断提升他们的学习目的，让学生喜欢汉语课，学生对此充满乐趣和信心。情感问题也存在于其他工作和生活中，要让学生喜欢上你，这便要求国际汉语教师努力做好自己工作，要成为学生的朋友，保持个人魅力。这样，学生爱屋及乌，就会慢慢地喜欢上中国，喜欢上汉语，这是国际汉语教学的重要目的。

以上国际汉语教学的十个基本原则，是相对的，也有交叉。简言之，对于对外汉语教师来说，要完成在教学原则上的转变；对刚刚走上国际汉语教学的讲台的国内外汉语教师，则应该了解这一工作领域的特点。

参考文献：

1. 崔希亮《对外汉语教学与汉语国际教育的发展与展望》［J］.《语言文字应用》，2010年，第2辑.转载于世界汉语教学学会http：//www.shihan.org.cn/.世汉论坛。
2. 查国荣、张俊红《大学英语计算机辅助教学的构想》［J］.《山东外语教学》，1999年，第1期：P26－28。
3. 孟国、车俊英《关于对外汉语课堂教学时间配制的调查》［A］.朱永生 姚道中主编.《第五届国际汉语教学学术研讨会论文集》〔C〕.北京：世界图书出版公司北京分公司，2007.P117－129。
4. 刘珣《对外汉语教育学引论》 ［M］.北京：北京语言文化大学出版社，2000.P154。
5. 王丽《对外汉语及英语专业教学的比较研究》［D］.天津师范大学硕士学位论文.2009．P21。
6. 马思颖《论非目的语环境中的汉语获得和汉语教学》［D］.天津师范大学硕士学位论文.2010．P30。

（原载吴应辉主编《汉语国际传播研究》第一辑，北京：商务印书馆2011年出版）

趣味性原则在对外汉语
教学中的作用和地位

趣味性作为对外汉语教学或教材编写的一个原则,引起了许多专家学者的重视。吕必松(1996)认为"保证教材的趣味性是激发学习热情"的一个"重要手段"。刘珣(2000)认为"教材的趣味性是十分重要的原则","是编写教科书时应该重点考虑的方面之一"(1982)。佟秉正(1991)认为"有意思"是初级汉语教材课文编写中"最关键的问题"。赵贤州、陆有仪(1996)不仅把趣味性作为教材编写的重要原则,也把它作为对外汉语课堂教学的重要原则和方法。但是大家在一致认为趣味性原则重要的同时,也为不能很好地解决教材和教学的趣味性问题而无奈。刘珣(2000)说趣味性原则是"长期以来教材编写者感到难度最大的原则",他还说"如何体现教材的趣味性这是一个需要加强研究的课题"。赵金铭(1998)认为"教材内容没有意思"是当前对外汉语教材的"致命伤"。趣味性原则在对外汉语教材编写和课堂教学中如此重要,难度如此之大,因此我们有必要就趣味性原则在对外汉语课堂教学和教材编写中应起的作用、应处的地位进行讨论。

一 趣味性原则及如何提高趣味性

1.1 趣味性原则具有极大的依附性

所谓趣味性原则,简单地说就是教学和教材内容的生动有趣。但趣味性原则不是孤立的,它和对外汉语教学的其他原则紧紧地联系在一起,或者说依附于对外汉语教学的其他原则,特别是与实用性、交际性,针对性等原则相伴随。赵贤州、陆有仪（1996）曾指出"教材的趣味性是跟针对性和实用性分不开的，越是有针对性、实用性的教材就越吸引人，越有趣味性。"刘珣（2000）也指出"教材的趣味性与教材的实用性、交际性紧密相关。"因此，我们不能孤立地强调趣味性原则在对外汉语教学或教材编写中的重要性。趣味性难度大的共识也从另外一个方面说明趣味性原则的依附性，教材或教学在其他方面做得不够好，就很难甚至无法做到趣味性。

我们常常见到或者使用一些趣味性不够，但颇具实用性、交际性、针对性或科学性的教材，我们从来没有遇到过实际上也不可能遇到很有趣味性但没有实用性、交际性和针对性的教材；如果真有这样的教材那也是毫无意义的。课堂教学同样如此，由于教师的性格、教材、课型等条件的限制，某堂课可能不够有趣，但如果其内容充实、知识严谨、非常实用，我们仍然认为这是一堂成功的课；反之，一堂华而不实、脱离实际、空洞无物的课，尽管老师讲得天花乱坠，努力"幽默"，故作"趣味"，但也不可能是一堂成功的课。因为它只能使学生一时兴奋，学生们冷静下来后会发现实际上一无所获。这样的"趣味性"无助于教学，更谈不上什么原则。因此，一味地追求所谓的趣味性而不重视教材的实用性、交际性、针对性等，不可能编写出精品教材；即使编造出来的只能是无用的、畸形的东西。

今日对外汉语教材的不尽如人意，并不仅仅是因为没有趣味性，而应在别的方面寻找原因。赵金铭先生说"没有意思"是对外汉语教材的致命伤之一，我以为"没有意思"绝不仅仅是指趣味性，而是对教材各种原则的总体评价。李泉（2002）提出"趣味性是教材成败的第一因素"，"内容有趣比内容有用更为重要"。此说未免夸大了趣味性的作用，且割裂了趣味性与实用性等其他原则密不可分的关系。刘颂浩（2000）曾指出"趣味性作为教材编写（选材）的一条原则，其重要性不及语言和内容两条。"此言极是。但趣味性和语言、内容不是并列的概念，因此并不具备可比性。应该说趣味性的重要性不及实用性、针对性、交际性、科学性等。

1.2 趣味性原则是一个过程

我们常常遇到这样一种情况，同样一部教材，有的老师可以上得很有趣,有的老师就上得很枯燥;同样一种课型,有的老师就能够上得妙趣横生,有的老师却上得索然无味。可以说我们几乎没有见到过一本人人都能把课上得很有趣的教材,然而却有不少教师能够把门门课、本本教材都上得很有趣味。这表明,趣味性主要体现在教师身上,或者说体现在教学过程中。所以我们很难说这本教材有趣味性或那个课型没有趣味性。这样看来,教材的趣味性原则并不像我们想象的那么重要,重要的是教师的主观能动性,即教师的知识水平、素质修养、教学方法、教学艺术、教学态度、敬业精神、性格禀赋等。如果教师能把这些方面的良好状态成功地体现在教学过程中,必定会深深地吸引每一个同学,教学过程自然充满趣味性。

1.3 对外汉语教学的"童年时代"往往过分注重趣味性

　　回顾对外汉语教学的发展,过分注重教学的趣味性是对外汉语教学"童年时代"的事情,因为当时的留学生既没有今天的留学生学习目的明确,也不如今天的留学生学习积极性高。从某种意义上讲,还需要依靠趣味性来维系和提高他们学习汉语的积极性;再加上当时人们对语言教学理论的认识还比较肤浅,对对外汉语教学的实用性、针对性、科学性等原则还缺乏足够的了解,所以就出现了在教材里、课堂上大讲传统笑话、古代寓言、成语典故等现象。这些认识和做法在当时看来尚可理解,而今天再坚持这些认识和做法便不免有些幼稚,甚至可笑。从另一个角度讲,趣味性往往是一个刚刚从事对外汉语教学的教师特别注重的事情,同样是因为他们缺少对语言教学理论的认识,缺少对学生学习目的的了解,缺少有效的实用的教学方法。

1.4 第二语言学习者依赖趣味性来提高学习积极性的程度很有限

　　汉语作为第二语言与汉语作为母语的习得存在着许多不同之处,其中对趣味性的依赖程度是诸多不同中的重要一点。儿童习得母语是一种本能,是生存发展的需要,学习者充满好奇心,但缺乏主动学习的意识,因此趣味性就显得很重要;而第二语言习得则是一种主动学习,是有选择的学习。第二语言学习者不能凭兴趣出发,他们不只考虑这本教材是否有意思,那门课是否有趣,而是首先考虑是否有用。依靠趣味吸引第二语言学习者,只能起到一时之作用,特别是对于那些目的语已经具有一定水平的学习者,吸引他们的最根本的东西应该是实用性等,而吸引第一语言学习

对外汉语教学的理论、原则和方法

者的则往往是趣味性。这正是两种语言学习的不同性质、不同目标、不同对象所决定的。作为国外外语教学法最早流派的语法翻译法，在这个问题上曾有过这样的主张，为了把学生的注意力集中到操练语法形式上，教师有意识地使例句、练习、课文的内容枯燥乏味，甚至使学生感到厌烦。今天看来这些主张有些极端，甚至可笑；但我们也应该看到，这样做也是考虑到第二语言学习区别于第一语言学习的特点，即由语言到言语的学习过程。笔者最近完成并出版的教材《读报章学汉语》在对外汉语教材的编写和课堂教学的趣味性上有些新的体会和做法，在该书的前言中，对这一问题做了如下表述。

  本教材考虑到学生的需求，但不怎么考虑学生的兴趣，这是不同于其他阅读教材的重要原则和特点。培养学生的读报能力，提高他们的阅读汉语报纸的水平是本课的主要目的。为了达到这一目的，我们必须让他们读一些他们可能不怎么感兴趣，甚至于有些枯燥乏味的报纸上的重要文章，如社论、领导人讲话以及国内外重大事件的新闻报道等，涉及政治、经济、文化、教育、外交、民族、宗教等重大方面。一些教学法和教材为了提高学生学习语言的积极性，过分考虑学生的兴趣，而忽略了我们的教学目的，使得教材内容五花八门，课堂上热热闹闹，学生们虽然一时高兴，但冷静下来却发现没有学到什么东西。客观地讲，这样的教学对于听说方面的能力或许有所提高，但对于提高那些有较高汉语水平的留学生的汉语读报能力却不会有太大的帮助。其实我们所说的学生们不怎么感兴趣，绝非是教材的内容脱离现实，而是指有些内容可能有些单调，可能难度较大，可能有些学生不怎么关心这方面的内容。考虑到真正提高留学生的实际的汉语阅读能力始终是我们对外汉语教学重要目标之一，考虑到留学生将来必须要阅读这些文章，那么我们就必须要坚持这样的原貌汉语的教学。

1.5 关于提高趣味性的一些做法

由于大家对趣味性的理解不同，提高趣味性的做法自然是见仁见智。有人充分利用体态语（如手势、动作）以及生动的表情来造成活跃的课

对外汉语教学求索集

堂气氛。笔者以为这是对外汉语教学的大忌,这些做法对低班同学无效,对高班同学是无聊,长此以往,有的留学生可能会对这些表演性的夸大的动作产生依赖性,反而无助于他们对汉语的掌握。有人把儿童的母语教材中有趣的东西搬到对外汉语教材中,使成人教材"稚化",把第一语言和第二语言的教学混为一谈;有人把提高趣味性理解为讲几个笑话、讲几句调皮话、讲几个幽默故事,这些内容往往和教学内容不搭界,其结果是教师拿自己开心,学生反而没什么反应;有人以为趣味性就是大讲古代寓言、历史传说以及诗句、格言等,由于文化上的差异,再加上这些文化远离当今的中国现实,远离留学生的学习目的,学生往往难以理解,不觉有趣反觉无聊。为了提高留学生的学习兴趣,笔者也曾把优秀的相声、小品搬到课堂,然而结果却事与愿违。道理很简单,中外在趣味性上存在着很大的差异,我们觉得可笑的东西外国人未必都能理解和欣赏。而学生们的不同国籍、不同文化背景,使得他们之间也难以在教学内容等方面具有共同的趣味性。有时我们还会误入外国人的文化禁区,这样不但没有提高趣味性,反而会发生文化碰撞。在教学中,有人热心地培养留学生汉文化观念的趣味性,实际上不免有些"强加";有人过分迁就留学生母语文化观念中的趣味性,又不免有些"献媚"。这些都不可取,这也是大家普遍感到提高趣味性难度大的重要原因之一。当然,也有一些提高趣味性的措施,如教材的体裁、风格多样,版面设计精美,再配以相应的插图,课程安排多样,变换上课形式,适当地走出课堂,练习形式灵活多变……应该说都是必须的、有益的,但却和趣味性没有什么直接的关系。如前所言,趣味性是一个过程,是在动态中体现出来的。今天学习汉语的留学生绝大部分都是把汉语作为工具来学习的,很少是为了研究汉语和中国文化,或当汉语教师用的。鉴于此,笔者以为,提高趣味性必须要有一个坚实的基础,这个基础就是对外汉语教学和教材编写的其他原则,如实用性、针对性、交际性、科学性等,离开这个基础谈趣味性毫无意义。其次,教材内容和教学内容必须接近现实,反映现实,这样才会吸引学生,提高学生的学习积极性。而对于教材和教学内容的文化问题,应该坚持以国情文化为主,特别是坚持当今国情文化的教学。

对外汉语教学的理论、原则和方法

二　关于趣味性在课堂教学中的调查

为了说明趣味性原则在对外汉语教学中的作用和地位，我们在留学生中间进行了多次对《原貌汉语》课教学的调查。《原貌汉语》是我们自己创新的报章阅读课，调查的结果在一定程度上支持了我们的观点，有些问题也引起了我们进一步的思考。

表1　学生对《原貌汉语》特点的认知情况调查

认为主要特点是	知识性	实用性	趣味性	系统性	针对性	科学性
人数	9	7	2	1	1	0
所占比例	45%	35%	10%	5%	5%	0%

表2　学生对《原貌汉语》必要性的认知情况调查

认为必要程度	很有必要	有必要	无所谓	没必要
人数	7	13	0	0
所占比例	35%	65%	0%	0%

表3　学生对《原貌汉语》喜欢程度的调查

认为喜欢程度	很喜欢	喜欢	无所谓	不喜欢
人数	7	11	2	0
所占比例	35%	55%	10%	0%

表1、表2、表3中，调查的主要对象是本科三年级的外国留学生。学生国籍是韩、日、英等，共20名。

由以上三个表可知，学生中的80%认为本课的特点是知识性和实用性，只有10%的学生认为其特点是趣味性。但所有的学生都认为这门课很有必要和有必要，有90%的学生很喜欢和喜欢这门课。因此，我们可以认为，趣味性与学习的必要性和学生的喜欢程度没有什么直接的、必然的关系。

对外汉语教学求索集

《原貌汉语》的学习对象是汉语水平较高的外国留学生，可以认为学生水平越高，越不怎么在意教材和课程的趣味性，他们更注重的是实用性和知识性等。

表4中，参加调查的学生大多是在本国中文系毕业或相当于中文系四年级学生的汉语水平。个别同学可能没有全部学习这九课，所以会有些随意性。对每课的实用性、知识性、趣味性等的理解，有些同学可能不够准确，所以也可能会有些随意性。每个同学给每课各属性的打分，表4中"4"为很好；"3"为比较好；"2"为一般；"1"为不够好。"得分小计"指本课某属性12个同学给分的总合。"小计排序"为某属性在九课中的名次。得分总和是本课六个属性的总分，总排序是总分在所有九课中的名次。表5、表6、表7及其结果和分析都是在表4的基础上产生的。

表4 《原貌汉语》教学情况调查

课次		实用性	知识性	趣味性	科学性	必要性	喜欢程度	得分总和	总排序
第一课：中韩合作四点建议	得分小计	32	35	28	19	37	29	148	
	小计排序	6	5	6	8	3	6		9
第二课：海湾战争十年回首	得分小计	34	40	33	27	35	33	202	
	小计排序	4	3	4	4	4	5		5
第三课：艾滋病——一个沉重的话题	得分小计	43	44	39	36	42	38	242	
	小计排序	1	1	1	2	1	2		1
第四课：东西部两个华西村的故事	得分小计	27	31	26	19	27	26	156	
	小计排序	8	9	7	8	8	7		8
第五课："211"工程实施顺利成果丰硕	得分小计	27	32	26	27	25	24	161	
	小计排序	8	8	7	4	9	9		7
第六课：反腐败中的怪现象	得分小计	37	39	33	29	34	34	206	
	小计排序	3	4	4	3	6	4		3
第七课：我国环境形势仍然严峻	得分小计	42	42	38	38	41	41	242	
	小计排序	2	2	2	1	2	1		1
第八课：我奥运健儿拼搏铸就"中国日"	得分小计	36	35	36	27	35	37	206	
	小计排序	5	5	3	4	4	3		3
第九课：江主席阐述中国的原则立场和方针政策	得分小计	30	33	24	22	30	25	164	
	小计排序	7	7	9	7	7	8		6

对外汉语教学的理论、原则和方法

表5　学生对《原貌汉语》中九课内容的总体评价与趣味性评价的比较

课次	总得分	总得分排名	趣味性得分	趣味性得分排名	结果
第一课	148	9	28	6	总〈趣
第二课	202	5	33	4	总〈趣
第三课	242	1	39	1	总＝趣
第四课	156	8	26	7	总〈趣
第五课	161	7	26	7	总＝趣
第六课	206	3	33	4	总〉趣
第七课	242	1	38	2	总〉趣
第八课	206	3	36	3	总＝趣
第九课	164	6	24	9	总〉趣

表5的总得分是本课六个属性的得分总和。趣味性得分是12个同学在趣味性上给本课打分的小计。排名是在九课中所占的名次，排名出现并列的情况，名次顺延。结果表示总分名次和趣味性得分名次哪一个更高，名次的数字越小，名次越高；名次的数字越大，名次越低。

这九课的总得分和趣味性得分恰恰出现了大于、小于和等于各占三分之一的情况。可以认为学生对一课内容的趣味性评价和学生对这课的总体评价没有什么必然的关系，学生总体评价高的课他们不一定认为有趣味性，他们认为有趣味性的，在总体上反而不一定给予较高的评价。

表6　趣味性与其他属性的比较

课次	趣味性得分	实用性得分	知识性得分	科学性得分	必要性得分	喜欢程度得分
第一课	28	32（4）	35（7）	37（9）	37（9）	29（1）
第二课	33	34（1）	40（7）	27（6）	35（2）	33（0）
第三课	39	43（4）	44（5）	36（7）	42（3）	38（1）
第四课	26	27（1）	31（5）	19（7）	27（1）	26（0）
第五课	26	27（1）	32（6）	27（1）	25（1）	24（2）
第六课	33	37（4）	39（6）	29（4）	34（1）	34（1）
第七课	38	42（4）	42（4）	38（0）	41（3）	41（3）
第八课	36	36（0）	35（1）	27（9）	35（1）	37（1）
第九课	34	30（6）	33（9）	22（2）	30（6）	25（1）

续 表

课次	趣味性得分	实用性得分	知识性得分	科学性得分	必要性得分	喜欢程度得分
与趣味性差距总分		25	50	45	27	10
与趣味性关系排序		2	5	4	3	1

表 6 每个属性的得分是 12 个同学在这个属性上给本课打分的小计。括号里的数字是这一属性的得分与趣味性得分的绝对差,这个数字越小说明这一属性与趣味性越近;反之,这个数字越大说明这一属性与趣味性越远。"与趣味性差距总分"是括号内数字的总和。"与趣味性关系排序",数字越小,与趣味性越近;数字越大,与趣味性越远。

在这个排列中,可以看出趣味性和其他几个比较重要的属性的关系,教学内容的趣味性和学生是否喜欢的绝对差最小,明显小于其他属性,也就是说二者的关系最密切;教学内容的实用性和趣味性的关系也是比较近的,其绝对差排在第二位;教学内容的必要性和趣味性的关系虽然排在第三位,但与实用性十分接近;科学性和知识性与趣味性的关系稍远,分别排在第四位、第五位。

对趣味性与喜欢程度,恐怕学生会混为一谈,我们自己也很难分得十分清楚,调查结果二者关系的接近是很自然的。值得注意的是,趣味性与实用性和必要性的接近程度明显高于科学性和知识性,这说明趣味性原则的依附性主要体现在这两个方面;同时也说明学生的学习目的更侧重于语言的交际和应用,而语言作为知识的学习,则放在其次。

对外汉语教学的理论、原则和方法

表7 学生对《原貌汉语》的九课内容中其他属性与趣味性的评价

属性	大于趣味性	小于趣味性	等于趣味性
实用性	8	0	1
知识性	1	8	0
科学性	1	7	1
必要性	7	2	0
喜欢程度	5	2	2

表7的数字表示在九课中某一属性有几课大于趣味性，有几课小于趣味性，有几课等于趣味性。对这些内容学生普遍认为其实用性和必要性大于趣味性，而在知识性和科学性上普遍小于趣味性，喜欢程度则稍大于趣味性。

这里可以看到学生对教材的整体评价，结果与笔者的编写原则十分接近。但学生对本教材知识性和科学性评价较低，则与教材的编写目的不甚一致。在编写教材的原则中，编者虽然不怎么考虑趣味性，但实际上，学生仍然认为其趣味性在各属性中处于中等水平。学生之所以认为大部分篇目具有趣味性，是因为本教材十分注意实用性、针对性等原则。

应该承认，学生对"趣味性"的理解不尽准确，也不尽一致，但他们都认为实用性强、有必要学习的，相对来说都有较强的趣味性，可见趣味性原则的依附性。我们还发现，学生对教学内容评价的高低与趣味性并没有太直接的关系。学生普遍认为科学性和知识性离趣味性较远，或者说认为教学内容低于趣味性，这虽然有悖于教材编写者和教师的估计，但也引起我们如何改进教材和教学的思考。另一方面，我们也体会到他们对教学和教材内容的希望和要求与他们的学习目的、学习动力的紧密联系，同时也在一定程度上说明了汉语作为第二语言教学的特点。

参考文献：

1. 李泉《论对外汉语教材的趣味性》，《中国对外汉语教学学会第七次学术讨论会论文选》，人民教育出版社2002年版。

2. 刘颂浩《论阅读教材的趣味性》,《语言教学与研究》,2000 年第 3 期。
3. 刘珣《对外汉语教育学引论》,北京语言文化大学出版社 2000 年版。
4. 刘珣《试谈基础汉语教科书的编写原则》,《语言教学与研究》,1982 年第 4 期。
5. 吕必松《对外汉语教学概论（讲义）》,国家教委对外汉语教师资格审查委员会办公室,1996 年。
6. 孟国《读报章学汉语》,生活·读书·新知三联书店 2003 年版。
7. 佟秉正《初级汉语教材的编写问题》,《世界汉语教学》,1991 年第 1 期。
8. 章兼中主编《国外外语教学法主要流派》,华东师范大学出版社 1983 年版。
9. 赵金铭《论对外汉语教材评估》,《语言教学与研究》,1998 年第 3 期。
10. 赵贤州、陆有仪《对外汉语教学通论》,上海外语教育出版社 1996 年版。

（原载《语言教学与研究》2005 年第 6 期）

对外汉语教学的理论、原则和方法

对外汉语教学的柔性原则

柔性原则作为汉语规范的不容忽视的原则之一,已有多位专家作了精彩的论述。① 教育部、国家语委主持制定的、去年开始实施的《第一批异形词整理表》、《GBl3000.1 字符集汉字析笔规范》也充分"体现词汇规范的柔性原则,重在引导人民更好地使用祖国语言,而不是简单地对语言使用加以限制"[1]。本文所要探讨的对外汉语教学的柔性原则,主要是指教学目的和方法的灵活性、相对性,以及对学生学习、使用目的语时所产生的一些错误的宽容。

一 对外汉语教学柔性原则的理论依据

对外汉语教学柔性原则的提出,首先基于语言教育理论以及与这些理论密切相关的心理学理论和教育学理论。作为第二语言教学的对外汉语教学,其教学对象是成年人,此时他们的大脑已经定型,智力发育已经健全,演绎推理的能力比较强,能够进行抽象思维。他们在语言学习过程中显然有着自己的优势,这就是概括和归纳能力强,有较高的综合处理语言材料的能力。但是这一优势在第二语言学习中的作用并不像人们所期望的那么大,相反他们在第二语言学习中的劣势却难以回避并充分地显露出来了。首先,他们的发音器官和肌肉已经定型,使得他们很难学到地道的汉语发音;其次,母语和母文化的负迁移作用,使得他们在学习语言的过程中很难摆脱这种干扰;再者,记忆力和模仿力的逐渐减退,也给他们的语

---

① 史有为、张先亮等先生对此都有过精彩的论述。

言学习带来了极大的困难;成年人比较保守,不善于利用目的语环境,这也大大延缓了他们掌握第二语言的进度;最后,此时他们的性格已经形成,自我意识较强,自尊心极易受到伤害,这在很大程度上阻碍了他们的进步。成年人学习第二语言在自然条件上的局限,在性格上的某些弱点,使得他们一方面在学习上不断出错,另一方面又极好面子,往往认为被教师反复纠错是当众出丑。对此教师如引导不当,可能会出现一种恶性循环的状态:出错——被纠错——紧张——畏难情绪——继续出错——反复纠错——更紧张——畏难情绪加重——抵触情绪,其结果将是失去信心,为了维护自尊而放弃课堂学习。

对于第二语言学习者学习、使用目的语所产生的错误,外语教学法流派历来对此看法不一,做法迥异。20世纪40年代产生于美国的听说教学法,强调语言是一种习惯,学习外语则是掌握一种新的语言习惯,正确习惯的养成靠的是正确的模仿和操练,否则一旦形成错误的习惯就难以纠正。因此,听说法主张从学习外语的第一天起,无论是学习语音、词汇,还是学习句型,都要求学生理解确切,模仿准确,表达正确;不允许学生出现错误,不放过任何形式的错误,发现错误及时纠正,以使学生养成正确的外语习惯。显然这种原则是缺少柔性的,实际上难以做到。[2](P102—103)

20世纪60年代产生于美国的认知教学法与听说教学法针锋相对,在纠错问题上采取了与听说教学法迥然不同的原则。认知法对学生的错误比较宽容,已认识到第二语言学习过程中出现错误在所难免,主张对这些错误进行分析,要搞清这些错误的产生是由于语言规则运用上的错误,还是教学上的不当?是受母语的干扰,还是使用目的语不熟练?这些错误如果是影响交际的,则要加以纠正;而对那些由于不熟练而产生的错误要加以指点,不应不分青红皂白有错必纠,有错即纠;要防止学生产生怕出错的紧张感,要让学生大胆使用外语,不必谨小慎微,使学生在学习外语时有种轻松感。显然认知法在纠错这一问题上比听说法宽松了许多。然而,认知法仅限于在纠错问题上的某些做法,而纠错只是我们提出的柔性原则的一个层面。另外,认知法在许多方面仅仅停留在理论阶段,缺少与之相适应的教材和实践,特别是缺少我们称之为第二语言教学的教外国人学习本国语的教学实践。[3](P161)

对外汉语教学的理论、原则和方法

汉语作为第二语言的教学，又区别于那些被人们称为"普遍教授语言"的情况，坚持柔性原则显得更加必要。一方面，我们看到汉语离西方语言较远，缺少必要的共性，国外的不同教学法流派多以西方语言为基础，不一定符合汉语教学的实际，而汉语本身的特殊规律需要我们自己来确定教学原则，不可能照搬国外的语言教学法。另一方面，人们把汉语作为第二语言学习的起点很低，大都是成年以后开始学习，这与那些被称为"普遍教授语言"的英、法、德等语种早在中学甚至小学就开始学习的区别显而易见。正是这些原因，使得世界上绝大部分汉语学习者都觉得学习汉语的难度明显高于其他语言的学习。这样，汉语学习者在学习过程中的出错率，要明显高于那些"普遍教授语言"的学习者，他们最后掌握目的语的正确程度和熟练程度也远不及其他语言的学习者。这也正是人们普遍感觉到的中国人学习英语的能力和成效似乎高于外国人学习汉语的能力和成效的原因。由此我们也可以看到，柔性原则在汉语学习过程中的纠错方式上，在要求学生掌握汉语的程度上，比起其他语言来更有现实意义。

二 对外汉语教学柔性原则的现实意义

汉语规范化的教学性原则，以及在汉语实际使用过程中的诸多不规范之处，促使我们在对外汉语教学中必须坚持柔性原则。汉语规范化是相对的，同样具有柔性。对汉语使用过程中的一些不甚规范的语言现象不能一刀切，应该承认一些中间状态、过渡状态的语言现象。汉语规范化的标准和要求总是在不断地变化。《现代汉语词典》和《新华字典》是使用比较普遍也比较权威的两本工具书，尚在不断进行修订，使之更加规范；即使如此，这两部汉语工具书的最新版本仍有不甚规范之处。其实这也很正常，汉语规范化从来都是相对的，是在不断地发展的，绝非一蹴而就之事。在语法问题上，几乎所有的语法学家都认为介词短语作主语是不规范的，但人们又不断地从一些名著中发现这类不规范的句子。[4] 其实，汉语的规范化与不甚规范的语言现实从来都是并存的，其规范化的标准相当宽容，有时甚至显得有些软弱和无能。汉语中模棱两可的现象屡见不鲜，汉语规范化约定俗成的原则使得规范化不可能十分完善，这些原则不足以规范汉语使用过程中的不规范现象。大量新词语的出现,充分地体现了这一点。目前,新词语产生的速度之快、数量之多,超过以往,使得当今的汉语颇具时代感。对此,语言工作者不应无所作为,理应及时编写新词语词典,不断予以界定与规范,但另一方面依然要允许人们继续创新。不妨设想一下,如果历史上没有这种不断创新和不断规范,至今人们可能还在使用甲骨文和上古汉语进行言语交际。面对规范与创新并存的如此活跃的语言环境,我们怎能用规范的刚性原则去要求外国留学生呢?因此柔性原则的提出,正是适应这种现实语言环境的必然结果。

近年来,外国留学生来华学习汉语在学习目的上的变化,也促使我们在对外汉语教学中必须坚持柔性原则。据调查,目前来华学习汉语的留学生,80%以上是以把汉语作为交际工具为学习目的的,如求职的需要,继续学习的需要,在中国生活、工作的需要,而绝少是为了研究汉语或立志要当汉语教师的。基于这样一种现实,我们对外汉语教学的目的应该显示出一定程度的灵活性,"从根本上说……是为了培养学生的语言能力和语言交际能力"[5](P54)。所谓语言交际能力包括言语技能和言语交际技能两个方面,前者以言语要素及规则为基础,从而提高听、说、读、写的能力,它所强调的是"正确性";后者则是以前者为基础,但它的要求却不仅仅是"正确",还要做到言语的"得体"。所谓"得体"包含着多种交际文化的规则,受语用规则的制约。"正确"与"得体"的完美结合是成功的汉语交际的标志。出于对外汉语教学目的上的变化,对第二语言学习者在汉语交际中的"得体性"的要求,越来越引起人们的重视。陈光磊先生曾把语言交际活动中的"得体度"分为"比较得体,得体,很得体,更得体";把"不得体"的语言交际按轻重程度分为"有点不得体,不够得体,不得体,很不得体,更不得体"[6](P14~17)。当然,这种划分只是一个模糊的描写和区分。我们对外汉语教学的目标只能定位在"得体"和"比较得体"的程度上,而应该尽量避免在交际中出现"更不得体""很不得体"和"不得体"的现象。如问一位老者"您几岁了?"对老师说"你胡说八道!"在正式场合和老朋友打招呼说"老小子,你怎么还没死呢!"因为这些不得体的现象可能会直接影响交际的成败。对那些在交际中出现的"不够得体"或"有点不得体"的现象,应视学生整体汉语水平的高低,或是适当纠正,或是宽容。如他们不习惯我们"姓+老师"的称呼,只是称呼我们"老师",好像不知道老师的姓;他们习惯于接近中午时仍然用"早上好"和你打招呼;他们有时会说出"老师,我想找您谈话",不理解"找人谈话"往往是用在"上对下"的言语行为。一般来说,这些"不够得体"或"有点不得体"的交际,对交际效果的影响不一定很大、很直接,往往可以得到对方的谅解,有些现象即使我们中国人也难以避免。可见,对外汉语教学的柔性原则不仅体现在语言要素和语言规则的正确掌握上,同样也体现在对学生的汉语交际要合乎语用规则得体性的要求上。

如果我们在对外汉语教学中忽视柔性原则,在纠错过程中,坚持所谓的刚性、绝对性、果断性,非但达不到纠错的目的,反而会与教学者的愿望相悖。在教学中,不分重点,有错必纠;不分时间,有错即纠,实际上只能是事倍功半,欲速不达。这样不可能达到预期的教学效果,相反可能出现下列现象:有的学生错误较多,尽管教师很有耐心地纠正他的每一个错误,但学生往往抓不住主要矛盾,不知错在何处,使错误难以得到有效的纠正;有的学生采取消极的回避策略,总是使用最简单的语法和词语与你交际,这样自然少有错误,但难有长进;有的学生因怕出错而不敢张嘴,甚至不上某些课程,使他们的汉语学习处在一种半放弃的状态;有的学生因此而产生畏难情绪,最终知难而退,放弃学习。这些现象应引起我们的足够重视。坚持柔性教学原则;改进教学,则可以在很大程度上避免以上不利情况的出现。

在对外汉语教学中,坚持柔性原则主要表现在以下三个层面上:第一,我们在接触到学生们所说、所写的汉语交际材料时,首先要认定这些材料是否达到或基本达到了交际目的,而不能只是注意这些材料是否有错误,应该充分肯定达到或基本达到交际目的的交际行为,鼓励学生们学习中的任何一点进步。只注意错误,不注意表达的整体效果,忽略了学生表达中的正确方面,正是偏误分析所存在的片面性。第二,必须承认,在第二语言的学习过程中,出错是必然的,不出错才是不可思议的。对学生在学习过程中所出现的错误要经过认真分析,抓住重点,特别是对那些可能会进一步泛化的、具有典型意义的错误,首先给予纠正。对于那些一般性的错误则应该分期分批地逐步纠正，既不可操之过急，也不应放任自流。第三，对于学习者学习过程中出现的一些不是很明显的，不太影响交际的错误，应该多一些宽容；对于那种属于中间状态，普通中国人也可能出现的语言现象，应该多一些宽容；对于那些虽然经过反复纠正，但由于受多种因素的影响，很难或不大可能彻底纠正的错误应该多一些宽容。柔性不是教学目的，而是一个不容忽视的教学原则。宽容不是柔性原则的唯一内容，而是提高学生汉语水平的手段和策略。我们宽容的只是一些不太影响交际的不当之处，而这些不当之处由于种种原因又显得那样的顽固，纠正起来十分困难。实际上，柔性原则的运用，是一种退而求其次的明智之举，甚至可以说是一种无奈。

三　柔性原则与对外汉语教学的编码系统

柔性原则主要体现在对外汉语教学的编码系统，即说和写的教学中。在对外汉语教学中，对解码系统和编码系统的要求从来就不一样。初、中等汉语水平考试中的大部分题型都属于解码系统；而高等汉语水平考试中虽有说和写的内容，但在题量、难度和要求上都明显有别于听和读的内容。显然，在对外汉语教学中，对编码系统的要求明显低于解码系统。

在语音教学阶段，正音过程十分重要，但任何一部教材的语音阶段学习都比较短，不过两三周。显然，对于发音器官已经定型，常常受母语语音干扰的成年人来说，在这个阶段完成正音几乎是不可能的。正音需要一个较长的时段，而实际上又不可能正完音之后再去学习词汇和语法，人们常常采取的做法是在学习词汇、语法阶段继续不断地正音。但是，由于受母语语音的干扰，使得不同国别的留学生对个别音素读不准，比如平舌与卷舌的不同发音方法，舌尖与舌面的不同发音部位，他们都一时难以掌握。让每个学生每个音素都能读得十分标准，这只能是我们的良好愿望。如果在读好每个音素后再练习读音节、词语和句子，那将寸步难行。所以，这期间柔性原则显得格外重要，在课堂教学中个别学生虽经老师反复正音，仍不得要领，教师在认定其发音障碍在短时间内难以克服后，应容忍其不很准确的发音。容忍并非是放弃，而是一种长远之策，不寄希望于一两节课出现奇迹,要细水长流。尤其应该不断鼓励他们的任何进步,哪怕这个进步是极其微小的,重要的是要给他们以自信和希望。在教学实践中,我们发现这样一个有趣的现象:有的学生个别音素发音不准,但读带有这个音素的音节、词语和句子时,却大致说得过去,不会影响交际;此时,如果再反过来让他再读当初读不好的音素,也大有进步。这一做法绝对强于抓住个别读不准的音素死死不放的教学方法。当然相反的例子也有,有的学生能够读准个别音素,但读带有这个音素的音节、词语和句子却读不太好,这往往是由于教学中过偏重音素的发音练习,对言语交际中的一些音节,词语和句子的读音重视不够所造成的。显然在语音教学阶段我们应重视语音在言语交际中的实际运用。柔性原则在具体的教学方法上也是不断地给人们以启示的。

声调问题同样如此。汉语四声单读起来都难以读准,而把它放在词语和句子中往往容易得多,所以我们在教学中,大可不必一定要把单纯的四声练习进行得那么严格、那么纯粹,而应及时地把声调练习放到词语和句子的练习中。在教学中,我们发现有些同学单个音节的声调可以读准,而放到词语和句子中后却找不到准确的声调。这里我们应该特别强调声调的原调值与实际运用上的差别,这个差别绝非仅仅是三声在前的变调问题。其实三声在后也大都读成半三声212或21,而四声的调值也往往达不到51。[7]声调教学中柔性原则的具体体现就是重视词语和句子中的实际声调训练,当然这个前提是能基本读准四声,而没有必要一定要求学生把四声的原调值读得十分标准。

有的专家曾把对留学生的汉语口语表达的要求定位在略带方音的"地方普通话"上,即发音不一定十分标准,但基本上没有交际障碍,也就是说允许个别音素读不准,但在声调上要自然,用法上要得当,这确实是十分现实的,也正是柔性原则在语音教学上的具体体现。

在说话教学中的纠错问题,柔性原则也十分必要。在说话教学中,学生说汉语时发音不准,用词有误,不符合语法要求是十分正常的事,而如何纠正这些错误却是见仁见智。我以为既不能有错必纠、见错即纠,也不能对错误视而不见、放任自流,这其中的度,也正是柔性原则的尺度。纠错应尽量不打断学生的口语表达,以保持其口语表述的连贯性和完整性。

对外汉语教学求索集

在纠错过程中,尽量用提示的方法让学生自己纠正,或启发学生们互相纠正。对那些表达较复杂、用时较长、而错误又较多的成段口述,如果每个错误都纠正,唯恐有遗漏,好像是对学生很负责,实际上只能挫伤学生口语表达的积极性,而对纠正的错误,学生也未必听得进、记得住。所以我们主张对学生每次口语表达中的错误,应该重点择其一二而正之。由于学生水平不同,错误的程度也不会一样,自然我们的要求也应该不同:对于错误较多者,要重点纠正那些影响交际的,有一定规律的,有进一步泛化趋势的错误;对于错误较少或没有明显错误者,也要尽量发现并纠正他们口语表达中的不够完善之处,如某些字、词的发音不够准确等;对于那些怕出错而采取回避策略者,应鼓励他们使用较复杂的汉语形式,消除他们怕出错的心理,引导他们使用较复杂的汉语形式进行表述。这样,一方面可以使学生心理平衡,另一方面也可以让水平不一的同学都有所收获,以调动起每个同学的积极性。

　　柔性原则同样也体现在写的方面。写汉字对欧美同学是相当困难的,方块字在他们眼里是那样的奇妙,不可思议,自然写起来十分蹩脚。先上后下、先左后右、先外后内、先内后外、先横后竖、先撇后捺等书写规则在短时间内很难掌握,因为这与他们的书写习惯几乎没有共同之处。至于那些左撇子,就更麻烦了,与其说是在写字,不如说是在画画,对此我们虽然也不断提示、纠正,但效果甚微。对于日、韩等国家的学生,学习汉字显然容易得多,但却又出现了另外的问题,这就是他们的汉字与中国的汉字并非完全一样。对于繁体字,我们只能宽容,因为我们的台湾省、香港和澳门特别行政区也用繁体字,在中国内地的某些方面,繁体字也有回潮的迹象。而对于那些与中国汉字写法不大一样的日、韩汉字也不必字字纠正,一是因为这些汉字一般来说并不影响他们正常的文字表达,二是改起来也难。对此我们只能宽容。

　　对留学生作文的批改,如果认真起来,恐怕满篇皆红,这与前面提出的问题一样,这样做将严重地挫伤他们学习汉语的积极性;对老师来说,也是一件受累不讨好的事。学习汉语最难的是作文,能够用汉语写出文通字顺、表义准确的文章,对于一个中国的高中毕业生来说,也不是件容易事。因此,对留学生作文的定位不能太高,应表义明确地放在首位,因为首先应该让人看懂，文通字顺应在其次，而且篇幅不应要求太长。有的老师指导学生进行"写话"的练习，这是一个可行的方法。修改作文也应择其主要错误而正之。这样，学生往往可以得其要领，举一反三，逐步改正，避免类似错误的再次出现。

四 对外汉语教学的柔性原则与中介语

中介语在留学生的言语交际中是广泛存在的事实，这也正是对外汉语教学柔性原则的体现。虽然人们对中介语的研究还只是一种假说，还没有描写出任何一种中介语的语言系统，但人们对中介语已经有了较为一致的看法。吕必松先生给中介语所下的定义代表了这种看法："中介语是指第二语言学习者特有的一种目的语系统，这种语言系统在语音、词汇、语法、文化和交际等方面既不同于学习者自己的第一语言，也不同于目的语，而是一种随着学习的进展向目的语的正确形式逐渐靠拢的动态的语言系统。"[8]从中我们不难看出柔性原则的影响。而"化石化"现象作为中介语的一个重要特点，一方面可以见到中介语的顽固性，另一方面也可以见到中介语相对的稳定性。[9](P30~31)这不仅说明中介语在总体上始终达不到目的语的高级水平这一现象，而且也使我们看到某些汉语学习者在学到一定程度就很难再前进一步的事实。比如在语音方面，有的学生学习很长时间，到了高年级也掌握不了某几个音的正确发音，他很可能永远也掌握不了这几个音的正确发音，但这并不怎么影响这个学生汉语总体水平的提高。一般来说，在中介语系统中，语音和某些语法项目的"化石化"现象最为突出。对外汉语教学中的中介语的产生和使用，同样也是一个正常的过程，这是因为在汉语学习过程中错误不可避免，杜绝错误或完全纠正错误几乎不可能。对外汉语教学的最终目的就是要通过各种教学活动，提高学生的汉语水平，使他们的中介语逐渐向规范汉语靠拢，最后掌握规范汉语。其实，这也只能是我们对外汉语教师的努力目标和良好愿望，真正能够达到这个目的者寥寥。在他们中间，有的中途下车——因为他满足于中介语所能进行的言语交际；有的进步十分缓慢——因为他可能缺少学习语言的天赋，或学习不得法；有的长期停滞不前——因为他不够勤奋，缺乏信心或客观条件不允许。总之，汉语学习者中的相当一部分到不了胜利的彼岸——掌握规范的汉语。这也就是说会出现一批长期使用各种各样的中介语的人群，对这种事实的认可和宽容，也正说明对外汉语教学柔性原则的必要性和广泛存在的事实。

柔性——作为对外汉语教学的一个原则，使用得当可以提高留学生学习汉语的积极性，可以使他们尽快地使用目的语进行交际。当然，柔性原则也是相对的。我们主张，对留学生学习和使用的汉语应该有一个认可的尺度，这就是基本正确、比较得体、能让人大致明白的言语表达。对不同层次的学生，其柔性原则的体现也应有所区别。柔性只是对外汉语教学的原则之一，虽然运用得当与否可能直接影响到教学的成败，但它不会占据对外汉语教学原则的主导地位，它将与对外汉语教学的其他各项原则一起，构成对外汉语教学原则的整体，以指导我们的教学实践。

参考文献：

1. 《我国发布两项语言文字规范》，《人民日报》，2001－12－28（6）。
2. 章兼中《国外外语教学法主要流派》，华东师大出版社1983年版。
3. 盛炎《语言教学原理》，重庆出版社1990年版。
4. 张先亮《汉语规范化的柔性原则》，《语文建设》，1993年第9期。
5. 吕必松《对外汉语教学概论（讲义）》，国家教委对外汉语教师资格审查办公室，1996年。
6. 陈光磊《得体：语用的基本规约》，《修辞语用探索》，天津教育出版社1998年版。
7. 孟国《洋腔洋调的语调和声调》，《天津师大学报》，1990年第3期。
8. 吕必松《论汉语中介语的研究》，《语言文字应用》，1993年第2期。
9. 鲁健骥《对外汉语教学思考集》，北京语言文化大学出版社1999年版。

（原载《天津师范大学学报》2003年第4期）

对外汉语教学的理论、原则和方法

呼唤对外汉语教学的现代化[①]

人类进入 21 世纪以后，汉语在世界的地位将会得到进一步的巩固和发展，汉语的使用范围也绝不会仅仅限于中国国内，定会进一步国际化，走向世界。为了加快这一步伐，我们必须加强汉语现代化的研究，尤其要加强汉语教学，特别是汉语作为第二语言教学的对外汉语教学的现代化研究。这是因为对外汉语教学须臾不能忽视现代化的要求，必须要时时刻刻把现代化作为一个重要原则贯穿于各项教学活动的始终。

一 语言教学与现代化

语言教学现代化的核心问题就是坚持教学内容的实用性和口语化，坚持其教学内容与当时语言现状的一致性。回顾国内外影响较大的语言教学流派的产生、发展及一些重要论证，绝大部分都把现代化作为基本要求。直接法、听说法、视听法、功能法及我国古代的对外汉语教学，对此都有过明确的主张并付诸具体实施。

第二语言教学的现代化要求，今天看来，很大程度上取决于其教学目的和教学对象。第二语言的教学目的不是把语言作为知识来传授，而是把语言作为交际工具，通过各种形式的操练，使学生能够尽可能熟练地掌握这一工具，进而满足谋职、再学习等的需要；而不像古老的翻译法等教学法，仅仅是为了使第二语言学习者掌握古代的语言，以此来阅读古代文献。因此我们强调，第二语言教学的内容必须是最具应用性的，是当今社

[①] 本文与温象羽、徐家宁合作完成。

会最流行的，也就是说最现代的。对语言教学的这种认识，不仅把语言研究与语言教学区别开来，同时也把第二语言教学与第一语言教学的诸多不同区别开来。第一语言教学把掌握语言知识作为主要教学目的，在能力的培养上主要指读写能力，他们十分注重规范、典雅的书面语，不大考虑语言的实用性和口语化以及语言使用的现状。而第二语言教学则是把语言当成一种工具来教学和操练，所以我们的教学目的是培养学生掌握这种语言听、说、读、写的能力，且对听说能力尤其重视。因此我们十分强调的是语言的实用性和口语化，以及语言使用的现实状态。对第二语言教学的这种认识的意义，还使我们清楚地看到第二语言教学与目前我国的外语教学之间存在着的根本区别，我国的外语教学在很大程度上是一种应试教育，其目的往往是升学、升班、取证等。因此这种外语教学所注重的是语言的规则和规范性，而不大重视语言的实用性和口语化。当然对第二语言和外语这两个概念的划分，我们所注重的是不同的学习环节，即目的语环境和母语环境。

把汉语作为第二语言教学的对外汉语教学，其现代化的原则有着更重要的意义。首先是因为，随着我国改革开放的不断深入，对外汉语教学发展迅速，变化巨大，这种发展和变化首先表现在教学对象上，教学对象已不是七八十年代的第三世界及社会主义阵营国家的公费生，而逐渐发展为以发达国家和较发达国家的留学生为主。随着教学对象的不同，其教学目的也发生了很大变化。他们中的大部分人学习汉语是为了谋职、学习和研究中国文化、再学习、旅游、提高自身的文化素质等。因此其教学内容应该是最实用、最现代的，他们最迫切需要的。回顾十几年来对外汉语教学在教材上、教学法上、课程设置上以及在一些教学理论的探讨上都发生了很大变化。其中最重要的一点就是人们更加重视教学内容的交际性、实用性以及口语化，也就是人们更加重视现代化的诸项原则。其次是因为，汉语自身的发展和变化相当快。对外汉语教学虽然以传统语法为主，但在词汇等方面却有着很明显的现代化要求。特别是改革开放以来，在这些方面的发展和变化尤其明显，新词新语的不断出现，陈旧词语的逐渐淘汰和更新，加之方音方言的复杂，往往使得留学生在课堂上和书本上学到的语言和他们在社会上所看到和听到的语言有着相当的差距。这一切都使得在对

对外汉语教学的理论、原则和方法

外汉语教学中注重现代的、通用的、流行的词语显得尤为重要。

二 "现代化"应引起对外汉语教学界的足够重视

如上所言，人们在对外汉语教学现代化这一问题上做了很多工作，但和现代化的一些具体要求仍然存在着一定的差距，这些差距一方面表现在人们的认识上，另一方面也表现在对外汉语教学的现状上，概括起来有如下几个方面。

1. 对外汉语教学现代化的不足首先表现在教材上。人们使用的教材往往跟不上社会发展的速度，与社会上流行的汉语相比总是慢半拍。社会在飞速发展，汉语也随之发生巨大的变化，而我们的对外汉语教材却跟不上这个速度。这里除了出版周期过长等客观因素外，教材编写者的现代化意识不强也是重要原因。被人们称为精品教材的《基础汉语课本》融入了专家们大量的心血和相当的精力，在语法结构等方面相当不错，但其内容却与当今时代存在着明显的差距。目前国内外广泛使用的《实用汉语课本》《初级汉语课本》《现代汉语教程》以及一些口语教材，虽然注意到教材的交际性和实用性，但所选用的一些交际性较强的词语往往缺少时代感。另外，一些教材注意到了交际功能，而这些交际功能在教材和课堂的具体体现，似乎总也跟不上这些交际功能在社会上的实际使用情况。在这些问题上，人们实际的语言交际状况与教材往往相去甚远。

2. 对外汉语教学的一些具有指导意义的纲领性文件，同样跟不上语言的发展，需要不断补充和更新。如《汉语水平词汇等级大纲》是1992年制定的，但今天看来，很多词语已不够"现代"了。1999年初，国家汉语国际推广领导小组办公室为使词汇大纲更具科学性、针对性，组织了一次专家干预活动，这次干预完全凭干预者的经验直接进行。我们有幸参加了这次干预活动，从中发现了很多问题。在我们删除的200个词中有如下词语：打倒、地主、分子、化合、民兵、特务、传单、导体、帝国、反革命、复辟、公社、鬼子、合营、粮票、社员、肃清、巫婆、小鬼等。也就是说这些词语都收录在大纲中的8822个词中。今天看来这种情况有点滑稽，但就是回到几年前的1992年，这些词语也未尽符合时宜。在我们

对外汉语教学求索集

新增加的 200 个词中有如下词语：卫生间、彩电、电视剧、方便面、复印、录音带、超市、大巴、环保；家电、减肥、肯德基、麦当劳、牛仔裤、下岗、BB 机、卡拉 OK、打的、录像带等。也就是说这些词语都没有收录在大纲中的 8822 个词中。今天看来这种情况有些不可思议，但回到几年前的 1992 年也远不够"现代"。

由于教材及有关大纲的一些误导，再加上一些对外汉语教师缺少现代化的意识，过分依赖教材，缺少对教材中过时内容的必要纠正和补充，这样往往使得留学生学到的东西用不上。因为我们所教的、留学生所学的汉语与汉语的现状差距颇大。

三　呼唤对外汉语教学的现代化，提高教学的整体水平

前面提到的问题确实应该引起我们的足够重视，但解决这些问题却不是很简单的，需要多方面的探索和努力，因为在这方面既没有成熟的理论指导，也没有成功的经验可借鉴。我们以为，加强对外汉语教学的现代化应从以下几个方面入手。

1. 改革传统的教学模式，加强原声汉语和原貌汉语的教学。原声汉语即实况汉语，也就是没经过加工或稍事加工的事实、自然的有声语言材料。在听力课、视听说课使用这些材料是教学上的一次改革。在课堂上，同学们听到的都是当今人们在正常情况下的交际，看到的都是当今人们真实生活的方方面面。由于汉语实况教学抓住了留学生要迫切了解当今中国，尽快掌握当今中国普通人交际方式的心理，所以引起了留学生的极大兴趣，自然也收到很好的教学效果。配合这种教学，我们编写的教材《汉语实况听力》《汉语实况与话题》一改前人思路，坚持"先声后文"的原则，也得到同行们的好评。原貌汉语，即没经过加工或稍事加工的真实、自然的书面语言材料。如报刊、杂志上的文章，以这样的语言材料作为读写课的教材，已引起了人们的广泛重视，并付诸了大量的实践；取得了很好的教学效果。《桥梁——实用汉语中级教程》就是这方面成功的代表。不过，我们认为，原声汉语，原貌汉语只适合于在已经完成初级汉语教学后的中级阶段进行，而且，也不应取代其他方面的教学。

对外汉语教学的理论、原则和方法

2. 不断地编写、更新教材，要把"现代化"作为教材编写的重要原则。对外汉语教材不同于其他教材之处就是不可能一劳永逸，需不断更新。我国正处在一个大变革时期，一部教材几年后、十几年后被淘汰是正常的，然而一部教材不知融入了专家们多少心血，为了延长教材的使用寿命，必须要不断更新教材中过时的内容和词语。对精品教材更新的意义和可行性比起盲目地编写教材要大得多。国家"汉办"对教材的编写十分重视，不断地推出一些教材的招标和立项，资助对外汉语教材的出版。新教材的编写要有新的思维，要有现代意识，对外汉语教材虽然不可能超前，但也绝不应该滞后，有些教材还没出版就已经过时了，这种情况必须避免，而且是完全可能避免的。

3. 对外汉语教师应加强现代化意识，弥补教材的不足。应该承认，让教材跟上时代的发展，保持鲜明的时代特色，不是一件很容易的事，如此，对外汉语教师所面对的教材往往是不够现代化的，一名优秀的对外汉语教师应该能够用自己的知识和经验来弥补教材这方面的不足，丰富课堂教学。因此在教学上只满足于教材的内容，教师固然得心应手，却很难收到理想的教学效果。

4. 变对外汉语教学为对外汉语教育。不能满足于一般的课堂教学，要带领留学生走出校门，接触真实的社会和鲜活的语言。我们的对外汉语教学应考虑到国际教育的共性，对留学生进行德、智、体、美全面发展的素质教育，不能仅仅限于智育，更不能仅仅满足于传统的课堂教学。

5. 对外汉语教学的现代化自然包括其教学手段的现代化，开展多媒体教学和远程教学是现代化教学的必然要求，也是对外汉语教学发展的必然要求。

（本论文得到天津师范大学教育基金资助）

（原载《中国高教研究》2000年第3期）

汉语教学的"小百科全书"

——评《汉语教学法研修教程》

在当前国际汉语教学面临新的机遇和挑战的背景下,我们十分高兴地读到了周健、彭小川、张军撰写的《汉语教学法研修教程》[1](以下简称《教程》)。东南亚地区是海外华人华侨最集中的地方,周健教授等所在的暨南大学是我国致力于海外华文教育,特别是东南亚的华文教育的重镇,他们对东南亚地区的汉语教学十分了解。几位作者在教学和科研上扎实的功底和丰富的成果,表明他们具备了出色完成这一专著的条件,《教程》就集中体现了他们的辛勤、智慧、成果和经验。《教程》共分4章:第一章是汉语教学理论,重点介绍了语言教学和语言学习理论、第二语言教学法流派、汉语教学的目的和原则等;第二章是汉语要素教学方法,介绍了语音、汉字、词汇、语法、语篇和语言中的文化等6个方面的教学方法;第三章是汉语言语技能训练的方法与技巧,分别从听、说、读、写4个方面详细介绍了这些基本技能的训练方法;第四章是汉语课堂教学技能与教师素质培养。

作为一部专著或教材,特点是其价值的体现。《教程》就是一部在实践创新和理论阐释上都颇具特点、不乏精彩、充满新意的好著作。其主要特点可以概括为以下几点:

一 实用性:教学实践中的精彩方法和技巧

《教程》的实用性可以说是本书最突出的特点。本书主要作者周健教授在领受任务之初就明确提出"要把实用性放在第一位,从东南亚华文教师的基本素质与教学实践出发，教学法介绍的重点还应放在具体的教学方法与教学技巧方面。由于他们普遍欠缺教学经验、课堂教学办法不多，教学效果不够理想，我们应手把手地教会他们一些语言要素教学和言语技能训练的基本方法，以帮助他们尽快上手并能举一反三。"[2] 就全书而言，《教程》更重视的是教学实践，在篇幅上，与教学实践有密切关系的内容占全书的85%以上。作者十分清晰地认识到：解决当地汉语教师汉语知识和教学能力的不足是当务之急。而周健教授本人又是汉语教学法的研究专家，他所主编的《汉语课堂教学技巧与游戏》颇有社会影响，他把其中的一些最精彩的部分恰如其分地运用到《教程》中，使其生色不少。在"汉语要素教学方法"一章中，对每个要素的教学法都有生动而具体的描述和介绍。对语音教学法的介绍尤其详尽，不仅分类介绍了汉语拼音方案、声母、韵母、声调的教学方法和技巧，还对普通话语音教学方法和技巧进行了综合介绍。另外，对汉字教学方法和技巧的介绍；对生词的展示、讲解、练习和巩固的方法的介绍；对语法点的展示、解释、例句设计、练习的方法介绍；对如何提高成段内容的理解和表达的能力的方法介绍；对语言教学中文化教学的方法的介绍都十分详尽。

《教程》能设身处地地从新教师的实际需要出发，把对外汉语优秀教师的教学经验手把手地教给青年教师。例如在介绍"汉语课堂教学技能"时，先从备课、写教案讲起，再详细介绍课堂教学的各种实用技能。又如"语言点的导入技能"一段，分别介绍了直接导入、经验导入、旧知导入、直观导入、实例导入的具体教学实例，颇具启发性。再如在"课堂教学技能"一节中，作者一方面以常见教学内容为例，具体介绍了词语和语法的讲解技巧、强化的技能、课堂组织的技能、测试评估的技能；另一方面还独具匠心地介绍了板书和简笔画的技能。《教程》的实用性由此可见一斑。

二 知识性：汉语教学与学习的"小百科"

按照人们的一般理解，教学法主要论及的是具体的教学方法和教学技巧，而《教程》却十分重视知识的介绍。这些知识的介绍主要指的不是

第一章的"汉语教学理论"知识,而是体现在后面几章对教学法的介绍中,主要是汉语知识的介绍。这些知识的介绍有别于一般的教科书,作者将汉语知识与汉语教学法密切结合起来,常常是在讲授汉语知识的同时,也在介绍着汉语教学法;在介绍汉语教学法的过程中,也在讲授着汉语知识。

知识性这一特点在语音教学法中尤其突出,在讲述具体的语音教学法之前,作者先简要、清晰地介绍了语音常识、汉语拼音方案。而在声、韵、调及语音综合教学法中,则先介绍了发音部位、发音方法、语音辨正、变调、轻声、儿化等方面的语音知识,并附有相关的文件。另外,像汉字教学中的"汉字的特点"、语法教学法中的"汉语语法教学的主要特点"等都使用了相当的篇幅介绍了有关的汉语知识。在词汇教学、篇章教学、文化教学等教学法的描述中,都充满了相关的、必要的汉语知识点的介绍。可以想象,在汉语资料欠缺的地方,汉语教师在教学中遇到了汉语知识方面的困难,翻阅此书就可以解决其中的大部分问题。而对那些没有系统学习过汉语知识的教师,认真阅读《教程》,在一定程度上也可以弥补这些不足。这也是我们称之为汉语教学的"小百科全书"的主要原因。

三 针对性:在汉语知识的学习与汉语教学实践上颇具现实意义的对策和建议

作为国家汉语国际推广小组领导办公室立项的"东南亚汉语教师培训教材"的项目之一,《教程》的现实针对性随处可见。《教程》首先针对的是东南亚地区汉语教学的现状,作者对眼下那里汉语教学所存在的问题揭示得比较到位,并对症施治,给予良策。如考虑到当地教师知识层次参差不齐,有相当一部分教师甚至没有比较系统地学习过汉语知识,"学历偏低、知识储备不足"、"理论修养贫乏"[1](P76),《教程》十分注重汉语知识的含量,使他们遇到问题可以在《教程》中找到答案;考虑到当地教师"专业训练欠缺"、"教学手段落后"[1](P76),对于汉语教学理论和教学方法所知有限,《教程》除了对语言教学理论的简明介绍和对汉语教

对外汉语教学的理论、原则和方法

学法的详尽描写外,还为使用者提供了大量的教学实例,作为教学模仿的范本,进而举一反三,融会贯通;考虑到当地"适用教材短缺,教学环境欠佳,教学设备陈旧""教育经费拮据""教师人数不够、年龄偏大"[1](P76)等,作者在揭示这些问题的同时,紧紧抓住当地华文教育发展的"瓶颈"——师资和教材,并就此提出了许多具体的建议。

其次,《教程》针对的是目前东南亚地区汉语教学所存在的具体而实际的问题。在200多页的"汉语要素教学法"中,"语音教学法"的篇幅长达80多页,约占这一部分的40%,这是针对当地汉语教师语音知识贫乏,普通话的发音不够规范,语音教学手段欠缺的现实的有效策略。2004年,笔者受国家汉语国际推广小组领导办公室派遣到越南培训汉语教师,发现,当地教师普遍反映最需要的知识是汉语语音知识,最需要的教学手段是语音教学手段。这是因为当地华人所说的汉语大都带有浓重的方音,汉语教师也不例外。可见语音教学任重道远,它是当地汉语教师最棘手的问题。《教程》在长达200多页的"汉语言语技能训练的方法与技巧"中,"说"的训练占34%;"读"的训练占31%,"写"的训练占20%,"听"的训练占15%。这一比例虽然可能与其他论著中听、说、读、写的训练比例不同,但却和当地华人提高汉语交际能力的实际需要相吻合,和当地汉语教学功能训练的急需程度相一致。

再有,《教程》的针对性也体现在针对当地汉语教学的特点上。正如作者所言,华语教学"是一种介于第一语言教学与第二语言教学之间的类型,他们不仅应当借鉴对外汉语教学的理论和方法,还应当借鉴国内中小学语文教学的理论和方法。"[1](序言P3)越南汉语教师在接受培训后的反馈意见里,就有不少人希望国内的中小学语文教育专家到那里为他们培训,《教程》的体例编排,内容侧重,重点、难点的确定都充分考虑到了这一点。

最后,《教程》的针对性还体现在作者很注重汉语与当地语言的对比。在"汉语要素教学方法"中,《教程》多处分析了汉语与印尼语、泰语、越南语、缅甸语的语音差异,提出了针对性很强的教学重点和教学方法。在论述汉语词汇和语法教学法时,作者还通过列举泰语词和越语词与汉语词的非对应关系,汉语与印尼语在定语位置上的差异,提醒教师和学

157

习者要特别注意汉语的特点。笔者对东南亚汉语教学小有接触,深感《教程》有的放矢、急人所难,如同雪中送炭,是满足东南亚汉语教师长期渴望的一部好书。

四 理论上颇具新意的探讨和阐释

"汉语教学理论"一章所占篇幅不多,但言简意赅,重点突出,观点鲜明。作者针对海外汉语教师普遍存在的重方法、轻理论的倾向,首先阐明了学习语言教学理论的重要性,然后介绍了语言教学的理论基础和第二语言教学的基本理论。对主要教学法流派,尤其是我国汉语教学界主流所采用的综合法,进行了实事求是的评述。对汉语教学的目的和原则进行了深入的探讨。特别是作者提出的"语感说"颇具新意。《教程》提出"语言认知过程主要靠知识,语言运用主要靠语感","语言能力的心理学表达就可以概括为语感,或者说语感是语言能力结构的核心要素"。[1](P61) 作者还认为汉语教学的最终目的就是培养学生的语感能力。"语感"在汉语教学中十分重要,这是因为汉语的特点是重意合,形式标记不发达,隐性较强,理性较差。汉语教学在一定程度上要摆脱印欧语言教学偏重语法形式分析的窠臼,就要重点培养学生的语言直觉,这样,"语感"就显得尤为关键。汉语属于非"普遍使用语言",乔姆斯基的普遍语法和生成理论对于汉语中的一些问题无能为力。汉语中有许多现象我们自己也说不清。这里虽然反映出我们对自己的母语研究还不到位的现实,但从另一方面也说明了汉语的如上特点。多年来,我们一直在不停地探索、努力地解释汉语中的种种现象,但总是给人以头痛医头,脚痛医脚的感觉。

对外汉语教学界曾经流传着一个"习惯老师"的说法:留学生常问一位汉语教师,汉语为什么可以这样说,却不能那样说?这位老师的回答常常是"这是习惯。"留学生以后就叫他"习惯老师"。显然,这是在讽刺一位经验不够丰富,知识积累比较薄弱的汉语老师。我们无意为这位"习惯老师"开脱,也无意否定经验和知识在汉语教学中的重要作用,但是应该承认,这种现象可能会发生在我们每一个对外汉语教师身上,因为在汉语交际中确实存在着太多的"只可意会,不可言传"的现象,存在

对外汉语教学的理论、原则和方法

着我们一时还说不清楚的语言"习惯"。这个"习惯"在某种意义上就是我们所说的"语感"。"习惯说"不完全是一种推托，而是一种现实，甚至是一种无奈。在教学中我们常常会遇到这样一种情况：有些词汇和语法，我们自己都觉得没有讲得很清楚，可是学生却说"明白了"，而实际上学生也确实明白了，相反的情况也有。《教程》还对汉语"语感"和对外汉语教学的目的的关系做了清晰的阐释："我们必须明确，教语言知识是为练言语能力服务的，培养学生的汉语交际能力并进一步提高他们汉语的语感，才是我们的教学目的。"[1](P63)

细读全书，我们觉得，《教程》也存在着一些需要进一步完善的地方。如在"第二语言教学法流派"一节中，作者只叙述改革法，不提传统法。而我们以为对海外华人的汉语教学，虽然不完全等同于国外的一般的汉语教学，但毕竟属于国外把汉语作为外语的教学，而认知教学法恰恰是适合于在非目的语环境下学习外语的方法。另外，在"汉语言语技能训练的方法与技巧"一章中，对听、说、读、写的技能训练论述得很到位，却没有论及"汉语综合课"的训练方法和技巧，而综合课在汉语教学中的位置是毋庸置疑的。再有，在语言要素教学和技能训练方法这两个核心内容中，很少论及初、中、高不同层级的汉语教学的特点和方法，而由于层级的差异所产生的教学方法、训练方法的不同也是显而易见的。最后，在第一章的第二节和第四节中，对于语言学、心理学、教育学等在语言教学理论中的归属问题的论述，前后不一，似有矛盾。刘珣认为：语言学、教育学、心理学等属于语言教育学的理论基础，[3]吕必松认为：语言学、教育学、心理学等属于语言教学的基础理论。[4]《教程》第一章第二节按刘珣说，第四节则依吕必松的说法。

总之，《教程》是一部很值得对外汉语教学的同仁们一读的好书，它既是培训海外汉语教师的好教材，也可以作为本专业研究生、本科生的教材，还可以作为广大对外汉语教师，特别是青年教师自我提升的好书。即使是对那些经验丰富的教师也有很好的参考价值和启示作用。《教程》在理论上和实践上的建树，对完善我们的学科理论建设，对丰富我们学科的教学方法和教学技巧都有其独到的贡献。

参考文献：

1. 周健、彭小川、张军《汉语教学法研修教程》，人民教育出版社2004年版。
2. 周健《把实用性放在第一位》，《海外华文教育》，2000年第4期，第5~7页。
3. 刘珣《对外汉语教育学引论》，北京语言文化大学出版社2000年版。
4. 吕必松《对外汉语教学概论（讲义）》，国家教委对外汉语教师资格审查委员会办公室，1996年。

（原载《暨南大学华文学院学报》2005年第4期）

对外汉语教学的理论、原则和方法

关于对外汉语课堂教学时间配置的调查与分析[①]

一 本文的调查方式和调查目的

课堂教学是对外汉语教学整体设计的核心部分，它的重要性是大家所公认的。课堂教学为我们的对外汉语教学提供了丰富的观察视角和研究课题。如果我们能够对对外汉语教学主要课型的课堂教学活动进行真实而全面的调查、描写和分析，我们将会更好地透视出语言教学各方面的问题，找到解决问题的切入点。孙德坤早在1992年就提出"实际上我们最薄弱的还是基础研究"，因为"至今没有把课堂教学活动本身"作为调查对象[②]。13年后的2005年，吕玉兰、张若莹又一次呼吁："有必要对课堂教学活动进行全程跟踪，详尽记录，整理成对外汉语课堂教学实录。"[③] 人们相信，对外汉语课堂教学实录资料的收集、整理和编撰在对外汉语教学领域有着巨大的应用价值。教学效果的提高有赖于课堂各个要素之间的优化配置，其中在语言教学时间配置上如何实现优化，则是一个既具有重要的理论价值，又具有重要实践意义，同时还极具操作性的问题。当然，也是最值得我们首先深入探讨的问题。

---

① 本文由我和我的研究生车俊英共同完成。本文的的调查工作，得到了我院孟祥英、李琳莹、孙振平、王玮、郭红、冯南、解晓楠等老师的大力支持和帮助，特此致谢。
② 详见孙德坤（1992）的有关论述。
③ 详见吕玉兰、张若莹（2005）的有关论述。

研究这个问题的核心，首先要解决好教师"教"的时间和学生"学"的时间的最佳配置。王钟华、刘学敏（1999）指出："教师与学生课堂上的活动比率一般为3:7"[①]。其实，这一比例并不应该是教师活动和学生活动的简单分割，因为在老师的讲解过程中，也应该有学生的回应；而在学生的活动时间里，更是离不开老师的监控和具体指导。在很多时候，老师本身就是学生互动的另一方。所以，更客观地讲，在对外汉语课堂教学中，教师的"讲解"占整个教学的1/3；学生的"操练"占整个教学的2/3。广大对外汉语教师凭着多年的教学经验，清楚地认识到在课堂上教师讲得过多而产生的弊端，这就是使得学生没有充分的时间进行知识的内化和技能的练习；同样，学生操练的时间过多，也可能产生某些不足，这就是使得教师没有足够的时间把必要的知识点讲清楚。因此，在课堂上只有合理地安排"讲"与"练"、"教"与"学"的时间配置，我们才能保证有效的课堂教学质量。然而，3:7也好，1/3也好，至今似乎还没有人对这个比例进行过实证性的论证。当然，人们也意识到，在以语言技能训练为主设置课程的时候，不同课型教学的重点会有所侧重，"教"与"学"的时间不可能是恒定的。那么，我们通常说的1/3是在平均的基础上得出的比例，还是对某类课型教学的总结？各种不同课型在时间上的配置又是怎样的？如果对不同的课型进行综合比较，各种课型在时间的配置上存在着怎样的联系和差异？另外，学生的练习或者说互动方式是多样的还是单一的？如果是多样的，那么，这些多样的互动方式是均衡发展的还是应该以某一种互动方式为主？不同课型教学中的互动方式将有怎样的差异？这些问题都有待于我们深入课堂进行全面的描写和分析以后才能得出结论。

针对上述问题，本文以不同课型特定老师的课堂教学作为描写的对象，对对外汉语教学的综合课、听力课、口语课、阅读课和写作课的课堂教学的实录进行了全面的描写，然后对课堂的教学方式和教学环节进行了分类定性，对所用时间进行统计，得出了一些数据和量化的标准。最后在

---

① 详见王钟华主编（1999：37）。

此基础上进行分析,并得出了一些结论。在对课堂教学实录的描写过程中,我们首先将课堂教学分成两大类:教师讲解和学生学习过程中的互动状态。然后我们再把后者分为三种形式:教师与学生的互动(师生互动)、学生与学生的互动(生生互动)、学生和教材的互动(生教互动)。需要指出的是,我们所选取的课堂教学实录是完整的一课书的教学过程,是相对独立的,而不是随意安排的几节课。由于篇幅所限,我们没有把课堂教学实录的原始记录在本文中展示,只是展示出每种课型统计的数据和结果。最后,根据这些数据和结果对各种不同课型进行综合对比分析,从中得出一些具有启发意义的结论。

这次调查的对象以天津师范大学国际教育交流学院的专职教师为主,兼有一些兼职教师和天津大学、南开大学的教师,其中教授2人,副教授6人,讲师4人,助教3人,其年龄和层次的分布比较自然。由于客观条件的限制,我们的调查还有一定的局限性,我们对每种课型教学实况的调查只选择了三个老师各自所讲的三课书,虽然不是一个教学班,但我们的调查坚持以初级班为主。尽管我们选择的是有经验的、教学认真的、学生认可的老师,但毕竟难以避免以偏概全的可能,所以其调查结果也是相对的。为此我们也采取了一些措施来弥补这些局限。比如,我们对其中的一些完整的一课书的课堂教学及时地进行了课堂反馈意见的调查,了解一下学生对该课课堂教学的评价,看一看学生对本课书的教学方法和教学环节在具体时间配置上的认可程度。通过调查,我们发现学生对我们所描写的课堂教学的认可程度相当高。同样由于篇幅的原因,本文没有将这个调查的结果展示在本论文中,也没有对其进行更具体的阐述。

二　五种对外汉语课堂教学实录的调查、描写与分析

1. 综合(精读)课

这三课书使用的教材都是北京语言大学出版社出版的《新实用汉语课本》,所学内容分别是第二十九课《请多提意见》、第三十一课《中国人叫她"母亲河"》、第八课《你家有几口人》。综合课的调查效果最

理想,三位教师都是从事对外汉语教学 20 多年的专职教师,都是副教授。

表 1 综合课课堂教学中教师讲解和互动教学的时间配置

	有效教学时间	教师讲解时间和比例		互动教学时间和比例	
		时间	比例	时间	比例
教师 A	307	99	32%	208	68%
教师 B	233	80	34%	153	66%
教师 C	195	44	23%	151	77%
合计	735	223		512	
平均			29.67%		70.33%

从表 1 中我们清楚地看到,在综合课课堂教学中,教师讲解的时间为 29.67%,教师讲解和学生互动状态的时间比例大约是 3∶7,这个数字恰好和人们的普遍认识十分接近,即对外汉语课堂教学教师讲解的时间不超过整个教学时间的 1/3。也有人认为,教师讲解的时间不超过整个教学时间的 1/3 的说法主要指的是单项技能训练课。如听力课、口语课等,而综合课承载着大量的语音、词汇、语法、汉字等语言知识的教学,应该是以讲为主的课型,教师所讲应该超过 1/3。然而,通过调查我们发现,和单项技能训练课相比,综合课中教师讲解的时间确实高于其他主要的单项技能训练课,但高出的程度有限。这是因为综合课不仅体现语言知识的综合性,也要体现言语技能训练的综合性,因此同样需要大量的训练,课堂上同样应该是以互动状态为主。

对外汉语教学的理论、原则和方法

表2 综合课课堂教学中各种互动教学的时间配置

	有效教学时间	互动教学时间	师生互动			生生互动			生教互动		
			时间	比例(1)①	比例(2)②	时间	比例(1)	比例(2)	时间	比例(1)	比例(2)
教师A	307	208	177	58%	85%	16	5%	8%	15	5%	7%
教师B	233	153	113	49%	74%	24	10%	16%	16	7%	10%
教师C	195	151	121	62%	80%	21	11%	14%	9	4%	6%
合计	735	512	411			61			40		
平均				56%	80%		9%	13%		5%	7%

从表2中我们可以看到，在初级综合课教学的学生互动状态中，很明显以师生互动为主要形式，占全部教学时间的56%；占整个互动时间的80%，这是因为我们在强调以学生为中心的同时，还必须坚持以教师为主导的重要原则。学生的技能训练应该是在教师的监控和具体指导下进行的，特别是初级阶段的学生，他们最希望交流的对象是老师。事实上，和一个汉语水平和自己差不多，或者还不如自己的人交流，无益于自己汉语水平的提高，所以，应该坚持以师生互动为主的训练方式。失去或削弱教师的具体指导和监控的训练，如生生互动、生教互动，都不应用过多时间，占过大比重，因为这样的训练不管是对教师还是对学生，在某种程度上往往只是一个调节剂，特别是在初级阶段。

2. 听力课

这三课书使用的教材，所讲的内容分别是北京大学出版社出版的《汉语初级听力教程》（上册）第七课《好听的音乐，我当然喜欢》、北京语言文化大学出版社出版的《汉语实况听力高阶》第240段、北京大学出版社出版的《初级汉语听力教程》（上册）第十三课《你能喝多少酒》。

---

① 在师生互动、生生互动和生教互动中，比例（1）指在全部教学时间中的比例。下列表格中与此相同。

② 在师生互动、生生互动和生教互动中，比例（2）指在全部互动时间中的比例。下列表格中与此相同。

表3 听力课课堂教学中教师讲解和互动教学的时间配置

	有效教学时间	教师讲解时间和比例		互动教学时间和比例	
		时间	比例	时间	比例
教师A	77	16	21%	61	79%
教师B	134	17	13%	117	87%
教师C	94	10	11%	84	89%
合计	305	43		512	
平均			15%		85%

表4 听力课课堂教学中各种互动教学的时间配置

	有效教学时间	互动教学时间	师生互动			生生互动			生教互动		
			时间	比例(1)	比例(2)	时间	比例(1)	比例(2)	时间	比例(1)	比例(2)
教师A	77	61	41	53%	67%	8	10%	13%	12	16%	20%
教师B	134	117	38	28%	32%	18	13%	15%	61	46%	53%
教师C	94	84	38	40%	45%	0	0%	0%	46	49%	55%
合计	305	512	117			26			119		
平均				40%	48%		8%	9%		37%	43%

从表3中我们清楚地看到,在听力课教学中,教师讲解占整个教学时间的15%,教师讲解和互动状态的比例是1.5:8.5,可见教师讲解的时间明显少于综合课。这一比例体现了在以技能训练为中心的听力教学中,以学生为中心的教学原则比综合课体现得更加明显。

从表4中我们可以看到,师生互动占整个教学时间的40%,占全部互动状态时间的48%。这比例虽然也能够体现听力教学与综合课教学的一致性,即在坚持以学生为中心的同时,要特别强调教师的主导作用,但是,我们也看到二者的区别,即综合课教师的主导作用更明显,而听力课学生自己活动的时间(即生生互动和生教互动)则明显高于综合课,占全部教学时间的45%,占全部互动时间的52%。在互动状态中,生教互动时间占全部有效教学时间的37%,占全部互动时间的43%。生教互动在听力课中主要是听录音的时间,"听"属于解码系统的练习,课上必须被动地接触语言材料，因此，和综合课 5% 和 8% 的生教互动时间相比，明显增多，而和同为听说训练课型的口语课的生教互动时间（3%、4%），相比，差异就更明显了。但是三位老师在生教互动时间上的差异也颇为明显，这体现了教师们对听力课的不同理解。另外，教材和教学对象的差异也可能导致具体做法上的不同，不过 B 老师、C 老师用将近 50% 的有效教学让学生听录音，似乎有值得商榷的地方。在互动状态中，学生之间的互动占 9%，而在全部教学时间里占 8%，这一比例略高于各类课型的平均水平。这里除了教师自己的教学风格外，还体现出听力课并不是单纯意义上的听力课，常常和其他单项技能，特别是和"说"密切相关，在初级水平阶段尤其是这样。

3. 口语课

表5　口语课课堂教学中教师讲解和互动教学的时间配置

	有效教学时间	教师讲解时间和比例		互动教学时间和比例	
		时间	比例	时间	比例
教师 A	176	47	27%	129	73%
教师 B	90	31	34%	59	66%
教师 C	162	56	35%	106	65%
合计	428	134		294	
平均			32%		68%

这三课书使用的教材和讲授的内容分别是北京语言大学出版社出版的《日常口语》（下编）第五课《谈音乐》、北京大学出版社出版的《初级汉语口语》第二册第十一课《有什么好电影》、北京大学出版社出版的《魔力汉语》第三课《离这儿有多远》。

从表5和表6中我们可以清楚地看到，初级口语课是一种技能性很强的课型，学生的互动时间占到 68%，教师的讲解时间只占 32%。教师讲解和互动状态的比例大致是 1：2。在学生的互动时间中，师生互动时间占全部教学时间的 57%，占全部互动时间的 84%。这一方面体现了技能训练在口语教学中的核心地位，另一方面也体现了在坚持以学生为中心的过程中，教师的主导作用的不可忽视和不可替代，特别是初级班的教学。生生互动、生教互动的时间分别只占全部有效教学时间的8%和3%，而在全部互动时间里也只占12%和4%，这是很正常的比例，因为口语课重点训练的是口头交际能力，而长时间脱离教师的具体指导和监控，学生自己很难独力完成这种能力的训练和提高。

表6 口语课课堂教学中各种互动教学的时间配置

	有效教学时间	互动教学时间	师生互动			生生互动			生教互动		
			时间	比例(1)	比例(2)	时间	比例(1)	比例(2)	时间	比例(1)	比例(2)
教师A	176	129	108	61%	84%	14	8%	11%	7	4%	5%
教师B	90	59	52	58%	88%	7	8%	12%	0	0%	0%
教师C	162	106	85	52%	80%	14	9%	13%	7	4%	7%
合计	428	294	245			35			14		
平均				57%	84%		8%	12%		3%	4%

4. 阅读课

表7 阅读课课堂教学中教师讲解和互动教学的时间配置

	有效教学时间	教师讲解时间和比例		互动教学时间和比例	
		时间	比例	时间	比例
教师A	177	32	18%	145	82%
教师B	98	22	23%	76	77%
教师C	84	19	23%	65	77%
合计	359	73		286	
平均			21%		79%

表8 阅读课课堂教学中各种互动教学的时间配置

	有效教学时间	互动教学时间	师生互动			生生互动			生教互动		
			时间	比例(1)	比例(2)	时间	比例(1)	比例(2)	时间	比例(1)	比例(2)
教师A	177	145	78	44%	54%	4	2%	3%	63	36%	43%
教师B	98	76	52	53%	68%	2	2%	3%	22	23%	29%
教师C	84	65	52	62%	80%	0	0%	0%	13	15%	20%

续　表

	有效教学时间	互动教学时间	师生互动			生生互动			生教互动		
			时间	比例(1)	比例(2)	时间	比例(1)	比例(2)	时间	比例(1)	比例(2)
合计	359	286	182			6			98		
平均				53%	67%		1%	2%		25%	31%

这三课书使用的教材和所讲授的内容分别是北京语言大学出版社出版的对外汉语本科系列语言技能类（二年级）《汉语阅读教程》（上册）第一单元《净化环境净化心灵》、北京语言大学出版社出版的《汉语阅读教程》第二单元《婆婆从村里来》、北京语言大学出版社出版的《汉语阅读教程》第三单元《中秋节的秘密》。

从表7和表8中我们可以清楚地看到，在阅读教学中，教师讲解与互动状态所占的比例大约是1∶4。这一比例和其他技能训练课比较接近。与其他单项技能训练课不同的是阅读教学在全部教学时间中，生教互动时间占整个教学时间的25%，占全部互动时间的31%，这一比例仅低于同是解码系统的听力课。这是阅读课，也可以说是解码系统课型的最大特点。阅读课不是精读课，训练的是学生快速阅读的能力，所有的阅读内容都要求在课上完成，所以，占去整个教学时间25%甚至更多一些，都是正常的，甚至是必要的。虽然生教互动占比例较大，但仍然明显低于教师与学生的互动，这一点可能有悖于某些教材编写者的意图，有的教材编写者主张"要坚决摈弃那些唯恐学生不懂，课堂上反复讲解、热心答疑的教学方法"[①]。我们认为，虽然阅读课不同于精读课，但毕竟不能完全抛弃必要的语言知识和阅读方法和技巧的讲解；阅读能力虽然是一种技能，但必须有相当的语言知识的积累，并使这些知识转化为阅读能力，所以其教学过程中的讲解和答疑是不可或缺的。阅读课教学同样要坚持以学生为中心、以教师为主导的原则，如果学生自己阅读的时间过多（有些教材编写者要求是60%以上），教师讲解以及师生互动的时间过少，就很难体现教师的主导作用，也很难完成必要的知识讲解。另外，阅读课很难体现

---

① 详见陈田顺等编著（2002，7）。

生生互动的教学形式，生生互动时间只占全部有效教学时间的1%，这是因为阅读这一技能是学生对语言材料的认知，而不是人和人的交际，需要自己独立完成。这一点明显区别于同是解码系统的听力教学的生生互动时间（8%），而和同是读写课型的写作课（3%）有点相似。

5. 写作课

表9　写作课课堂教学中教师讲解和互动教学的时间配置

	有效教学时间	教师讲解时间和比例		互动教学时间和比例	
		时间	比例	时间	比例
教师A	254	120	47%	134	53%
教师B	70	48	69%	22	31%
教师C	98	51	52%	47	48%
合计	422	219		203	
平均			56%		44%

表10　写作课课堂教学中各种互动教学的时间配置

	有效教学时间	互动教学时间	师生互动			生生互动			生教互动		
			时间	比例(1)	比例(2)	时间	比例(1)	比例(2)	时间	比例(1)	比例(2)
教师A	254	134	67	26%	50%	0	0%	0%	67	26%	50%
教师B	70	22	21	30%	95%	0	0%	0%	1	1%	5%
教师C	98	47	24	25%	51%	10	10%	21%	13	13%	28%
合计	422	203	112			10			81		
平均				27%	65%		3%	7%		14%	28%

这三课书使用的教材和所讲的内容分别是华语教学出版社出版的《外国人在华常用应用文》的《书信类写作》、北京语言大学出版社出版的《汉语写作教程》的第五课《请柬、邀约信、启事》和第六课《一般书信》。和其他课型不同的是，写作课教学对象是高级班，所以本课所调查的对象是本科四年级和高级进修班的学生。写作课在对外汉语教学各种课型中开得最少，这也给我们的调查统计造成很大麻烦，几乎没有选择的

余地。调查的对象分别是天津师大、南开大学和天津大学的教师,由于对课型的理解和教学方法上的差异,可能会在一定程度上影响调查数据准确,以及其结论的可信度。

　　从表9和表10中我们可以看到,写作课教学和其他课型最明显的区别是教师讲解的时间较长,占全部教学时间的56%。这是因为,写作课虽然也是单项技能训练课,但却是一种汉语最高等级的技能训练,和其他课型比,写作课要讲的东西多一些,比如各种文体的写作知识等。再有,本科四年级和高级进修班的学生已经具备了听懂老师讲解的汉语水平。和其他课型师生互动占据全部互动时间的大部分和绝大部分相比,写作课的师生互动的时间在全部教学时间里所占比例最小,只有27%。这主要因为写作课的练习形式主要是学生的独立写作,跟老师的互动相对少一些。另外,也和写作课教师讲解的时间比较充分,学生的汉语水平较高有关系。生教互动时间占全部教学时间的14%。实际上,14%的时间进行写作练习是远远不够的,这里必须要有课下作业的配合。我们还注意到三位老师在生教互动的时间上的较大差异,这里除了教师对写作课的不同理解外,不同教材、不同的教学对象都可能影响教学时间上的配置。另一方面,写作课生生互动时间只占全部教学时间的3%,特别是A老师、B老师的生生互动时间都是0,这是因为学生的写作练习都是独立完成的,写作课训练的是书面语的交际能力,这种训练很难在学生与学生之间的互动中进行。

三 对外汉语五种课堂教学在时间配置上的对比与分析

表11 不同课型课堂教学中教师讲解和互动教学的时间配置

	有效教学时间	教师讲解时间和比例		互动教学时间和比例	
		时间	比例	时间	比例
综合课	735	223	29.67%	512	70.33%
听力课	305	43	15%	262	85%
口语课	428	134	32%	294	68%
阅读课	359	73	21%	286	79%
写作课	422	219	56%	203	44%
时间总计	2249	692		1557	
平均比例①			31%		69%

表12 不同课型课堂教学中各种互动教学的时间配置

	有效教学时间	互动教学时间	师生互动			生生互动			生教互动		
			时间	比例(1)	比例(2)	时间	比例(1)	比例(2)	时间	比例(1)	比例(2)
综合课	735	512	411	58%	80%	61	9%	13%	40	5%	8%
听力课	305	262	117	40%	48%	26	8%	9%	119	37%	43%
口语课	428	294	245	57%	84%	35	8%	12%	14	3%	4%
阅读课	359	286	182	53%	67%	6	1%	2%	98	25%	31%
写作课	422	203	112	27%	65%	10	3%	7%	81	14%	28%
时间总计	2249	1557	1067			138			352		
平均比例			47%	69%		6%	9%		16%	22%	

在对外汉语各种课型的课堂教学中，教师的平均讲解时间为31%，这和人们的认识相当接近，可以认为这是个比较科学的比例。我们注意

---

① 平均比例指这一教学形式在五种课型中的平均比例。下同。

到,对外汉语教学最典型的两个课型——综合课和口语课,最接近这个比例。这是因为在语言知识的学习上,综合课要花一定的时间讲解,而口语课和写作课同属于输码系统的课型,教师的讲解可能要比同属于解码系统的课型的听、读课要多一些,再考虑到听说和读写在课型上的区别,我们发现口语课比听力课、写作课比阅读课的教师讲解时间要明显增多。

师生互动在全部互动时间里的平均比例为69%,在全部教学时间里的平均比例为47%,在所有课型中,师生互动都远远超过其他互动形式。从中我们可以看到师生互动在对外汉语课堂教学中的重要地位。这说明在对外汉语课堂教学中,以教师为主导的技能训练是互动状态的最主要形式。在课堂教学中,在坚持以学生为中心的同时,教师的主导地位是不容忽视、不可代替的。同时我们也注意到,口语教学的师生互动在全部互动时间所占比例最大,高达84%,我们可以这样认为:在口语课中,教师的组织监控作用的重要性要远远超过其他课型。在这方面,综合课与口语课差别很小,这也说明综合课作为对外汉语教学最基础的课型,学生的训练离不开教师的指导和帮助。

我们还发现,作为输码系统的口语课和写作课生生互动时间分别是12%和7%,这一比例和作为解码系统的听力课和阅读课的生生互动时间(9%和2%)相比,要高一些。如果再考虑听说课型和读写课型的区别,即同是听说课型的口语课和听力课相比,同是读写课型的写作课和阅读课相比,我们看到,在生生互动的时间比例上,口语课要高于听力课,写作课要高于读写课。因此我们可以认为:输码系统的课型比解码系统的课型更适合于开展生生互动的训练。另外,同是解码系统的听力课(9%)要明显高于阅读课(2%),同是输码系统的口语课(12%)要明显高于写作课(7%),因此我们还可以认为:学生与学生的互动更适合于听说课型。

关于生教互动时间,我们发现听力课(43%)和阅读课(31%)所占比例较大,这是因为解码系统的课型要花相当的时间接触教师指定的语言材料(即课文),所以在这方面花费的时间要明显高于输码系统的口语课(4%)和写作课(28%)。和听力课相比,口语课的互动常常是人与人的互动,即口语交际的训练;和阅读课相比,写作课的许多生教互动的环节可能发生在课下。

通过对各种课型教学实录的描写,我们对对外汉语课堂教学的时间配置和环节安排有了一些新的认识,得到了一些新的启发,有了一些新的思考。但我们也清楚地知道,我们的调查和分析都是初步的,还存在着一些局限,还需要对对外汉语课堂教学的实录进行更广泛、更全面的描写,以使我们的数据更科学,结论更正确,论述更清晰。

参考文献:

1. 陈田顺等编著《汉语阅读教程》二年级教材(上),北京语言大学出版社2002年版。
2. 林欢、刘颂浩《汉语初级听力教程(上册)》,北京大学出版社2000年版。
3. 刘珣《新实用汉语课本》,北京语言大学出版社2003年版。
4. 吕玉兰、张若莹《对外汉语课堂教学实录资料的编纂及应用价值》,《语言教学与研究》,2005年第1期。
5. 孙德坤《关于开展课堂教学活动研究的一些设想》,《世界汉语教学》,1992年第2期。
6. 王钟华主编《对外汉语教学初级阶段课程规范》,北京语言文化大学出版社1999年版。
7. 徐竹君《外国人在华常用应用文》,华语教学出版社1993年版。

(原载《第五届国际汉语教学学术研讨会论文集》,世界图书出版公司2007年版)

对外汉语教学的理论、原则和方法

汉语水平考试（HSK）听力理解部分中两个值得商榷的问题

汉语水平考试（以下简称 HSK），作为我国第一个对外国人和少数民族汉语水平的测试标准，越来越受到国内外专家和学习汉语的外国朋友的高度重视。HSK 比较科学地测试出了外国人的汉语水平，测试的结果和被测试者的汉语实际水平比较接近，HSK 已逐渐成为对外汉语教学的目标。关于 HSK 的重要性及成功经验已有多文论述，本文则就 HSK 听力理解部分提出两个值得商榷的问题。

一 关于 HSK 听力理解部分的录音

HSK 的听力内容比较全面，但其录音的方式，在某些方面，存在着一定程度的脱离现实的问题。

（一）中国对外汉语教学学会汉语水平等级标准研究小组编写的《汉语水平等级标准》中，二级和三级（初等和中等水平）"听"的部分里，分别有如下明确的要求："在实际交际中，能够基本听懂用略带方音的普通话所作的其语速不低于 170 字/分钟，内容熟悉的一般性谈话"，"在实际交际中，能够大致听懂用标准普通话或略带方音的普通话所作的语速正常，有关一般性日常生活和社交活动的会话。"刘珣等同志在《汉语水平考试的设计与测试》一文中谈到考试的目的时提到，在听的方面要求学生能够听懂"略带方音的普通话"。

这里所说的方音，并非是方言，而方言的重点不在词汇，而在语音，即方音。然而 HSK 听力理解的录音中却完全是十分标准的普通话，没有一点方音，只是在某些地方夹杂一点方言词语。我们要求学生听懂的"略带方音的普通话"（有人称之为"地方普通话"）实际上是一种发音不很规范，程度不同地带有不同地域的方音的普通话，对一般的中国人不会造成听力障碍。显然，HSK听力理解的录音没有体现出上面提到的对留学生听力的这方面要求。中国之大，方言、方音之复杂，决定了我国真正能说一口地道普通话的人并不多的现实。上至国家领导人，下至平民百姓，绝大多数人的普通话都程度不同地带有方音。这也可以说是汉语的一个特点。要求留学生听懂"略带方音的普通话"是可能的、实际的，也是必要的。这一要求对那些将来要在中国工作、生活的外国人以及那些将要入系学习专业的留学生尤其重要。因此，我以为在HSK的听力理解考试中应体现这个"标准"的要求。当然，中国地域广、方言多，不可能也没必要各个地区的方言都涉及，但其主要方言区，如江浙、两广、豫鲁、西北等都应程度不同地有所体现，可占听力理解部分的百分之二十左右。

（二）HSK听力理解的录音，均由全国著名的电视播音员播音，可谓标准规范，字正腔圆，然而，现实生活中究竟有多少人可以说出如此标准的普通话？如果我们把人们现实生活中真实的言语交际实况录下来，与HSK的听力录音相比较，则会很容易地发现其间的差距是多么的明显。不论是从教学角度，还是从考试角度考虑，我们给留学生的听力材料都要具有两个方面的要求，一是标准规范，二是真实自然。HSK的听力理解只具其一。当然标准化考试不可能像上课那样，找来真实自然的录音，让同学听练，然而，把它作为追求的一个方面却是不容忽视的。实际上，很可能出现这种情况，即能听懂HSK听力录音的同学未必能听懂中国人真实的、自然的、随意的，并非专门对外国人的对话和讲话。HSK听力录音中虽然注意到了口语的特点，但它只是在对话中加入一些口语词语，而忽视了口语更重要的特点，如语速快、语气自然等。汉语口语的速度比较快，肯定超过HSK听力录音中的170~220字/分钟，一般不会低于220字/分钟，甚至高达250字/分钟，只是句与句之间往往有个较大的停顿。而HSK听力录音则总是一个均速，句与句之间缺少停顿，显然是在读，而不是在说。正因为是读，所以HSK听力录音的语气往往不太自然，语气过重，好像是在播新闻或演话剧。

不久将面世的"高等汉语水平考试"对听力方面有了更高层次的要求，这个要求包含如下内容："能听懂广播电视以及各种交际活动中用普通话和略带方音的普通话所作的语速正常和语速稍快（180~240字/分）的对话和讲话。""在交际中一般词汇、语法上的问题不再成为听力上的障碍，遇到障碍，有跳听猜听的能力。""交际中能透过委婉、回避、夸张、比喻等语言策略和修辞手段听出对方的真意。能从谈话人使用的不同语气和口气推断出对方的态度和感情倾向。""交际中，对口语里不完整、不规范的语句，能正确理解语义，而不发生误听，当谈话受到轻微干扰时能不误听。"……高等水平对听力的要求与中等水平相比，似乎觉得中等水平太标准化了，而高等水平一下子变得那么难，二者之间显得差距太大，中间缺少一个坡度。而实际上高等水平与中等水平是"相衔接"的，高等 HSK 应该是初、中等 HSK 的"继续和发展"，高等 HSK 必须与初、中等 HSK "接轨"。从形式上看初、中等 HSK 与高等 HSK 应该是顺接的，从逻辑上讲，可称之为全异关系；而从内容上讲，两者却不可能是无关的，并非全异，两者是交叉关系。也就是说，中等考试中应有少量的高等考试的内容，而高等考试中也应有少量的中等考试的内容。将要出台的"高等汉语水平考试"我们尚未见到，而中等考试听力内容中，我们却基本上见不到高等水平考试中的一点内容。可以说，两者在内容上也是全异关系，而不是交叉关系．只有在中等考试的听力理解部分中，在一定程度上融进了上面所论及的方音与言语的真实自然的内容，才可能和高等考试"相衔接"、相"接轨"。

二 关于 HSK 听力理解部分的形式

HSK 听力理解部分的形式是：录音中有题干，试卷上有 A、B、C、D 四个答案，被测试者根据听到的题干的内容，从试卷上四个答案中选取一个正确的。这一形式显然是套用了"TOFEL""GRE""EPT"等国内外外语考试听力部分的通用形式，这种形式的套用忽略了一个重要问题，即汉字并非拼音文字，它与英语等拼音文字有着很大不同。

诚然，汉字是中华文化的瑰宝，汉字书法是门迷人的艺术。但汉字的缺点也十分明显，作为语言书写符号，汉字的巨大数量，复杂多变的形体，使得学习自己母语的中国人也很难学习得很好。为了掌握好本族文字，中国儿童要比外国儿童多花几倍的时间和精力。由此，我们可以想象，学习汉语的外国留学生绝大部分都是成年人，除了少数使用汉字的国家外，绝大多数国家的留学生学习认写汉字的困难是可想而知的。我们曾接触过一些外国留学生，汉语说得很好，却连最基本的汉字也不会写，连很简单的短文也看不懂。我们甚至可以肯定，活跃在中国屏幕的大山、星海等外国明星的汉语读写能力未必像他们说的那么地道。国外有些学校在汉语的教与学中采取绕过汉字，直接用汉语拼音掌握汉语的方法，一些来华学习汉语的留学生也曾用过这种方法，我国还出版过此类教材。不过更多的则是对汉字的学习浅尝辄止，根本谈不到"掌握"。毫无疑问，HSK的阅读、语法、综合部分自然一点也离不开汉字，即便在我们所论的听力理解中，汉字也占有相当的分量；如果汉字认得不多，即使听力再好，在听力理解部分中也很难主动得分。

当然，从另一角度讲，语言学习听、说、读、写不分家，但作为水平考试中的某一单项，我以为应尽可能地纯一点，听力理解的测试，尽量不牵扯阅读、语法、汉字等方面，如同另外三部分的考试根本不牵扯听力一样。

这种听力考试的形式对欧美等国家的留学生实际上存在着一种不公平。对日本、韩国的留学生，听说往往是弱项，而对欧美等国家的留学生却是强项，在 HSK 的听力考试中，日韩留学生的成绩往往高于同一档次的欧美同学。这其中最重要的一点就是日韩同学擅长于汉字和阅读，他们可以在听力考试每道题之间的 15~20 秒的短瞬思考时间里，迅速而准确地看懂答案，甚至可以在播放下一题录音之前，已把下一题的四个答案浏览一遍，在下一题播放出后，便可迅速而准确地作出选择⋯⋯。看懂答案有助于对题干的理解，甚至可以说四个答案本身对录音中的题干就具有一种提示性和补充性，这样的考试从容了许多，处在一种良性循环状态下。而欧美同学却往往是在一种与之相反的情况下进行听力考试，他们虽然可以听懂录音中的题干，但却很难在 15~20 秒这样短暂的时间内准确而迅

对外汉语教学的理论、原则和方法

速地弄明白四个答案，特别是有的答案不一定是经常用到的词汇，有的答案也不是常见的语法现象，有的答案甚至是较长的复句；况且这四个答案又是题目设计者精心安排的，区别甚微。在短瞬间，答题者或是跳进设计者的"圈套"，或是似懂非懂，似是而非，或是胡填乱写，往往在他们还没弄明白时，下一题的录音又开始了，而他的思维还停留在刚才那道尚不甚明白的题中，自然对刚听到的题干则不能集中精力，如此，是在一种恶性循环下进行的。阅卷时，我们常发现许多同学的错题是连续性的，而实际上，这些题并不太难。听力理解是HSK的第一部分，听力考得不好，情绪上受到影响，往往干扰后面几个部分水平的发挥，以至影响HSK的总成绩。从某种角度讲，听力理解部分中对阅读等方面的测试比后面三个部分更严格，因为在时间上没有丝毫的通融，更没有再听一遍题干的可能。而其他三个部分，在各个部分的范围内，在时间上却是可以通融的。退一步讲，我们把录音中题干撇到一边，仅在15~20秒的时间内弄懂四个答案（40字左右），也已经达到或接近HSK对阅读方面的要求了（每分钟150字）。因此，可以说现在的听力理解考试是"听力＋阅读（或语法、汉字）"的考试。

诚然，我们不希望培养外国的汉语文盲，我们对外汉语教学的任务是培养听、说、读、写、译全面发展的汉语人才，然而，我们却也不能忽略听力作为一个单独的语言技能的特殊性和重要性。反过来讲，我们也不应培养汉语的聋子和哑巴，因为听力不好的人，口语是不会太好的。目前听力考试中大量的阅读和汉字内容，实际上削弱了对听力理解的测试。我曾见过学习汉语仅一年多就考上了HSK七级的韩国留学生，我也见过认认真真学习两年汉语而最终连初级都考不上的欧美留学生，这也许正是目前出现的日韩同学对HSK的积极性大大高于欧美同学这一不正常现象的原因之一。日韩同学的汉字特长是学好汉语的重要基础，在考试中，势必占有得天独厚的优势，这是不可回避的事实，我们在考试中应适当抑制他们的优势，发掘他们的劣势，这一劣势就是听和说，在HSK（中级）中，我们则只可以在听力理解上做点文章。

那么，听力理解采取怎样的形式才能避免上面提出的问题呢？我以为有如下两种形式可供参考。

179

（一）题干和答案同样只具录音，不备文字。这样可能会出现有些题听得懂、记不住的问题，如果把答案部分或题干和答案一起连续播放两遍，可以使这一问题在很大程度上得到解决。

（二）题干只有录音，答案兼具录音和文字。北京语言学院编写的《中级汉语听和说》的练习部分，《初级汉语课本》听力第三册的有关练习，都是采用这一形式，这样虽然不能算作是纯听力的考试，但至少对欧美留学生公平多了。

此外，还有人提出对欧美留学生与日韩留学生设计出不同类型的试卷，进行考试，这虽有道理，但不太现实，其弊病将会更多。

HSK 研究至今历经十载，融注了专家们的心血，成果丰硕。以上所商榷的两个问题为本人教学实际所感，故一吐为快，不知当否。但从整体上讲，HSK 瑕不掩瑜，功不可没，本人只希望我们的 HSK 更加完善，更加无可挑剔，其影响更加广大。

参考文献：

1. 中国对外汉语教学学会汉语水平等级标准研究小组《汉语水平等级标准和等级大纲》，北京语言学院出版社。
2. 刘英林编《汉语水平考试研究》，现代出版社。
3. 刘镰力，宋绍周，姜德梧《关于高等汉语水平考试的设计》，载《语言文字应用》93.3。
4. 刘镰力《高等汉语水平考试的设计原则和卷面构成》，载《第四届国际汉语教学讨论会论文提要》。
5. 刘英林《中国汉语水平考试（HSK）的若干问题》，载《第四届国际汉语教学讨论会论文提要》。

（原载《对外汉语教学论文集》，天津百花出版社 1995 年版）

对外汉语教学的理论、原则和方法

"洋腔洋调"的语调和声调

"洋腔洋调"是指外国人说汉语时发出的一种怪异的腔调。所谓腔调,包括语调和声调。由于这种腔调的怪异,尽管有些外国人说出的汉语符合汉语语法,词汇运用也较恰当,可是,人们听起来仍觉得不舒服,有时令人费解,造成误会。几乎所有的外国人在汉语口语表达时都或多或少地带有这种洋腔洋调,因此,如何使他们克服这种腔调,已成为对外汉语教学的一个重点和难点。本文试图通过列举洋腔洋调的种种表现,从中发现一些规律,探其洋在哪里,怪在何处,以引起人们对这一问题的重视和探讨。

洋腔洋调首先表现在汉语语调上。语调也称句调,是由于句子里音高、快慢、轻重的各种变化而形成的一种旋律模式。洋腔洋调主要表现在音高的变化上。

汉语语调,人们一般认为包括升调和降调,疑问句用升调,陈述句等用降调。其实在汉语的日常言语交际中,人们用得最多的是平调,不仅陈述句,就是疑问句中的绝大部分也都是用平调。升调和降调都是个别的。

(1) 这次回国,你什么时候回来?
(2) 我们都去旅游,阿里呢?
(3) 今天是二十五号吧?
(4) 安娜昨天没来上课,你看见她没有?

(5) 你说，咱们是去杭州，还是去成都？
(6) 张老师病了，你知道吗？

疑问代词疑问句（1），正反疑问句（4）和带疑问语气词"呢"（2）、"吧"（3）的疑问句，一般都不读升调，而读平调。选择疑问句（5）句尾也是平调，只是在"还是"前的部分可以读升调。带"吗"的疑问句（6）一般也读平调，只是在疑问语气特别强烈时才读升调。在汉语中，必须读升调的句子并不多。

(7) 外面下雨了？
(8) 电影几点开演？
　　七点半。
　　几点？
　　七点半。

没有任何疑问词的疑问句（7）一定要读升调，因为要靠语调来区别疑问句和陈述句。二次提问句（8）（几点？）一定要读升调，因为二次提问的疑问语气是很重的。

降调句只是用于表达命令口气的祈使句和感叹句。一般陈述句都不用降调。

(9) 车要开了，快跑！
(10) 人真多啊！

由于在教学中人们过分强调语调中的升降，忽视了日常口语中的平调，因而，使外国留学生说出的汉语好像是演话剧，像对小孩子说话，极不自然。需要指出的是，在这里，讨论这个问题的基点是人们的日常言语交际，而不是经过夸张了的艺术语言和讲演语言。

汉英在疑问句语调上存在着一些相同之处。英语里，在没有疑问代词的疑问句中，有一部分既无主谓词序颠倒，句首又无助动词"Do"，写法上与陈述句无异的疑问句，这种疑问句只是用在日常口语中。

（11）He is coming? 他来了?
（12）Beautiful? 漂亮?

这种疑问句必须用升调，因为只有语调上的不同才能区别出是陈述句还是疑问句。如果在句尾加上"吗"或"吧"，就不一定读升调了。

和汉语一样，在英语中，凡是由疑问代词引导的疑问句都不读升调。

（13）What's on TV tonignt?
今天晚上电视节目是什么?
（14）who is going to speak to us tomorrow?
明天谁来给我们讲话?

汉英在疑问句语调上更有不同之处。英语中，那些没有疑问代词，凭着主谓词序颠倒或句首加助动词"Do"形成的疑问句都读升调，然而，翻译成汉语后，则大都读成平调。

（15）Are you married? ↑
你结婚了吗? ——
（16）Do you often write to them? ↑
你经常给他们写信吗? ——
（17）This is a new library, isn't it? ↑
这个图书馆是新盖的吧? ——
（18）I'm going to Shanghai, and you? ↑
我想去上海，你呢? ——

很明显，这些句子翻译成汉语后，句尾都有了表示疑问的语气词"吗"、"吧"、"呢"，这样，人们一般就不读升调了。和英语相比，汉语有较丰富的句尾语气词，自然，汉语语调的表意功能也就大大低于英语了，因为汉语靠的是词汇手段来达到表意的目的。当用一些疑问语气词表示疑问语气时,这些疑问句往往无须升调,因而,汉语中升调句也就大大减少了。一些留学生常把英语等语种中的升调句翻译成汉语后也读成升调,这样势必加重洋腔洋调的程度。

对外汉语教材多认为疑问句都是升调,陈述句等都是降调,过分强调语调教学。经过大量升降调练习后,有些留学生一提问题就用升调,把许多不该读升调的句子读成升调。

(19) 这是谁的书包?
(20) 他为什么去美国?
(21) 你会英语还是会法语?
(22) 这次旅游你去不去?

留学生往往把这些句子读成升调,语气主要表现在末尾一两个字上,把"书包"读成"赎雹";把"美国"读成"美果";把"法语"读成"罚鱼";把"去不去"读成"取不取"。

其实,把平调读成升调问题并不严重,关键是他们在说上升调时改变了原声调的读法,语调干扰了字调。这种干扰首先改变了一句话中最后一个音节乃至几个音节的读音。语调和字调本不相干,但在一些升调句中,二者常常发生一些联系并引起变化,但这种变化是极有限的,并有一定规律,不会从根本上影响字调的正确读法。这种变化一般表现在升调句句尾最末一个非轻声音节的音高上,比原调值提高一个高度,最后的轻声也只是微微上扬。

汉语的升调语气只表现在句尾,前面的部分比较平稳,与平调无异。英语的升调句则是全句都随之上升,因此,他们在说升调句时不仅改变了句尾的声调,甚至改变了全句的声调。

(23) 这个字是什么意思?

如果这句话读升调,也只是"思"字微微上扬,而洋腔洋调却把这句话读成了"者葛子史什抹以死",几乎每个字都变了声调。

对外汉语教学的理论、原则和方法

洋腔洋调在语调上还表现在不能连贯地作口语表达。首先,不能适当地停顿。语速快、停顿较多是汉语的特点,而英语恰恰相反,总是一个比较慢的语速,停顿比较少。受母语影响,这些留学生的汉语口语表达往往缺少停顿,语速过慢,像小学生背课文一样,使听者不能有点滴的思维瞬间。与此相反,一些留学生往往因为思维中断,缺少连贯的手段而停顿过多过长,使人听着着急,甚至出现尴尬的场面。其次,不能准确地把握轻重音,特别是不能掌握轻音的读法,说出的汉语往往重音过多,没有轻音,这样势必缺少抑扬顿挫和应有的感情,很难使人产生共鸣。最后,不能正确使用汉语中的表示应答的叹词和作为独立成分的口头语。有些汉语基础很不错的留学生,在汉语口语表达中常常夹杂着母语中的应答之词和口头语,以此来连贯句子,填补思维中的空隙。如日本同学在讲汉语时,思维中断,换个话题或在句首,常常不自觉地说出"ぇ——と"〔e——to〕等日语中的应答之词,欧美留学生常常发出"Hm"或"well"等英语中的应答之词,在汉语对话中常常夹杂着"Uh huh"来表示肯定与否定,使原来的洋腔洋调又加重了几分。在对外汉语教学中,适当地让留学生掌握一些常用的、健康的,意思比较实在的口头语,是克服语句不连贯,改正洋腔洋调的有效手段。如"这怎么说呢",表示对方的问题不太好回答,或自己的意思一时不知如何表示。"说真的","说实在的"则往往有助于表示自己的诚意。"我想""我看"表示这仅仅是自己的个人看法,显得不主观。这些口头语用在汉语口语中既可以连贯句子,偷得片刻思维,又可把某种较实在的意义融进去,应引起我们教学上的重视。

二

洋腔洋调也表现在汉语声调上。印欧语系的语言无声调,一句话中,每个音节一般都发中平调,这种中平调很接近汉语的阴平。汉语声调在短时间内很难掌握,所以留学生说出的汉语就像英语一样都是中平调。

(24) 他去法国。ˉˋˋˊ
(25) 我们学习汉语。ˇ(轻)ˊˊˇ

按中平调的读法,(24)往往读成"他屈发'(fa)郭",(25)读成"窝们薛希酣迁"。这是一种典型的洋腔洋调。如果指读其中的一个字,他们往往能够读出它的声调,只是连成句子后,便把声调丢到脑后了。如果是疑问句,他们的读法往往也像英语一样,只是把一律的中平调都变成了接近上声的上升调。这在上文已有论述。

在汉语四声中,去声呈下降调,比较容易掌握,可是,欧美同学说的汉语中很少有去声字,这主要是受母语语言习惯的影响。印欧语虽无声调,但在语气上却有很强烈的降调句,这些句子的一些关键词往往带有很明显的下降语气。

(26) What luck!(真倒霉!)
(27) My God!(天哪!)
(28) No! I dont!(不!我不愿意!)

在英语中,这种突出而强烈的降调句经常表示的是一种坚决否定、强烈不满、十分激动的情感。他们在讲汉语时,往往不自觉地把这种句子与去声混为一谈,他们觉得常用去声会显得自己脾气暴躁,缺乏修养。让他们了解汉语去声不同于英语降调句并不难,但是,要让他们彻底改掉从母语中带来的那种习惯,正确运用去声,却不是件容易的事。他们读单音节去声字还比较容易,读双音节或多音节里的去声字就难一些,至于读连成句子后的去声就更难了。他们读前音节去声字时较容易些,去声字在中间或后面往往受前面音节的影响,读起来就困难些。

一般地说,在双音节词中前音节是去声的他们往往读成阳平,如"汉语""练习"他们经常读成"韩语""连习"。后音节是去声的往往读成上声,如"深夜""训练"他们经常读成"深也""寻脸"。

这种读法显然是十足的洋腔洋调。当留学生意识到去声的正确读法时,他们可以比较准确地读出去声,但是,此时他们发出的去声往往是语气重,声音大,语调下降,调值也读得很足,甚至超过原调值51,读成61,甚至71,显得十分不自然。这样,实际上是从一种洋腔洋调走向另一种洋腔洋调。

上声教学向来最复杂,已引起人们的注意,人们已经总结出一些规律,留学生掌握起来并不很难。不过,这些规律只限于上声音节在词语前或词语中,至于三声音节在词语末尾的读法,人们却不大理会。"你好"是留学生学的第一句汉语,但是,在很长一段时间内,他们却说不好这两个字,这就是因为他们只注意到"两个三声连读时第一个三声读二声"的变调规律,却没有掌握"好"的声调的正确读法。三声在后一般也不读标准的全三声214,而是读212或21,如果三声在后一定要读满214,势必带几分洋腔洋调。

可以说,无论三声在前、在中,还是在后,都不读满全三声214,在日常的言语交际中,读满全三声的字极少。那么,对外汉语教学中全三声214的教学意义何在呢?这正是需要我们讨论和改进的地方。

形成洋腔洋调的原因是多方面的。当然,母语的干扰,学生自身的素质及勤奋程度都很重要,但作为对外汉语教学工作者,应从自身寻找出教学中的薄弱环节。在教材上,往往过分强调语调教学,忽略了汉语语调的作用大大低于英语的事实,使学生不能及时地克服从母语中带来的不利影响,特别是疑问句,一提问题就洋味十足。在声调方面缺少应有的内容,如三声音节在后的读法及四声变调等。在教法上,往往过分强调夸张教学法。汉语入门时,夸张教学固然可以帮助留学生准确发音,但如不及时地把教学引导到人们日常交际的正确读法上来,就会形成洋腔洋调,洋腔洋调一旦形成又缺少纠正它的有效手段。总之,我们应逐步地缩小对外汉语教学与人们日常言语交际的距离,让二者近些、再近些。

应该承认,要彻底改正洋腔洋调,仅靠教材和课堂是远远不够的,还需要大量的语言实践活动,在社会中学习汉语,如实习旅游、参观访问、汉语文艺演出、讲演比赛等都会收到很好的效果。当然,这不是本文所要论及的,当另作别论。

(原载《天津师大学报》1990年第3期)

关于留学生汉语本科课程设置的思考

随着改革开放的不断深入,对外汉语教学得以迅速发展,过去那种非学历教育的进修班、短期班已不能适应形势的发展,开办汉语本科教育则如雨后春笋,蓬勃发展。然而,由于各校招收的汉语本科的留学生入学标准不一,留学生入学目的各异,而人们对某些问题的理解与认识又不尽相同,所以,各校在课程设置上差异颇大,但我以为这中间应有共同的东西。本文仅就这些"共同的东西"谈点个人的思考。

一 汉语本科应以语言教学为主

汉语本科课程设置的最重要的依据是留学生的学习目的。大量的调查显示,目前汉语本科的留学生学习汉语大部分是出于谋职的需要。那些学习汉语是为了"了解中国,对中国感兴趣"者,实际上无近期目的。那些为了研究中国的语言、文学、历史、哲学、经济、文化等而学习汉语的留学生则是极少数。他们应到相应的专业系去学习,与我们所说的汉语本科是两码事。为了满足大部分留学生的学习要求,达到他们的学习目的,无疑,应把提高留学生的汉语水平作为最主要的目的,以汉语教学为主这一原则应贯穿汉语本科的始终。有人认为,汉语本科一二年级应以语言教学为主,三四年级应以文化教学为主,这种说法与汉语本科的学科性质不甚吻合。这里隐含着文化教学的内涵和语言与文化的关系两个问题,前者后文将有述说,至于后者的不同认识将直接影响到汉语本科的课程设置。

在语言教学中,不可能完全脱离文化,反之,所谓的文化教学也不可能脱离语言。在语言教学中,很少有那种没有什么文化内容的纯语言教

对外汉语教学的理论、原则和方法

学；而在文化教学中，实际上也并不存在那种纯文化的教学。特别是中高级阶段，二者很难分开。随着教学的深入，语言与文化的关系不断发生变化，初级汉语到中级汉语，直至高级汉语，不仅是汉语水平的提高过程，其文化含量也在逐渐加大。不可否认，在中高级阶段的教学，文化内容要大大多于初级阶段，但这并不等于中高级阶段以文化教学为主。有些课，我们很难说清是语言课还是文化课，其实也没必要分得十分清楚。

二 汉语本科应以培养汉语能力和汉语交际能力的教学为主

有人在主张语言教学为主时认为汉语本科应以汉语基础知识和基本理论的传授为主。这种认识忽略了汉语本科的学科性质，把汉语本科与中文系的汉语教学混为一谈。汉语本科从本质上讲是一种技能语言教学，是一种应用语言学，其教学目的是让外国留学生最终能够掌握汉语能力和汉语交际能力，而不是研究汉语的一些理论，了解汉语的一些知识。在这一点上，汉语本科与汉语进修班、短期班没有太大的区别，二者的区别主要在于汉语本科的课程设置在提高汉语能力和汉语交际能力方面比进修班、短期班更系统，更有层次，更全面。

《中华人民共和国学位条例》对学士学位的规定的核心是要学习"较好地掌握本门学科的基础理论，专门知识和基本技能"，也就是我们平时所说的"三基"。国务院颁布的《中国教育改革和发展纲要》强调的也是"加强基本知识，基本理论和基本技能的培养和训练"。这些虽然是针对中国学生的，但也同样适用于汉语本科的留学生，这里有一点特别应该强调，即"三基"中，应把"基本技能"放在首位，这是由于专业性质和特点所决定的。至于汉语本科的培养目标，我认为其专业毕业生"应熟练地掌握现代汉语的听、说、读、写的基本技能和较高的汉语交际能力，并具有本专业所必需的关于汉语言的基础知识和基本理论。对中国社会、中国文化有比较全面、比较深入的了解。"当然我们并不排除"基础知识和基本理论"的教学，而应把其作为高年级的选修课，使留学生根据自己的需要选修。

提高汉语能力和汉语交际能力的课型多种多样，不能总是停留在听力、口语、阅读、写作这些基本课型。我们应借鉴多年来在汉语进修班、短期班中的成功的课型和经验。如，有组织、有计划地带领同学走上社会的社会语言实践活动；以普通的中国人的日常交际、真实谈话和讲话的录音为教材的汉语实况听力等等。这些课型在提高留学生汉语能力和汉语交际能力方面起到了很好的作用，把这些作为汉语本科较高水平的提高语言技能课是完全可行的。

三 文化教学应注重交际文化和国情文化

人们常把文化分作交际文化和知识文化来理解，然而我们也发现确有许多属于文化的内容无所归属，而这些文化内容又往往是留学生应该了解而他们自己很感兴趣的。如：改革开放后中国发生的巨大变化，当今中国人在想什么、在干什么？普通中国人的生活状况，改革开放中出现的一些新问题及国家对某些问题的有关政策等等，我们称之为中国的国情文化。无疑，加强这些文化内容的教学是培养学生"对中国社会有比较全面的，比较深入的了解"的具体体现。加强国情文化教学与上文提到的提高汉语技能有着十分重要的关系，汉语技能的提高与对中国国情文化的了解是同步的。然而，这类国情文化的教学大部分内容要靠那些介于语言与文化之间的语言技能课来完成，如时事报刊阅读、实况听力、电视实况视听说、社会语言实践等。同样，我们也很难开出一门单纯的交际文化课，这是因为交际文化与语言功能紧密地交织在一起，难分彼此。

我们强调交际文化与国情文化的重要并非否定知识文化在汉语本科教学中的应有位置，不然，将无法达到我们培养目标中的"对中国文化有比较全面、比较深入的了解"这一点。前面提到的"三基"中"基础知识"自然包括中国文化的基础知识，在汉语本科的课程设置中，无论是必修课还是选修课，都有相当的知识文化课，而绝少看到交际文化和国情文化的课型。因为相对来说，知识文化与提高语言功能要稍远一些，其独立性要强一些，也正因为如此，我们不能过于强调过于突出知识文化的教学。

四 汉语本科课程设置要适"度"

这个度包括难易之度、雅俗之度、深浅之度。不论是选修课还是必修课都不可过深、过偏、过难,这里特别要注意与中文系课程设置的严格区别,要考虑到留学生汉语的实际水平和我们的培养目标。在设课过程中不可过多考虑某些教师的业务专长,因为许多老师过去是中文系的,已习惯于中文系的设课和教学,而中文系受欢迎的课,汉语本科未必欢迎。同时,也不能过多地体现各地区的地域特色,如方言、地方戏曲等各种地域文化。这同样是由学科性质和培养目标所决定的。当然,我们可以考虑把这些过长过偏的内容作为不占学分的讲座课。从另一方面讲,在设课过程中也应注意不可过易、过浅、过俗,而失去了应有的学术性和文化品位。我们要特别注意汉语本科与进修班、短期班的区别。对留学生的要求和兴趣不可过于迁就。汉语本科的设课要克服汉语进修班、短期班在设课过程中的随意性。而对一些学术性不强、学生十分欢迎的内容可以作为没有学分的讲座或课外活动。

总之,汉语本科的设课过程中虽然可以把某些学科的设课作为参考,但汉语本科的课程设置要自成体系。从横向看,各类课型要有恰当的配比;从纵向上看,一环紧扣一环,由低向高,循序渐进。目前,虽然大家对这一问题莫衷一是,但经过广大对外汉语教师的不断实践,反复探讨,在不远的将来,定会有一个较完善、较规范,且相对稳定的汉语本科课程设置问世。

(原载《中国高教研究》1998 年第 3 期)

汉语规范化与言语教学

如何理解并处理好言语教学中的汉语规范化，是一个值得探讨的问题。而在探讨这一问题之前，我们首先要明确对汉语规范化这一问题的基本认识。

一

汉语规范化是普及教育，提高全民族文化水平，发展科学技术的一项基本工程。国家对此制定了许多政策，广大语文工作者为此也作出了大量的工作。然而，社会上语言文字的不规范现象并没有因此而得到有效的制止和纠正。其实，这种现象的存在是完全正常的，甚至可以说彻底制止、纠正这种现象几乎不可能，这就是因为汉语规范化是相对的。

汉语规范化是相对的，首先表现在其规范的标准和要求总是在不断地变化。

我们经常看到这样的情况，一些语言现象彼时是不规范的，此时则属规范的了。如"美帝""匪特""文体""业校"等词在五十年代都被认为是不规范的。至今"您们"仍被认为是不规范的，但人们用得越来越多，因为它很难用其他词代替。（"您几位""您各位"与"您们"在意思上不全一样）就连一些权威性的语言杂志也常常用到。阿拉伯数字在汉语中的使用历来被认为是不规范的，却又屡禁不止，就是因为这种用法简单明了，现在阿拉伯数字在汉语中的大部分用法已成为规范的了。"呆（ái）板""穿凿（zuò）""荨（qián）麻疹"在过去，都是规范读音，而人们却常常误读为"呆（dāi）板""穿凿（záo）""荨（xún）麻疹"，现在这种误读在最新版本的《新华字典》里已被认为是规范读音,这种以"误"代"正"的做法减少了读音,符合约定俗成和汉字简化的原则,虽给语言文字工作者带来点麻烦,广大群众却更容易掌握了。不仅在字词的读音和使用上,在一些语法问题上也有类似的现象。"凯旋归来""贵宾们所到之处,受到热烈欢迎"是否规范曾引起了人们的热烈讨论。"打扫卫生""打破大锅饭"曾一度被认为不规范,而这些词语人们却一直在用。几乎所有的语法书都认为介词短语做主语是不规范的,但也有人在一些公认的名著中找到了这样的句子,不妨抄录如下:

(1) 沿着荷塘,是一条曲折的小煤屑路。

(朱自清《荷塘月色》)

(2) 在北海公园,常常有一位面容清瘦、精神矍铄的老人……

(白夜、柏生《卓越的科学家竺可桢》)

(3) 由于这些经验,使他们能够理解贯穿整个战争的内部的东西。

(毛泽东《实践论》)

对这些句子,在语法上人们可能会有不同的分析和理解,但恐怕谁也不能否认其在语义上是相当明确的。

吕叔湘、朱德熙的《语法修辞讲话》,在1952年出版时举错例1178个,1979年再版时则减少了80多个,这80多个中的绝大部分显然是当时认为不规范,而若干年后认为规范的了。

汉语规范化的标准和要求不断发展变化的原因首先在于语言自身的变化,这种标准和要求总是被一些新的语言现象突破。——规范——突破——再规范——再突破……便成了语言发展的轨迹。无规范便无所谓突破,无突破,也就无所谓规范,二者相互依存,循序渐进。如此看来,我们对这种并存的现象也就不应大惊小怪了。因为这种情况并非是几个文件、几次运动所能控制的。其次约定俗成的原则是制定语言文字规范标准的一个重要根据,由于社会在不断发展,民约民俗在不断变化,人们语言的运用也千差万别,因此,语言规范的标准自然也要不断地更新和变化,以适应这种形势。

汉语规范化是相对的,还表现在其规范的标准和要求是相当宽容的。

汉语规范化有章可循,有法可依,但这些章法并非是不可逾越的雷池,常常显得十分宽容,甚至有些过于软弱,这也正是不同于其他任何方面的章法之处。试想,如果人们都是十分严格地遵守着历朝历代的语言文字规范,恐怕我们至今还在使用上古汉语和甲骨文。标准的普通话应该是对人们语言规范的最明确的要求。然而,普通话基本定义的三项内容中的两项却是非常宽容,以至不很明确。作为词汇基础方言的"北方话"空间过大,达大半个中国,作为语法规范的"典范的现代白话文著作"时间太长,达八九十年。在这样的时空条件下,语言产生或存在的差异是不言而喻的。

王力先生在80年代初曾说过,词语规范化工作"比较难做,人们不知道哪些是不合规范的,也就无从纠正了"。十几年过去了,这种状况并没有得到多大改变。其实,词语规范化所要淘汰的只是那些使语言交际发生混乱和那些用处不太大的极少数词语,而不一定都是把词语规范得死死的,规定出表达某种意思只许用这个词,不许用别的词。显然,汉语规范化对汉语不仅仅是一种约束和限制,同时应允许并鼓励"吃螃蟹的人",允许并鼓励那些合乎语言发展规律,适应社会发展的新的语言现象的出现,不可动辄便扣上"不规范"的帽子。

在语言交际中常有模棱两可的现象,如"吃冷饮""喝冷饮"都可以,因冷饮虽以"喝"为主,但冰激凌却应该用"吃"。用"吃"还是用"喝",这取决于你享用的对象。一般来说,只有足球的动词不能用"打",因为"打"的球只可用手,用脚踢是犯规的,相反"踢"的球却应以脚为主而用手则是犯规。那么橄榄球既可以用手也可以用脚,是"打橄榄球"还是"踢橄榄球"呢?应该说都可以。

这些语言现象都可以说明这么一点,汉语规范化并非是"彻头彻尾,彻里彻外"。汉语规范化的标准越来越宽泛,我们确定某种语言现象是否规范不能只是从一般的逻辑事理去衡量,也不能只从某些语言学家总结出来的规律来辨别。有些词语虽然从某些角度讲是不合理的,可人们偏偏乐于接受这种不合理的说法,我们不应受框框的限制,排斥这种现象的合理性。

汉语规范化是相对的，还表现在其规范的标准和要求所具有的柔性原则上。

汉语规范化的标准和要求不是硬性的，而应具有柔性原则。所谓柔性也就是灵活性，这一点在目前新词新语的大量出现中得到了充分的体现。

随着我国政治经济形势的发展，汉语也以其新的发展来适应这种新的形势，这种发展最突出的表现就是大量的新词新语的出现。这种语言发展的形势要求汉语规范化要具有相当的灵活性，应向前看，要有发展眼光，要有超前意识。在对外汉语的中高级听力和报刊阅读等课型的教学中，我们尽量使用原貌语言，其中就有大量的在词典里找不到的新词新语，新词新语产生的速度之快，数量之多超过了历史上任何一个时期，使得当今汉语具有鲜明的时代感。面对这种形势，我们不可能总是跟在新词新语后边不断宣布哪些是规范的，哪些是不规范的，更不可能提前列出一个表来，强制人们遵守，不允许人们有所创新，而应灵活处理，对那些意义明确，且有新义，符合汉语构词原则的词语不应轻易否定，而应让时间来考验，允许它们的存在。当然对那些既无新义，又不符合构词法原则，令人费解或极易产生歧义的词语则应尽快剔除、淘汰，如"人革"（人造革）"人流"（人工流产）"若果"（如果）"国门"（国家足球队守门员）等。

汉语规范化的标准和要求的灵活性还表现在规范与非规范的关系上。简言之，规范的语言现象与非规范的语言现象的关系并非是简单的"非A即B"的关系，在它们中间应允许，实际上也存在着一个不很大的空间，活跃着一些中间状态或过渡状态的语言现象。这些现象虽不很规范，却很有实用价值；这些现象的产生和存在大部分符合语言的发展规律，其用法和所表达的语义确有规范语言所不及之处。可以肯定，随着时间的推移，这些中间状态的语言现象不可能永远是中间状态，其中的绝大部分将逐渐涉入规范的行列，当然也不能否认，将有一部分被历史淘汰，在这一过程中又有一批新的中间状态的语言现象不断地出现，如此往复，使得语言得到不断地发展。实际上，规范与非规范之间应该是反对关系（图B所示），而非是矛盾关系（图A所示）。

图 A　　　图 B

毫无疑问,汉语规范化是一项政策性很强,工作起来又相当繁杂的工作,关键是如何掌握好这项工作中的"度",不可偏颇于任何一方。也就是说,既要坚持汉语规范化的一般要求,又要在政策上和实际运用上允许那些中间状态语言现象的存在,这样才会大大促进语言的健康发展,使其能够适应社会的发展和人们交际的需要。

二

基于对汉语规范化的上述认识,我们再试图探讨一下言语教学中的汉语规范化问题。

言语是产生某一语言的一连串有意义的语音的过程或结果,是有声的,也可以把言语简单地理解为口语。和语言相比,言语总是显得不很庄重,甚至有点随便,而语言却总是显得十分典雅,甚至有点拘谨。这便决定了汉语规范化在言语教学中的作用和地位明显地有别于一般的语言教学。

一般汉语教学的对象基本上是中国学生,教学目的是让学生掌握汉语的基础理论知识,提高语言文字的分析和运用的能力,同时还力争使大学生具备研究语言发展变化规律的能力。因此,其教学内容是相当规范的。汉语言语教学的目的一般来说不是专门研究汉语,而是通过教与学让学生掌握一种新的语言——汉语,尽管在教学过程中也讲授一些有关的语言知识,但其主流上是以功能为主的教学,其教学对象则以外国留学生为主,这种教学也就是对外汉语教学。对外汉语教学虽然同属规范的汉语教学,却十分强调实用性和功能性,其语言材料十分注重真实自然的特点。在教学中,当规范化与实用性和真实性发生碰撞时,我们不能简单地用一把规范化的尺子摈弃那些虽很实用很真实却不十分规范的语言现象。这些现象

对外汉语教学的理论、原则和方法

在对外汉语教学尤其是听说课型的教学中每每见到。诚如上文所论，规范化是相对的、柔性的，这一点在对外汉语听说教学中体现得尤为明显。如简单地视一切不规范为洪水猛兽，那远远不能适应对外汉语教学的现状；反之，只讲求实用和真实，置汉语规范化于不顾，则势必无章可循，无法可依，缺少科学性，使言语教学缺少了依据，显然也不符合言语教学的基本原则。在对外汉语教学中，广大留学生不满足传统的呆板的汉语教学，为此，广大对外汉语教师不断开设出新的课型，改进教学内容和教学方法，突出对外汉语教学作为言语教学所应具有的特点，即实用、真实。为此，我们不应把规范化作为一个不可突破的框框，而应把那些实用的、真实的、活生生的言语搬到课堂，让规范化与实用性、真实性互相通融，有机结合，成为对外汉语听力和口语教学内容的主体。

关于听力教学。在言语学习过程中，听是被动的，属解码系统，听者无法控制说者的语速、语气、选词用语、方言方音，也就是说我们不可能要求对方必须说规范的标准的普通话，这是由我国真正能说一口标准普通话的人并不多的现实所决定的，上至国家领导人，下至普通百姓，大都如此。探其原因大致有三，首先是中国地域之大，方言之复杂，使得各个地方的人们所说的汉语差异很大，即使是说所谓的"地方普通话"，其差异也很明显，所以初次见面，一张嘴便可知对方是哪的人，可见各种地方普通话与规范的标准的普通话存在着明显的差距。所以，许多留学生走出北京、天津，到南方、西北等地，或是到大学学专业遇到方音较重的老师，交际起来很困难，普遍反映听不懂对方的话。其次是人们的文化修养不同，即便在大城市里，也有相当一部分文化层次较低的人群，留学生走出校门，走向社会，与人们交际常常遇到困难。比如，向老人问路，让修车师傅修车，到个体摊群市场买东西，到路边小馆吃顿饭都曾因听不懂对方的话带来交际上的麻烦，他们搞不清带鱼和西红柿同是"3斤"，价格却相差10倍的含义。（带鱼是"10元3斤"西红柿是"1元3斤"）。他们更弄不懂"5张两毛"与"5张一块"是同一含义。（前者是"5张两毛邮票"的省略，后者是"5张两毛邮票一共一块"的简缩）要是在路上与他人撞车发生纠纷，听不清、道不明造成的麻烦更是不言而喻的。三是几乎每个人都有自己的口语习惯，在校内面对外国留学生，老师和中国学

对外汉语教学求索集

生们与他们交谈时往往语速较慢,尽量不用太生僻或太土俗的词语,多用重复词语,并辅之以动作,还常常夹杂一些外语单词,这种交际方式与中国人之间的交际区别甚大,所以留学生听起来不太困难。而走入社会则是另一番语言天地,人们不会像校内的老师和学生那样和留学生交谈,几乎每个人都有各自的口语习惯,再加之由于年龄上的不同、生理上的差异等造成的交际障碍常使留学生晕头转向,不知所云,交际起来就更困难了。

由此可见,对外汉语的听力教学只是单纯地以规范的标准的普通话有声材料作为教学内容,是远不能满足留学生在汉语交际中听力方面的需要的。当然,在初级阶段,标准语音的听力教学十分必要,因为这时他们的听力障碍是生词和语法,而发展到中高级阶段,他们在听力方面的主要障碍已不仅仅是,或基本上已不是生词和语法,而是语气、语速、语调。在中高级阶段,排除生词和语法的障碍应以精读课为主,而作为独立课型的听力课的教学目的,则是让他们逐渐能够听懂社会上真实自然的言语。许多在本国中文系已毕业的留学生到中国后往往对自己的听力一筹莫展,其原因主要是缺少原貌汉语听力的训练。因此,我们应改变中高级阶段的听力教学仅仅使用传统的,十分标准十分规范的有声语言材料作为教材的教学,力争逐步使用实况汉语、原貌汉语,让学生在教室里能够听到社会上真实自然的言语实况。因为是实况,是原貌,所以这些有声材料在语音上不太规范,整理成文字后,便发现在语法上,选词上也都有一些毛病,但因为它是真的,所以用此来提高留学生的听力水平,其效果很明显。

汉字非拼音文字,正确掌握浩瀚的汉字中每个字的正确读音是任何一个中国人都头疼的事。因此,在人们的言语交际中误读的现象常常发生,有的甚至发生在电台和电视台的播音中。就一般的误读现象而言,中国人都可以听懂,而对外国留学生则是另外一回事;这里所说的误读现象是指日常交际中经常用到的,而非生僻词语,如把"国库券"说成国库juàn;把"酗酒"说成"xiōng酒";把"惬意"说成"xiá意",把"刚愎自用"说成"刚fù自用",把"角色"说成"jiǎo色"等等。由于我们在课上教给留学生的是规范读音,所以留学生听到这些误读往往不知所云,无形中又为他们的听力设置了一层人为的障碍。而对于这些误读现象恐怕我们谁也不敢肯定,它们将来不会像上文提到的"穿凿(záo)"呆

对外汉语教学的理论、原则和方法

(dāi)板"荨(xún)麻疹"一样走入规范读音的范畴。因此，在我们的课堂上，让留学生在掌握规范语音的基础上，可以了解一点日常用语中经常发生的误读现象，这样一来可以让他们不要误读，再者还可以在他们听到类似的误读时，可以像中国人一样仍可明白其义，不至于影响交际。

关于口语教学。在言语教学过程中，说和听密不可分，人们常把听说不分家作为言语教学的一个原则，但听和说的区别却十分明显，说是编码系统，具有主动性，规范化的教学内容在说话课中显得比听力课中重要得多。提高留学生的口语表达能力，以达到规范准确、自然流畅、字正腔圆，这正是说话课所要达到的教学目的。然而由于种种原因，达到这一目的相当困难，道路相当漫长，于是规范化的标准和要求在口语教学中的体现十分灵活。

随着中介语理论的深入研究，人们对中介语现象有了较新的认识，中介语逐渐地取得了合法的地位，这一事实本身与汉语规范化一开始就存在着难以克服的矛盾。中介语主要出现在言语教学中，尤其是在口语教学中。尽管我们不应把运用中介语作为培养留学生言语表达的终极目的，尽管中介语有些不伦不类，不符合汉语规范化的标准和要求，但中介语的存在和它的言语学习和言语交际中的作用却是我们不能否认的。实际上，在言语学习中，中介语的产生和运用是一个正常的过程，因为在第二语言的学习过程中错误不可避免，完全杜绝几乎不可能；当然这种错误是正常的，而非是由于教师和教材的误导，或自己学习方法不当而出现的错误。中介语随着学生交际的需要和对汉语掌握的程度而不断变化，由低级至高级，由简单到复杂，最终达到掌握规范的目的语——汉语的目的，当然这是条漫长之路。在这条漫长之路上，有的中途停顿下车——他满足于中介语可以进行的言语交际，有的进步十分缓慢——他可能缺少语言学习的天赋，或不够勤奋，缺乏信心，或客观条件不允许。总之，有相当一部分人达不到胜利的彼岸——掌握规范的汉语，自然也就出现了一些长期使用中介语的人群，汉语规范化不得不容忍中介语现象的存在。尽管如此，我们在口语教学中却不可满足于留学生对中介语的掌握，应逐渐缩短中介语的路程，逐渐向规范汉语靠近。

对外汉语的教学对象主要是成人，他们学习汉语属于第二语言的学

对外汉语教学求索集

习。第二语言的掌握是从无到有,从不会到会的学习(learn),它不同于人们的第一语言的掌握,是个习得过程(acquisition)。他们在学习汉语时其母语已根深蒂固,往往习惯于汉语同母语的对比,其母语对他们学习汉语的影响十分明显。这种情况有点近似于我国各个方言区的人们学习普通话,在他们幼小时对方言是个习得过程,而上学后或成年后对普通话则是一个学习过程,所以在方言区很少有人能说一口地地道道的普通话。甚至应该成为汉语规范化楷模的教师和语言工作者,绝大多数也达不到规范化的标准。由此我们想到对外汉语教学。各国留学生都有着各自的母语,其母语与汉语的差异,与我国各种方言和汉语普通话的差异不可同日而语,因此尽管他们学习很努力,进步很大,学习时间很长,但其中的绝大部分人也达不到规范的普通话标准,充其量和地方普通话差不多。在我们平时谈话时,尽管对方说的也是普通话,但我们却可以很容易地分辨出他是来自上海、广东、还是来自陕西、四川。长期从事对外汉语教学的人同样可以很准确地听出说汉语的留学生来自哪个国家和地区,甚至连同一民族、同一母语的朝鲜人和韩国人也可准确辨出,可见母语的影响改也难。把绝大部分中国人难以做到的事,要求外国留学生做到,不免有点强人所难。鉴于此,对外汉语教学界有人认为,留学生说出的汉语能接近我们的地方普通话就可以说达到了我们的教学目的。自然,这种情况并没有达到汉语规范化的标准和要求,但却是现实的、可行的。在对外汉语的口语教学中,我们不可能一味强调标准和规范,如果我们坚持一定要让日本人准确的读出zh、ch、sh、r、ü等音,让韩国人和朝鲜人清楚的区别出zh、ch、sh与z、c、s在发音上的不同,让欧美人规范地发出zh、ü等音,那你的教学将寸步难行,因为这些音在他们的母语中或是根本没有,或是读法不同。不过,我们在循序渐进的教学中发现,他们虽然发不好个别音,但读带有这些音的音节和词语时,却大致可以说得过去,有点像我国南方人说的普通话。

其实,外国人说汉语的最大障碍并非是发个别音,而是声调,声调是汉语的特点,也是学习汉语的难点。如只是个别音读不准,而声调很标准,还很有点像地方普通话;反之尽管发音还可以,声调却一塌糊涂,那绝不是中国人说的汉语。因此,一般的教材对声调的要求都很严格、很规范。然而这种要求和汉语声调在实际的言语交际中的状况差别颇大,按照这个规范的要求,留学生说的汉语却很不自然。比如三声的音高,人们往往只注意到了三声在前要读半三声或二声,而忽略了三声在后也不读原音高 214 的实际情况,实际上,三声在后同样大都读半三声 212 或 21。显然,声调的规范标准不可忽视声调在人们日常交际中的实际变化,否则势必形成洋腔洋调。

汉语语调同样存在着这种情况,绝大部分教材把汉语语调简单地分成两大类,即疑问句用上升调,陈述句用下降调,并把此作为语调的规范要求。其实,这种要求与现实中的言语交际的语调实际情况相去甚远。实际上,在疑问句中,只有那些没有疑问词或二次发问的疑问句才用上升调,而绝大部分的疑问句都带有疑问词,和陈述句一样都是中平调,而只有那些感叹句和祈使句才用下降调。如果在口语教学中,我们只是强调凡是疑问句都用上升调的规范要求,再加之他们在母语中的影响,使得他们一用问句就用上升调,显得洋味十足,是典型的洋腔洋调。

总之,汉语口语教学不应仅仅满足于规范的发音、规范的语词、规范的声调和语调。对外汉语教师应研究当前汉语的实际情况,把这些方面的研究成果融会到口语教学中,使留学生说出的汉语更接近现在的中国人,更接近当今社会的语言。

汉语规范化在言语教学中不是一把僵硬的尺子,而是一个富有弹性的标准,这里除了上文论及的各种原因外也常常受到一些客观情况的制约。如不同国家的留学生各有不同的优劣势,抱有不同学习目的的留学生在学习上侧重不同,标准各异,年龄有差异,天赋的迥然都不同程度地影响了学习的进展。为此在教学中对他们的规范化的要求都不可一致,甚至要有所迁就,当然这并不影响汉语规范化在言语教学中所起的指导作用,并不影响我们在对外汉语教学中坚持规范汉语教学的基本原则。

参考资料

1. 盛炎《语言教学原理》,重庆出版社。
2. 赵怀印《词汇规范化应具有层次观念》,《语文建设》1993 年第 4 期。

3. 张先亮《汉语规范化的柔性原则》,《语文建设》,1993年第9期。
4. 钱乃荣《汉语规范之我见》,《语文建设》,1991年第6期。
5. 孟国《洋腔洋调的语调和声调》,《天津师大学报》,1990年第3期。

(原载《天津市对外汉语教学论文集》,天津人民出版社1995年版)

对外汉语教学的理论、原则和方法

对外汉语教学二三谈

加强汉语国际推广工作是提高我国文化的影响力，提高国家软实力的迫切要求，同时也是树立我国良好国际形象，维护世界文明多样性，构建和谐世界的必然要求。搞好我们的对外汉语教学将会大大促进汉语的国际推广，因此，我们首先要搞清对外汉语教学的一些基本问题。

一 什么是对外汉语教学

对外汉语教学是对外国人进行的汉语作为第二语言教学。

首先，对外汉语教学是语言教学，不是语言学教学，这一点区别于中文系的现代汉语等课程；其次，对外汉语教学是第二语言教学，这一点区别于中小学的语文课；第三，对外汉语教学是汉语作为第二语言教学，这一点区别于一般的外语课；最后，对外汉语教学是对外国人进行的汉语作为第二语言教学，这一点区别于对少数民族进行的汉语作为第二语言教学。

下面我们从另一个角度来讨论一下，什么是对外汉语教学。

对外汉语教学不同于幼儿习语。前者的学习主体是成年人，其优势是有成熟的思维，可以通过母语或媒介语来学习第二语言，所以，成年人能够很好地掌握汉语的知识和结构；后者是幼儿，幼儿的优势是其发音器官和肌肉都没有定型，也没有母语的干扰，所以，幼儿习语能够发音地道。

对外汉语教学不同于中小学的语文教学。前者要从培养学生最基本的听、说、读、写的能力开始，最终目的是培养学生的汉语交际能力，学习中要面对第一语言的影响，要面对文化障碍与冲突；后者在学习前就具备

对外汉语教学求索集

了汉语一般的听说能力,具备了初步的、感性的语法知识,有的还会读写一些汉字。学习目的是培养汉语读写能力,学习中没有第一语言的影响,也没有文化上的障碍和冲突。

对外汉语教学不同于中文系的汉语方面的课程。前者以培养学生的汉语交际能力为目标,教学方法是以学生的训练和与教师的互动为主,通过训练把学到的语言知识转化为语言能力;后者则是把研究汉语作为主要目的,以教授汉语理论和知识为主要教学内容和方法。

对外汉语教学不同于一般的外语教学。前者是在目的语环境,往往是用目的语学习目的语,对于媒介语没有什么依赖性,学习到的语言知识马上就能够使用,而且是必须使用;后者往往是在母语环境,常常是通过母语来学习外语,对母语或媒介语有很大的依赖性,学习到的语言知识很难在实际中使用。

二 对外汉语教学的主要特点

首先,把培养学生的汉语交际能力作为教学目标,这是对外汉语教学的最根本的特点。我们是把汉语当成一种工具来教和学,所以我们要尽可能做到教学过程交际化,也就是说,交际是我们的目的,也是我们的手段。但是,我们并不排斥语言知识,而是要及时地把这些汉语知识转化为汉语技能。

其次,我们要坚持"结构——功能"相结合的方法。这是我国对外汉语教学界结合汉语的特点,借鉴国外的语言教学法流派的主张,自己提出的重要原则。结构是基础,功能是目的,只教结构,不可能达到掌握交际能力的目标,只进行功能的讲练,则忽略了成年人学习语言的特点。结构与功能必须紧密结合,既要考虑到结构的系统性,也要考虑到语义的系统性。

第三,精讲多练。"精讲"指教师精炼的、适当的讲解语言知识和规则,这种"讲"要少而精;"多练"指学生要有足够的时间进行大量的练习,以达到把知识转化为技能,最终提高学生汉语交际能力的目标。一般认为讲与练的比例大约是3:7,而在训练中,应以教师与学生的互动练

对外汉语教学的理论、原则和方法

习为主要形式。这种训练应强调提高汉语交际技能。

第四，以学生为中心，以教师为主导。这是一条根本性的原则，强调学生是学习活动的主体，"教"只有通过"学"才能起到作用，"教"必须为"学"服务。这一原则要求我们的教学计划、大纲、教材、教学内容、教学方法等，都必须以学生的需要和特点为出发点。另一方面，我们必须强调教师的主导、监控作用，这主要表现在教师的组织、激励、示范、参与和指导作用。

三 对外汉语教师所必须具备的条件

在政治上，要热爱祖国，热爱汉语言文化，热爱对外汉语教学，遵纪守法，遵守外事纪律，严格要求自己。

在知识上，至少要掌握以下几个方面的基本知识：汉语理论、中国文化、语言教育理论、语言学，并至少要掌握一门外国语。另外还应掌握一定的教育学、心理学知识。

在能力上，应该具备，或基本具备下面几种能力：观察能力、分析能力、判断能力、表达能力、组织能力、应变能力、对教材的适应能力、利用现代教学手段能力等。

（本文是为天津市第五届社科普及周（2007）撰写的咨询推介材料）

汉语词汇及其运用研究

汉语词汇及其运用研究

新词新义中的委婉语词

词汇是语言中最敏感，变化最快，和社会的发展联系最紧密的一个部分。尤其是近十年来，政治风云的变化，党和国家一系列适合国情、深得民心的政策的实施，以及由此而产生的人们在物质上和精神上的深刻变化，都使得词汇不断地演变和发展，出现了大量的新词新义，其中有一部分属于委婉语词。这些委婉语词适应了物质文明、精神文明大发展的新形势，成为人们在语言交际中不可缺少的部分。

这些委婉语词是伴随着新观念的产生、精神文明的发展和人们对语言美的追求而产生的。现今，人们对四肢和双目不健全者不称之为"残废"，而称之为"残疾人"，这样就回避了"废"字，在意义上融进了残而不废、仍有所为的新观念；最近，又出现了"弱能"一词，这比"残疾"又委婉了一步，回避了那个"残"字。这些都体现了尊重残疾人的新的社会风尚。过去，人们称智力不全者为"呆子""傻子""白痴"，近几年，有关部门把这些人组织起来，开发他们的智力，争取使他们能够自食其力，"弱智"这一医学专用词便从医院走向社会，出现了"弱智学校""弱智班""弱智儿童""弱智运动会"等新的称谓。这一委婉新词的出现不仅对弱智者本人及其家长是个精神上的安慰，而且，在一定程度上也改变了人们对弱智者的歧视态度，引起社会对他们的关注。在青少年犯罪问题上，人们用词一向十分谨慎，以尽量不伤害他们的心，除年龄较大的罪行极重者外，一律称之为"失足青少年"，而不称之为"犯罪青少年"。为了挽救他们，国家给他们办了专门的学校，这类学校既不叫"失足青少年学校"，更不叫"犯罪青少年学校"，而称之为"工读学校"。"工读学校"最早的意思是指边劳动、边读书，自己供养自己读书的学校，而现在"工读学校"则指失足青少年边劳动改造、边学习文化的地方。"工读生"则专指这类学校的学生。"接见"的本意是"跟来的人见面"，而今，人们把去监狱探望亲友称为接见，而不说"探监"。由此，人们不禁想起几年前高英培、范振钰合说的一段名为《教训》的相声，在这段相声里，曾把"探监"故意说成"接见"，作为相声中的"包袱"，当时曾引起人们的一阵大笑。包括作者和表演者在内，谁也不会想到此后"接见"产生了委婉新义，真的成了"探监"的委婉语词了，并且很快被人们接受了。这在一定程度上避免了直言"探监"使人难堪的窘境，减少了对人的刺激。"死"是词语的一大忌，"死"的委婉语词最多，不同情况的死都有不同的说法，为国为民而死，人们称之为"牺牲"等。"牺牲"虽然比"死"要委婉一些，但由于长期使用，而且频率较高，所以死的阴影仍然很重，其委婉性在明显地减弱。在老山前线，英雄们以"光荣"一词来代替不愿出口的"牺牲"。"光荣了"，显然是"光荣牺牲了"这一偏正词组的简略。小说《高山下的花环》中靳开来有这么一段话："连长，说句掏心话，全连谁'光荣'了，我都不会伤心，为国捐躯，打仗死的么，唯独你……"小说作者特意为"光荣"作了一个注释："前线战士们把'光荣'作为牺牲的代用词。""光荣"这一委婉新义是在炮火中产生的，它一方面回避了"死""牺牲"等人们所忌讳、或不愿直说的词，另一方面又突出了死的性质和意义。

  新词新义中的委婉语词往往与经济上和物质上的发展、变化，与一些新事物的产生有密切的关系。"待业青年实际上是无学可上、无业可就的青年，而不称其为"无业青年"或"失业青年"。对那些大龄的未婚青年，人们称为"大龄青年"，回避了"未婚"二字；即使年龄再大一些，甚至40来岁，也不称之为"老青年"或"中年"，而称之为"大男""大女"。实行经济改革、放开价格以后，市场上出现了"议价"商品，其实并无"商议"的余地，而是高价商品的委婉说法；称为"议价"，人们尚可光顾，若称为"高价"则恐无人问津了。"调价"本意是上调和下调，而现在商品价格放开以后，实际上已是"涨价"的委婉语词了。随着计划生育工作的普及，出现了一些有关计划生育的用语，这些用语把具体的避孕方法和避孕药物都委婉化了。如"工具"指避孕套；"上环儿"

指女性用的节育环儿;"刮了""做了"指人工流产;"做手术"在一定场合指绝育。这些委婉语词的出现使得人们谈及此事方便多了。随着人们居住水平的提高,家用厕所逐渐普及,人们称之为"卫生间","去卫生间"自然成了"去厕所"的委婉语词。

新词新义中委婉语词的不断出现,体现了人们追求语言美的心理。在现实生活中总会有一些人们不便直说、或不愿直说的语词,正是委婉语词的运用使得人们的交际更加文明,使得汉语词汇更加丰富。因此在大量新词新义产生的同时,委婉语词也在不断产生。

(原载《语文知识》1988年第4期)

社会的发展与委婉新语词的产生

在汉语语言学中，不论从哪个角度讲，委婉语词都是不容忽视的。委婉语词产生于人类文明之前，它经历了漫长的历史，在不同的社会里起着不同作用，反映着各种社会的风貌。

最初的委婉语词是语言禁忌的产物。封建社会等落后的社会制度是这些委婉语词赖以生存的基础。这些禁忌语的委婉语词反映了这些社会制度的等级森严，成了维护等级制度的工具。什么"避上讳""避官讳""避亲讳""避父讳"，等等。一个"死"字就有几十种说法。所禁之语相当繁多，稍有不慎便会招致杀身灭门之祸。这些禁忌语的委婉语词还反映了由于封建社会的长期毒害，人们头脑中逐渐形成的、迷信于神秘的超自然力的思想意识。如：船家忌"沉""翻"；买卖家忌"折""蚀"；戏班子忌"散"等。这些禁忌给人们的言语交际带来很大的麻烦。在旧社会还有一些委婉语词是那些极其肮脏、丑恶事物的代称，如："烟花柳巷""寻花问柳""福寿膏"，等等。随着等级制度的消亡，那些腐朽的思想意识和肮脏丑恶的社会垃圾也一起消亡，和这些被消亡的事物密切相关的禁忌语的委婉语词，那些作为社会污垢漂亮外衣的委婉语词已丧失了自身的语言功能，而作为汉语言的沉渣，和那个腐朽的社会一起成为历史上的陈迹，被历史所淘汰。

今天，由于社会性质的根本改变，语言禁忌现象已不复存在。然而，作为汉语重要内容的委婉语词却没有消亡，而且，随着社会发展的需要，又不断产生出一些文明健康的委婉新语词。

委婉新语词是伴随着新观念的产生、精神文明的发展和人们对语言美的不断追求而产生的。如，人们对四肢和双目不健全者不称之为"残废",而称之为"残疾人",回避了"废"字;而"弱能"一词的出现也回避了"残"字,这样,在意义上就融进了残而不废、仍有所为的新观念。过去,人们一直称智力不全者为"呆子""傻子""白痴"。近几年有关部门把这些人组织起来,开发他们的智力,争取使他们能够自食其力。"弱智"这一医学专用词便从医院走向社会,出现了"弱智学校""弱智班""弱智运动会"等新的称谓。这些委婉语词的出现体现了社会对弱能、弱智者的关心和重视,同时也使人们看到正在形成的尊重弱能、弱智者的新风尚,这在一定程度上改变了人们对他们的歧视态度,对弱能、弱智者本人及其家属也是个精神上的安慰。

  在青少年犯罪问题上,人们用词一向十分谨慎,尽量不伤他们的心,除年龄较大罪行极重者外,一律称之为"失足青少年",而不称之为"犯罪青少年"。为了挽救他们,国家给他们办了专门的学校,这种学校既不叫"失足青少年学校",更不叫"犯罪青少年学校",而冠之以"工读学校"。"工读学校"最早的意思是指边劳动、边读书,自己供养自己读书的学校,而现在的"工读学校"则指失足青少年边劳动改造、边学习文化的地方。这样,这些失足青少年也就又有了一个新的委婉称呼——"工读生"。

  "接见"一词的本意是"跟来的人见面"。现在,人们把去监狱探视亲友称为"接见",而不说"探监"了。由此人们不禁联想起几年前高英培、范振玉合说的一段名为《教训》的相声,在这段相声里,曾把"探监"故意说成"接见",作为相声中的"包袱",当时引起人们的一阵大笑。包括"教训"的作者及表演者在内,大概谁也想不到"接见"这一新义很快被人们所接受,居然真的成了"探监"的委婉语词了。亲友入监本是难为情之事,探监者也大有抬不起头来之感,心境自然不好,"入监"、"出监",人们尚可含糊地称为"进去了"、"出来了",直言"探监"确实难以出口。"接见"一词的新义,取代了那个容易引起自己和他人不愉快的往事回忆和痛苦伤感的词,在一定程度上避免了令人尴尬的窘境,减轻了对人的刺激,弥补了"探监"一词委婉说法的空白。

  "死"是古今中外词语一大忌,"死"的委婉语词最多,据说英语中有100多种,汉语中也不会低于这个数字。对不同原因的死历来都有不同的说法,为国为民而死,人们称之为"牺牲""献身""捐躯"等。这些词虽然比"死"委婉些,但由于长期使用,频率较高,所以,死的阴影仍然很重,委婉性在明显地减弱。现在,很少有人知道"牺牲"的原意是指古代祭祀时的祭品。因此需要一个更委婉的词来替代它。在老山前线英雄们以"光荣"一词取代了不愿出口的"牺牲","光荣了"显然是"光荣牺牲了"这一偏正词组的简略。它一方面回避了"死""牺牲"等词,另一方面又突出了死的性质和意义,同时还表现出英雄们以为国献身为荣的气概。

委婉新语词是伴随着新情况、新事物在经济发展和变化中的不断出现而产生的。"十年动乱"后,由于知青的大量返城等原因,社会上出现了一批待业青年,"待业青年"实际上是指无学可上、无业可就的青年,然而人们却不称其为"无业青年""失业青年"。60年代曾有"社会青年"一词,这比"待业青年"更委婉一些。近些年来,由于种种原因,社会上出现了相当数量的未婚大龄青年,人们称之为"大龄青年",或"大男""大女",回避了"未婚"二字;即使年龄再大点儿,甚至40来岁也不称之为"老青年"或"中年"。

实行经济改革以来,市场上出现了大量的"议价"商品,其实并无商议的余地,而是高价商品的委婉说法。称为"议价",人们尚可光顾,若称"高价",则恐无人问津了,尽管二者本是一码事。"调价"本意是调整价格,包括上调和下调。商品价格放开以后,实际上"调价"已是"涨价"的委婉语词了。在医院,委婉新语词也在不断出现,如癌症,人们都说"长东西了",医生则称为"新生物",或用英文 cancer 的缩写"ca"来代替。

随着人们居住条件的提高,家用厕所逐渐普及了,"卫生间"成了厕所的委婉语词。城市建设的发展需要许多公共厕所,这些厕所已区别于那种既脏臭、又简陋的茅厕,自然应冠之新名,有的独辟蹊径,以英文 Water close 的缩写"W·C"作为标志,而有些厕所几乎不可能有外宾去。在此,用大部分人不懂的英文使得公厕这一语词委婉化了。在一些宾馆、影剧院等场所,只在厕所门口画一头像,以示男女。这种形象语言实际上也是委婉用法。"厕所"需要委婉,"大小便"则更需委婉。"去厕所"、

"解手"虽比"屙屎""撒尿"文明得多,却也不怎么委婉。"方便方便""去1号"等已成为人们去厕所最常用的说法。"方便"一词早在话本小说中就有此意,现在人们觉得这一说法委婉而又恰当,所以广为应用。英文中"NO. 1"常指代厕所,显然"1号"是一种引用。这两个委婉语词同时也是性别语言。在实际生活中,"方便方便"多为男性所用,而女性则常用"1号",最绝妙者只伸出一个手指,以这种手势语代替不便出口的语词。当然,这种手势语不是语言的倒退,甚至可说是对语言的丰富和发展。英文中去厕所有很多说法,"I want to wash my hands"("我要去洗洗手")是常用的一种,受其影响"去卫生间"正在或将要成为"去厕所"的委婉说法了。

委婉新语词是伴随着人类文明的发展和科学技术的普及而不断产生的。随着计划生育工作的普及,出现了一些有关计划生育的用语,这些用语把具体避孕方法和避孕药物等都委婉化了。如:"工具"指避孕套或用避孕套避孕;"上环儿"指女性用的节育环儿;"刮了""做了"指人工流产;"掉了"指非人工流产;"做手术"在特定场合专指绝育手术;"有了"指怀孕了;"来了"指来月经……。这些委婉语词的出现使得人们谈及此事自如多了。

老年人最忌讳谈"死"。过去,人到晚年往往以"行将就木""快入土了""土埋半截了"等委婉语词说明自己已是桑榆暮景、时光短暂了。随着殡葬事业的发展,火化已在大部分地区普及,于是又出现了"快进火葬场了""快进骨灰盒了"等委婉新语词。人们忌讳"火葬场""骨灰盒",由此又产生了"快去北仓了"等委婉新语词(北仓是天津最大的火葬场)。

委婉新语词的不断产生,丰富了汉语言的表达能力,使得人们在日常的言语交际中更加自然和谐,言者彬彬有礼,温文尔雅,闻者舒服自然,毫无刺激与不快。

诚然,随着现代科学和文明的发展,笼罩在一些委婉语词上的封建迷信、落后愚昧的迷雾很快被驱逐干净,使得一些词语没必要再委婉了。如:"死""怀孕"等,现今在一些不很特殊的场合都可直言。在计划生育的宣传中,在目前兴起的新婚或婚前教育的普及中,一些从不直言的语词都要直言了,尽管它面对的是普通群众。显然,在人们的言语交际中呈现出愈加坦诚、直率的趋势,但这种趋势并非排除委婉语词在汉语词汇中的存在,只是表明一些语词、一些事物可以不必再委婉了,或是在一定场合不必再委婉了。与过去的那个时代比,现今的委婉语词已大大缩减了它的应用范围,但缩减的只是腐朽的、不合理的部分;相反,对合理的部分非但没有缩减,甚至有所扩展,以至产生出本文所列举的一些委婉新语词。

委婉新语词的不断产生是精神文明发展的需要。随着物质文明的发展,一些新的观念、新的意识不断产生,这些观念和意识需要与之相适应的语言来反映,一些委婉新语词便应运而生,不断出现。委婉新语词的不断产生是人们言语交际的需要。随着社会文明程度的提高,人们愈加讲究自己的语言,这些委婉新语词的产生使人们的言语交际显得更加文明、丰富、含蓄、蕴藉。委婉新语词的不断产生是日常生活的需要,不论发展到如何文明的时代,在人们的最基本的日常生活中总会有一些不便直说之语,不愿言明之事。委婉语词只有不断地发展,产生新义,才能满足这种需要。总之,委婉新语词的不断产生是社会发展的需要。

和一般的汉语词汇中的新词新义一样,委婉新语词的产生紧扣着时代的脉搏,但它比一般的新词新义更能反映人们在观念上的变化。其中一些委婉新语词的产生也比一般新词新义更艰难而漫长。为了适应新时代语言的需要,我们要不断地发现、及时地捕捉委婉新语词、引起人们的注意和研究,并推而广之,使更多更恰切的委婉新语词活跃在我们的语言中。

(原载《天津师大学报》1988年第3期)

试论现代委婉语词形成的特征

在人们的现实生活中，有着大量的不愿言明之词不便直说之语，这些语词虽不同于过去的禁忌语，但出于一种传统心理和对语言美的追求，人们便把这些语词委婉化了。委婉语词在现今的言语交际中有着不可忽视的作用。委婉语词的形成与一般语词的形成既有共通之处，也有特殊之点。为了更好地运用、捕捉委婉语词，有必要探讨一下委婉语词形成的各种特征。

用一些意义比较模糊、抽象的语词来取代那些意义比较具体而实在的忌讳语词，这是委婉语词形成的重要特征之一。

"大龄未婚男女青年"委婉成"大男""大女"，去掉了"未婚"这一敏感字眼儿。把"无业青年"称为"待业青年""社会青年"，则模糊去了"无业"这一令人不快的语词。"计划生育"虽比"控制生育""节制生育"抽象一些却也委婉得多；而今，国外有了"family planning"的说法，汉语交际中出现了"家庭计划"这个虽很抽象却很委婉的语词。这些委婉语词的本义虽很模糊，但当这些模糊的语词取代那些含义明确的忌讳语词后，所表达的意义就十分明确，并且无碍于口了。

一些忌讳语词还经常用一些最常用的、最容易产生歧义的语词做委婉语词。这些语词本无固定语义，在不同的语境中能产生出许多种意义。这类语词以动词性为主，往往由"动+了"组成，表示这些事情已经发生或完成。

    有了——怀孕了（有对象了）
    没了——死了（死了一段时间了）

过去了——死了（刚死时间不长）
　　走道了——改嫁了
　　进去了——犯罪入狱
　　出来了——刑满释放
　　老了——死了（特指老人）

　　由于这些委婉语词都是常用词，在特定的语境中，人们都能自然地、准确地理解和运用，尤其是在口语中，一般不会产生歧义。如"小张，怎么样？有了吗？"根据语境，如果小张是个未婚的姑娘或小伙子，"有了"可能是"有对象"的委婉语词；如小张是个新婚不久的女青年，"有了"则可能是"怀孕了"的委婉语词。

　　利用同义词语回避忌讳语词中不便直说或比较粗俗的部分，这是委婉语词形成的又一重要特征。

　　"残废"的"废"令人讨厌，使人绝望，而"残疾"这一同义词就回避了"废"字，使人能够看到残而不废、仍有所为的希望。"白痴""傻子""呆子""弱智"虽是同义，但"弱智"与前三者在感情色彩上有着明显的差异，委婉得多，对人没有什么刺激。"残疾"、"弱智"既回避了刺激人的部分，又点明了这些人本身存在的缺陷，义虽同，听起来味道却是两样。

　　人们还以反义正用的同义词语形成委婉语词。这些语词的语素义和表面义与忌讳语词有着反义关系，而实际上，这些语词产生出委婉义之后与忌讳语词已是同义。如：

　　寿木——棺材
　　寿衣——死人穿的衣服
　　百年——死
　　太平间——停尸房

　　人们还常常运用具有不同语体色彩的同义语词来形成委婉语词。有些忌讳语词是书面语言，人们便以它的口语形式作为它的委婉语词。

人工流产——做了、刮了
怀孕了——有了、有喜了
夫妻间的性生活——同房、房事

相反，有的忌讳语词是口语形式，人们便以它的书面语形式作为它的委婉语词。如：

开刀——做手术
痨病——肺病
放屁——排气、出虚恭

由于这些书面语是委婉语词，经常出现在人们的言语交际中，因此其书面语的色彩逐渐削弱，而口语色彩却愈来愈浓。相反，那些口语都是忌讳语，所以在人们的言语交际中越来越少见，特别是在具有较高文化程度的人群里。

在一些原有的并无委婉义的常用语词基础上产生出新的委婉意义，这是委婉语词形成的第三个重要特征。

（不）方便　基本义：便利。在不同语境中产生出了各不相同的委婉义。①上厕所。"我去方便方便。"②怀孕。"这位女同志身子不方便，哪位给让个座儿。"③腿脚有残疾。"他腿脚不方便，还是你去吧。"④经济拮据。"最近手头不太方便，过几天再还你钱吧。"

接见　基本义：跟来的人见面。在特定场合是探监的委婉说法。

这些委婉语词的产生，并没使原词的诸多义项消失或削弱，而是与这些义项同时并存，只有在具体语境中才能明确各不相同的意义。

在一些语词的多种义项中往往包含着委婉义项，这些委婉义项异常活跃，使得这些语词的其他义项有的已经很少使用，有的已经消亡，这些委婉义项对其他义项大有取而代之之势。

工读学校　原义是用本人的劳动收入来供自己读书的学校，现已成为犯罪青少年边劳动改造，边学习文化的学校的委婉语词。

作风问题　原义包括思想、工作、生活三方面的作风问题，后来成了生活作风中的"男女关系问题"的委婉语词。

　　卫生间　原指旅馆和住宅中有卫生设备的房间，现已成了旅馆和住宅中的厕所的委婉语词。

　　后事　原义指后来的事情、后来在特定场合成了"人死后之事"的委婉语词。

　　个人问题　原义为自己的问题。后来在特定场合成了婚姻恋爱问题的委婉语词。

　　现在"工读学校"已不是20世纪60年代初出现的边劳动、边读书，半工半读的学校了。"作风问题"也仅有让人讨厌的男女关系这一含义了。人们去"卫生间"也不是真的去洗手洗澡。这些语词产生出委婉新义后，原义已被取而代之。"后事"产生出委婉新义后，其原义已大大削弱，不常使用了。而"个人问题"产生出委婉新义后，其原义还未受到很大影响，人们还在经常使用。

　　另外，一些极其肮脏、丑恶、令人厌恶的事物，不能在现成的、固定的语词中找到与之相符的委婉语词，因为人们不愿意让这些肮脏的东西亵渎那些原有的语词和语词义，而这些词又极需委婉，于是便生硬地造出一些表面上非常华丽的语词来做它们的委婉语词。如："妓院"人们称之为"烟花柳巷"，进而，"烟花女""寻花问柳""花柳病"便成了"妓女""嫖妓""性病"的委婉语词了。

　　委婉语词是多彩的，形成委婉语词的方法也是多彩的，在这多彩的方法中，有许多与形成一般语词不大相同的特殊方法。这是委婉语词形成的第四个重要特征。

　　特殊方法之一是用大部分人不懂的外语做委婉语词。这是一个很巧妙的方法。有的地方以英文"Water colset"的缩写"W·C"作为厕所的标志，其实并无外宾去。在医院里"tubercle becilius"的缩写"T·B"代肺结核。以"Cancer"的缩写"Ca"代癌。以"Venereal disease"的缩写"V·D"代性病。其实这些外文本身并无委婉意义，但它们用在汉语中间，用来取代那些忌讳语词，便起到了委婉语词的作用。

　　特殊方法之二是以手势语来表示委婉意义。手势语本是极原始的交际工具，现已成为聋哑人最重要的交际工具，用手势语代替那些不便直说的忌讳语词收到了很好的效果。如：甲："你去哪？"乙则只是伸出食指，意为"去1号"，即上厕所。这样，在大庭广众之中、众目睽睽之下，避开了不雅之词。据说江苏徐州地区伸出两个手指表示来月经。上厕所，来月经，都有很多委婉说法，但无论怎样委婉，人们仍觉有碍于口，特别是在异性面前，女性更难于启齿，于是这些手势语所表示的委婉意义便应运而生，并多为女性所用。

特殊方法之三是以形象语表示委婉意义。在宾馆、剧场等公共场所，我们经常看到在厕所、浴室的门上标有一明显区别男女的头像，这一形象化的表示把男厕、女厕，男浴、女浴等标志委婉化了。

毋庸置疑，在人们现实的言语交际中，呈现出愈加坦诚的趋势，但委婉语词终究不会消亡。在委婉语词产生与发展过程中，我们应顺其自然，光大现实生活中那些健康、恰切的委婉语词，发现、捕捉未来的委婉语词，研究委婉语词形成的规律及特征，使我们现实的言语交际更加文明，使我们的民族语言更加多彩多姿。

（原载《天津教育学院学报》1991年第2期）

新词语与民俗文化

人类历史上每一次巨变都会引起语言上的一些变化，一方面，人们的生活水平和生活方式有了很大的提高和改变；另一方面，经济体制的变革和经济生活的变化对于人们原有的思想观念、民俗习惯和文化心态都形成了巨大的冲击。原来人们认为不正当、不合理、不光彩的一些事情，现在却变得正当、合理、光彩了，甚至时髦起来；过去人们习以为常的一些正统观点，却变成了不合时宜的论调。我们正处于社会大变革时期，社会语言生活呈现出一种自由活跃而丰富多彩的状态。因此，反映科技进步、经济变革、与世界接轨的时代精神的新词语，特别是体现民俗观念种种变异的新词语大量地涌现出来了。

一 新词语与"抑商"观念的变异

中国是一个有着悠久历史的农业大国，早在七千多年以前，我们的祖先已经在长江流域种植水稻，六千多年以前，在黄河流域人们已经把小米作为食物，中国人种植小麦的历史至少也有三千多年了[①]。在封建社会，小农经济是社会经济的基础，封建统治者都十分重视对小农经济的维护。这种思想的派生物就是对商品经济的惧怕和抵触，因为商品经济的发展，经济交往的增多，在货币面前人人平等的观念必然会流行，势必形成对封建社会经济基础和意识形态的巨大冲击，以及对封建特权和等级制度的否定。因此，中国封建王朝无不以"重农抑商"为基本国策，就是以农为

---

① 参见韩鉴堂《中国文化》，国际文化出版公司1994年版，第67~68页。

本,以商为末。"抑商"实质上是利用国家政权强制干预人们的经济生活,人为地抑制商品经济的发展,特别是防止由于商品经济发展而出现的思想观念方面的变化,以致人心不古,离经叛道。《汉书·晁错传》记载,汉代"法律贱商人"。《史记·平准书》记载,商人"不得衣丝车……子孙不得仕官为宦吏"。这些"抑商"的举措打乱并阻断了农、工、商之间的正常联系的渠道,使中国商品经济的发展在起点上就受到压抑与制约,以致人们形成了严重的"抑商"观念,影响久远。直至新中国成立后,商业也没有得到应有的重视,在城市里人们愿意当工人,而不愿意当售货员;在农村人们只能老老实实种地,而正常的商业活动,如集市贸易、提篮小卖等被视为非正人君子所为,这样就形成了根深蒂固的轻商民俗。因而有关商业的词语多含贬义,如"投机倒把""外快""二道贩子""倒买倒卖"等,而从事商业活动的人被蔑称为"资本家""小业主""倒爷"等。

改革开放以来,我国经济状态的变革震撼了社会的每一个角落,传统的抑商、轻商的民俗观念得到扭转,于是带有浓重商业气息的新词语层出不穷,例如:市场化、私企、练摊儿、砍价、炒股、跳蚤市场、三产、营销、三包、特价、调价、酬客、超市、连锁店、信用卡、农贸市场等数不胜数。这些新词语已成为我们日常生活中不可缺少的一部分。特别引人注目的是:一些在历史上曾经销声匿迹的老词语又重新活跃起来,例如:股票、股市、股东、股份制、债券、保险、拍卖、专利、承包、经纪人等。一些过去带有明显贬义的词语,而今已成为正面词语,例如:老板、推销、练摊儿、讨价还价等。

改革开放不仅产生了大量的有关商业活动的新词语,激活了一些历史词语,还使这些商业词语扩大了使用范围,广泛地运用于社会的各个方面,成为社会上的流行词语,使得语言中的商业文化气息日渐浓厚。例如:市场、推销、包装、上市、成交、买方、卖方、投资、优惠、老板等词语,原来只在商业领域用,而今其词义已泛化,使用范围大大扩大。而一些股市专用术语,例如:反弹、牛市、熊市、大户、价位、托盘、崩盘、套牢、解套等,也都广泛地进入了社会生活的其他领域。

二 新词语与"安贫"观念的变异

"抑商"是中国历代封建统治者的基本国策,也是社会民俗心理的具体体现,其带来的后果之一就是社会的封闭和民众的贫穷。对于贫穷,历代统治者却能泰然处之,因为贫穷的只是社会和百姓,统治者的花天酒地是不会受影响的。历代圣贤对贫穷也多有论述,孔夫子主张"君子固穷""君子忧道不忧贫""不患寡而患不均,不患贫而患不安"。孟子把"富"与"仁"对立起来,"为富,不仁矣;为仁,不富矣",以致《汉书》中有"贤而有才(财),则损其志;愚而多才(财),则益其过"的论述,看来不管是谁,钱多了都会出麻烦。至于道家的"小国寡民""安贫乐道"的思想,对贫穷更是习以为常,甚至是极力追求的。这种"安贫"思想在中华民族的历史中经久不衰,直至新中国建立后,我们仍可窥见其影响之巨——"宁要社会主义的草,也不要资本主义的苗""穷过渡""越穷越革命,越穷越光荣""穷棒子精神"等滑稽可笑、陈旧迂腐的口号竟然被视为必须恪守的金科玉律。长期以来,这些思想严重制约了社会经济的发展。

改革开放以来的巨大变化,使得长期处于贫困之中的中国人表现出前所未有的对物质生活的渴望。过去中国人羞于谈钱,不习惯露富,现在人们以赚钱为荣,公开谈钱,当众夸富、比富。过去一些关于"富"的词语往往程度不同地含有贬义,今天都堂而皇之地进入了人们的经济生活,甚至成了人们的奋斗目标,例如:发家致富、见面发财、大款、富豪、巨富、首富等。相反,对于贫困一类的词语则以另外一种面貌出现,如:脱贫、扶贫、脱贫致富、解困等。

经济生活和民俗观念的变化,大量新词语表现人们物质生活享受,并成为了热门词语。在娱乐方面,例如:派对、酒吧、氧吧、网吧、迪厅、蹦迪、夜总会、KTV包房、卡拉OK、桑拿浴、高尔夫球、搓麻、吧女、按摩女郎等。在生活方面,例如:豪吃、猛撮、狂饮、AA制、快餐、自助餐、豪宅、商厦、花园、连锁店等。一些商品的商标也常常冠以"霸"(彩霸、视霸、音霸、凉霸、词霸、小霸王、巨无霸、超霸)、"王"(画王、彩电大王、王中王、真皮大王),"皇"(果皇、派皇、蚁皇、鱼翅皇)等等。这些词语反映了城市生活中的时髦事物或热点现象,使用频率很高。广告本身就是改革开放的新事物,人们对广告也经历了一个由不习惯、不买账到成为人们生活中的重要组成部分的过程,人们的消费观念和消费方式正不知不觉地受其影响和操纵。广告语言进入人们日常生活,不仅仅在于广告语言的标新立异,使人耳目一新,从而满足人们趋新求异的心理需求;更重要的在于广告语言所包含的商业信息和文化内容,迎合了城市人群的享乐主义心态和当前特定阶段社会的物欲化倾向。

三 新词语与婚恋观念、性观念的变异

汉语词语反映出了汉民族的文化传统和汉人的心态,如对婚恋观念和性观念,汉民族的传统倾向是保守而含蓄的,人们非常重视传统美德,小心翼翼地维护着家庭的稳定。改革开放以来,社会环境宽松了许多,表现为更多的民主、宽容和道德更新。人们在婚恋观念上的变化明显地体现了这一点,如离婚的多了,婚前同居的多了,婚外恋的多了。对这些,我们都应视其为社会生活的正常趋势。为了适应这些新的婚恋观念,一些新词语相应出现了,现在人们不大愿意用"离婚"一词,大都用"离异"或"离了""分手了"等语。同时出现了"半边家庭""单亲家庭"等新词语,专指父母离异分居后,孩子只跟父亲或母亲生活的家庭,而非指父母一方已死亡。这类新词语反映了家庭组织结构的变化,从社会观念的角度来说,人们已不再以离婚为耻了。

对于婚姻以外的性爱,在汉民族一直受到舆论的谴责,认为是不符合社会公德的不道德行为,过去称之为"轧姘头""通奸",称这类人为"姘夫""姘妇""野男人""野女人",这类词语虽不雅观,但表达了人们对这类行为的憎恶,有此行为者在单位往往抬不起头来,自然影响到升迁和进步。后来,人们代之以比较含蓄的词语来指称,例如"生活问题""生活作风""作风问题",这又与政治挂上了钩。近年来,随着婚外性行为的事多了起来,人们的说法就不像以前那样尖刻,不再与什么"作风"之类联系起来,而改称为第三者、插足、婚外恋、外遇、情夫、情妇等,

与过去比，显得雅洁而宽容。与婚外性行为有关的新词语也成批出现，例如傍大款、傍家儿、小蜜、搓蜜、挎蜜等，这些词语已见不到多少谴责和鄙视，却带有几分炫耀和满足，甚至成了城市的流行语。

中国人长期以来对婚姻家庭十分重视，对婚恋问题一向保守而谨慎，这种传统心态虽然有利于家庭的稳定，但有时也压抑甚至牺牲了个人的感情。改革开放以来，人们婚恋观的变化总体上说是积极的，对爱情的价值有了新的认识，现在人们敢于去爱，也敢于去冲破那些已名存实亡的婚恋的束缚。然而，从上面那些"时尚"的流行词中我们也看到在性解放、向钱看的思想影响下，一些人抛弃了我们的传统美德，对家庭毫无责任感，玩弄感情，背叛爱情，出卖爱情的人逐渐增多。我们似乎看到，过去爱情与政治的结合正在悄悄地变为今天的爱情与金钱的联姻，其实两者同样贬低了爱情在人们心目中的价值。

多少年来，人们恪守男大当婚、女大当嫁的民俗规约，未婚的正常男女不多，对这些人人们习惯称之为单身、光棍、王老五、老姑娘、女光棍等，而今一个"单身贵族"则表示出了他们的单身不是自身条件的问题，而是自己愿意单身的"贵族"生活，多了几分潇洒，少了几分尴尬。"家庭妇男""家庭主夫"的出现，则反映了另外一种家庭观念，表明了现代中国男人不再以分担家务劳动为耻，进厨房也不再是妇女的专利，大男子主义再也不能压倒一切，妇女的作用和地位得到了承认。近几年，在男女恋爱方面又出现了一个新词"花"，说"这个人很花"，意思是这个人在交异性朋友方面很开放、很随便。由此又引出了"花功"一词，指用花言巧语博得对方好感的本事，这个词很有点戏谑色彩，有点调侃的味道，没有什么贬义，使用时往往是很随便的场合，很友好的态度，在认为某人流氓成性、品质恶劣时绝少使用。

四 新词语与针砭时弊

在中国漫长的封建统治中，历代统治者为了维护其统治，只喜欢听百官百姓歌功颂德、山呼万岁；对于批评意见当然要压制扼杀，以至在清代演绎出骇人听闻的"文字狱"。在国民党统治区公众聚集的场合，"莫谈国事"的标语随处可见。新中国成立以后,在"反右""四清""文革"之类极"左"的政治运动中,那些爱提意见的、爱发牢骚的、不肯歌功颂德的人,当然就避免不了受迫害的厄运了。改革开放新时期的开始,一改几千年的传统,恢复了我党实事求是的作风,营造了一个和谐、民主、自由的社会环境和社会风气,人们终于可以畅所欲言了。在这一时期出现了许多针砭时弊的新词语,一方面反映了人们"怨愤时弊"的心态,另一方面也可以看出人们的社会主义是非观的成熟和思维方式的成熟。今天人们才可以毫无顾忌地针砭时弊,不管是在酒桌上,还是在出租车上,甚至在支部会上,大家皆可畅所欲言。姚汉铭先生曾经做过一个较为精确的统计,他把一段时间内在《人民日报》《光明日报》《解放日报》《文汇报》等报刊上陆续积录的1220个新词语,分为十三类,其中反映社会问题的共110个,占8.9%,排在第五位,仅次于排在前四位的反映人们物质生活和精神生活改观的、反映党和政府的内外决策的、反映城市经济体制改革的和反映科学技术现代化的内容。可见反映社会问题的新词语数量之多。①

　　官僚主义、不正之风是人们深恶痛绝的,它败坏了党的威信,损坏了革命的肌体,而这些又是和人们生活息息相关的。因此人们对此谈论颇多,自然出现了许多新词语。有针对官僚主义的,例如:表面文章、大呼隆、大锅饭、踢皮球、公文旅行、官商、官倒、衙门作风、会议风等,有针对不正之风的,例如:小金库、吃喝风、文艺商品化、违章建筑、以权谋私等。

　　通过这些新词语我们可以看到人们的社会心理颇为复杂。一方面人们对社会弊端具有强烈的不满,另一方面对这些普遍存在的问题有些无可奈何,所以这些词语往往带有一定的调侃、戏谑的味道,或者说是种玩世不恭的幽默。他们既对某些现象不满,但又无力解决,甚至对彻底解决这些问题失去了信心。人们用"牛郎织女"指长期两地分居的夫妻,幽默中又颇多辛酸;把不易察觉的刁难和报复称为"玻璃小鞋",诙谐中又有几

---

① 参见姚汉铭《论新词语的文化分布、产生途径及成因》,刊于《曲靖师专学报》1990年第4期。

分愤懑;把公文辗转传阅、轮流画圈拖延时日的低效率称为"公文旅行",嘲讽中又带上几分无奈;把首长们互相推诿责任称为"踢皮球",戏谑中又有了几分无助。

改革开放以来,人们对社会主义有了更清醒的认识。有了比较成熟的是非观,对一些败坏社会主义事业的坏人坏事不仅仅停留在不满上,而是义愤填膺,于是此时也产生了一些反映与时弊做斗争的新词语。有表示正面斗争的,如:碰硬、举报、扭送等;也有反映对腐败现象怒而骂之的,如:车霸、路霸、电霸、煤霸、水霸、粪霸、房老虎、税老虎、衙内等;也有不乏冷嘲热讽的,如:关系网、关系学、关系户、进贡、烧香、权力股、花架子、权力经商、有权不用过期作废等。这类词语不管是嬉笑怒骂,还是调侃戏谑,人们的用意都是好的,他们希望通过反腐倡廉,使国家兴旺发达。

此类新词语与一般新词语不同的是,其首次出现于党和国家领导人之口,或出自党和国家的重要文件,此后才在社会广泛流行,例如:"经济犯罪""以权谋私""腐败因素"等新词语是邓小平同志在1983年10月12日十二届二中全会上的讲话中提出的。"权钱交易""举报站""举报制度""举报中心""举报电话""廉政法规""廉政措施""廉政建设""两公开一监督"等新词语是尉健行同志在1988年12月20日第一次全国监察工作会议上的报告中提出的。1993年8月20日,在中纪委二次会议上,党中央明确提出了反腐败斗争,再次表达了反腐败的决心和信心,以后同腐败与反腐败斗争有关的新词语如雨后春笋般出现,如:大案要案、廉洁自律、自查自纠、制止三乱、标本兼治、综合治理、从严治党、派出机构、监督机制、五九现象等。这些新词语表明党和国家对腐败等问题的深入了解和解决这些问题的举措。一方面我们从中可以看到老百姓对腐败等社会弊病的深恶痛绝;另一方面也应看到党和国家根治腐败等社会弊病的决心。

参考文献:

1. 陈建民(1999)《中国社会和中国文化》,广东教育出版社。
2. 陈原(1985)《社会语言学》,学林出版社。

3. 李宗桂（1988）《中国文化概论》，中山大学出版社。
4. 刘叔新（1990）《汉语描写词汇学》，商务印书馆。
5. 萧雁（1991）新时期汉语新词的出现与新时期社会心态，《徐州教育学院学报》第4期。
6. 姚汉铭（1998）《新词语·社会·文化》，上海辞书出版社。
7. 张志毅 张庆云（1997）新时期新词语的趋势与选择，《语文建设》第3期。

（原载谭汝为主编《民俗文化语汇通论》，天津古籍出版社2004年版）

秘密语与民俗文化

一 秘密语概说

谈到秘密语,很多人会想起下面这些对话——"天王盖地虎。""宝塔镇河妖。""蘑菇,溜哪路?什么价?""嘿!想啥来啥,想吃奶,就来了妈妈,想娘家人,小孩他舅舅就来了。""哂达?哂达?""正晌午时说话,谁也没有家。"……这是小说《林海雪原》里杨子荣乔装打扮,打入匪窟时面对土匪的黑话盘问,用黑话对答如流。黑话就是秘密语的一个类型。

秘密语是为了满足集团或群体内部交际而制造和使用的,带有不为局外人所知晓的隐秘性,是特殊的语言变异现象。具有黑社会性质的秘密组织或集团(如帮会集团、盗窃集团、赌博集团、流氓集团等),为掩盖其行径而制造和使用的特殊用语——黑话,是最典型的秘密语。另外,某些民间行业为了自身利益,保守内部秘密,对一些不可与外人说的信息,也用秘密语来表示,人们也称之为行业语、行话。当然,这并非是行业语或行话的全部,因为行业语或行话的绝大部分不是秘密的。在行业秘密语中,有关数字的秘密语最能反映行业语的本质特点。(请看表一,表二。)

汉语词汇及其运用研究

表一

	山西商行	浙江炭业	冶铁作坊	旧货业	旧货业	金银业	服装业	粮店业	粮店业	古董业
一	土	土头	丁	口	口	口	口	勺	子	由
二	欠	贝	鞭	人	人	介	月	排	力	申
三	又	爱	沿	工	工	春	太	川	削	人
四	长	长	吊	比	比	比	土	方	类	工
五	人	竖人	磨	才	才	正	白	香	香	大
六	上	耳朵	汤	伟	渭	位	田	伦	竹	王
七	才	木	草	寸	寸	化	秋	戮	才	主
八	力	竖刀	敲	根	本	利	三	颖	发	井
九	王	合	挽	本	金	文	鱼	欠	丁	羊
十	大	交	留	金	首	成	无	席	足	非

表二

	杂货业	宋代蹴鞠业	杭州药业	梨园	沪上赌博业	优伶业
一	平头	解数	羌（羌活）	一江风	项张	忆多娇
二	空工	勘赚	独（独活）	二郎神	子张	耳边风
三	眼川	转花枝	前（车前子）	三学士	吃张	散秋香
四	睡目	火下	紫（紫胡）	四朝元	出牌	思乡鸟
五	缺丑	小出尖	梗（桔梗）	五供养	对煞	误佳期
六	断大	大出尖	参（人参）	六幺令	成功	柳摇金
七	皂底	落花流水	苓（茯苓）	七娘子	青一式	砌花台
八	分头		壳（枳壳）	八甘州	砌牌	霸陵桥
九	未丸		草（甘草）	九菊花	抓牌	救情郎
十	田心		芎（川芎）	十段锦		舍利子

事实上秘密语的制造和使用远不止上述领域。在一些非职业性群体中，常常存在着不为外人所知的秘密语现象。除了黑话、行话以外，关于秘密语的说法还有很多，如隐语、切口、暗语、集团语、市话、春点等。其中隐语用得最多，我们之所以用秘密语，而没有采用隐语，最主要的原因是隐语是一个多义词，《辞海》《现代汉语词典》中的"隐语"，其最重要的，也就是第一义项指的是"廋词"，即古代的谜语。"隐语"的义

项中与秘密语有关系的义项是"黑话",而黑话不能代表秘密语的全部,这一点上面已经提到。至于切口、春点、侃语、杂话、曲本、背语、庙语等说法,都属于各地方言和各种组织或集团内部使用的称谓,都没有社会基础。或许可以这样说,这些称谓的本身很大一部分就是秘密语,既不通行,又不明确,只是在一定的人群中流传,不可能在社会上通行。因此,我们认为"秘密语"是较合适的称谓,因为它能够统括所有为保密的目的而制造和使用的语言变异现象。

二 秘密语与社会民俗心理

秘密语的产生有着深刻的社会原因。一般说来,如果某一个时代秘密语数量大、类型多、分布广,那么就可以认定:这个时代秘密组织多,社会秩序比较混乱;反之,则说明社会较为安定。回顾秘密语的发展史,从明清到新中国建立之初,在这一段动荡混乱的历史时期里,存在着盗匪秘密语、帮会秘密语、窃贼秘密语、娼妓秘密语、赌博秘密语、流氓秘密语、丐帮秘密语、江湖秘密语等等,名目繁多,数量惊人。"文革"时期,产生了一些新的秘密语,一些陈旧的秘密语得到了恢复,这和当时社会混乱、恶人横行有着直接的关系。秘密语的产生还和那些处于半公开或地下状态的社会职业有着直接的关系。所谓半公开的职业虽有与社会大众相通的一面,也有其内部秘密,为使其内部利益不受损失,秘密不被泄露,在言语交际上必须内外有别,于是就制造和约定一些内部人使用的语言符号,以回避外人。至于那些处于地下状态的社会职业,问题更为突出,因为这些职业往往是与当时的社会相抵触,为法律所不容。他们为达到背人的目的,求得生存,其组织活动必须严格保密。秘密语就是为了适应这种特殊需要而产生的。

语言学者潘家懿先生在晋南搞方言调查时,在夏县东湖了解到当地织席贩屦业秘密语的使用情况。当地农民经常要当着众人谈论席子和苇子的价格,为了不吃亏,内部就有一套暗语,如把苇子叫"蛇",把席子叫"本",买叫"乃",卖叫"讲",价格高叫"同",价格低叫"范",一、

二、三、四叫"一溜""打番""居沉""套子",外人听不懂,他们做买卖就方便多了。改革开放后城市个体户形成了一个特殊阶层,他们为繁荣经济为人民生活提供了方便,但在他们内部常常使用一些变异的词语,带有反正统、反规范的意味。这些词语只有他们内部人懂,是连接行业群体的语言纽带,这种语言实际上就是一种秘密语。比如在上海等地的个体群体中,他们把钱叫"分""血",有钱叫"分挺",赚钱赢钱了叫"进分""拿分""得分",赔本输钱了叫"坏分",借钱叫"输血",花钱叫"出血",一千元叫"一门",一百元叫"一条",十元叫"一张",一元叫"一分"。便衣警察叫"阿条""雷子",打麻将叫"砌墙头",妓女叫"煤饼"等。至于盗窃集团、匪帮组织、秘密帮会、拐骗团伙、流氓赌棍,他们的罪恶行径和不可告人之处,则更需要秘密语来掩护。

通过一些秘密语的产生和使用,我们还可以看到当时的民俗心理活动。在江湖中使用秘密语的人群有两种人最多,一是估衣当铺、银楼钱庄等五花八门的工商业,形成城市中最早的商人阶层。一是算命相面、挑方卖药等三教九流的江湖艺人。"重农抑商"是中国社会的传统意识,因此,那些商人们在努力赚钱之时,不得不注意保密,他们常常存有戒备心理,秘密语便显得十分必要。在那些五花八门的工商行中,几乎每一行都有十分丰富的秘密语,且各有禁忌。估衣铺的伙计与老板商讨价钱,外人绝对听不懂,旨在保密和赢利。制锅业的商品分类秘密语十分繁复,不同尺寸有不同的秘密语。粮食业不同时间成熟的米也有不同的秘密语。秘密语的数量本不太多,但与数字有关的却非常发达,在我们前面所列的数字秘密语中列举了十几种,实际上,数字秘密语远远超过这些,仅陈克先生的《中国语言民俗》中就收录了60多种,几乎每个行当都有自己的数字秘密语。商人们一方面在做生意挣钱,一方面又不得不做着重义轻利或避利就义的事情,内心的矛盾可想而知。

江湖艺人、乞丐、窃贼等生活在社会底层,非常重视在社会上自尊自重,他们往往用秘密语的表层含义来掩饰其真实的面目,这既是一种自我安慰,又隐含着他们对社会的反抗。如他们把抢劫冠冕堂皇地称为"慰问",偷窃叫"捡"或叫"借钱",偷私人的叫"义务献血",偷别人身

对外汉语教学求索集

上现带的东西叫"洗衣服",白天行窃叫"上白班",晚上行窃叫"上夜班",可见他们也有向往正常生活的一面。他们虽然也想自尊自重,但总觉得背后有世人轻视的白眼,使得他们十分多疑,如同一个生活十分敏感的人。其实,在他们所谓自尊自重的背后是自轻自虐,可以说愈自尊的人愈自卑,自尊是表面的,自卑才是深层次的心理。

三 秘密语与民俗传统及古代文化

应该说秘密语本身就是一种民俗现象,当然这种民俗具有社会性,使用于制造和使用秘密语的各种组织、集团或群体内部之间。一方面我们看到各地的风俗习惯对秘密语的产生和发展有着很大影响,另一方面,我们也看到有些秘密语反映了特定的民俗事象,可以说这些秘密语是我们了解、认识民俗现象的宝贵材料。因此秘密语的研究不仅依赖于民俗的研究,反过来也可以为民俗研究打开一扇窗户。

有些秘密语的产生带有鲜明的民俗色彩,是某些民俗现象的折射和反映。如在广东,"食烧猪"是淫业秘密语,指尚是处女的妓女第一次接客破身,也指嫖客娶琵琶仔为妻,举行婚礼。"食烧猪"本是广东一民间习俗,指新婚之夜,新郎以白布或白绸验新娘是否贞洁,确定其贞洁后,男方准备数十头烧猪以分饷诸位亲朋好友。显然淫业的秘密语"食烧猪"是"食烧猪"民俗的延伸。过去人死之后有以黄纸盖脸的习俗,所以上海一带就把"黄"作为死的秘密语。过去人们以猪肉祭祀,凡参加祭祀者均可分得一块,于是在台湾的市井秘密语中"分猪肉"指人均一份。旧时年末,老板要请伙计们吃饭,如果老板给某位伙计夹一块鸡肉,即表示来年辞退,于是"无情鸡"便成了香港市井被辞退、被解雇的秘密语。以特定的民俗事象作为背景的秘密语数量肯定不少,只是至今许多民俗事象已无从查考,因此很难梳理秘密语与某些民俗事象的关系。

有些秘密语的产生是以特定的民俗传说为依托的。旧时人们传说雷公击鼓,才有雷声,或是上天发怒便打雷,于是清代江湖便有把打雷称做"布鼓""天威"的秘密语。民间传说"鹤鸣可及于九天",清代江湖便把"天闻"作为鹤的秘密语。传说鲤鱼跳龙门后就化做龙,于是旧时的鲜鱼行,"化龙"便成了鲤鱼的秘密语。据传绍兴人生女后将酿酒埋于地下,待女子出嫁时作为陪嫁,于是许多地方的饮食业便将"女贞陈绍"作为多年酿造的绍兴酒的秘密语。

当然也有另外一种情况,即通过某些秘密语的微观透视,也能捕捉到该词语运行时代的社会特点,我们可以了解或认识一些民俗现象。市井秘密语中,以"跑外的"指丈夫,以"内政"指妻子,我们从中可以见到当时"男主外,女主内"的思想已相当流行。清末民初,拐匪集团把大脚妇女叫做"稀稀",我们从中可以见到当时社会上的缠足陋习,大脚妇女极为罕见。明清时江湖人称卖为"嫁",从中可以看到当时买卖婚姻盛行,嫁女犹如卖女。清末上海流氓集团把捕后被释放叫做"脱梢",反映出当时被捕的犯人往往是数人的辫子扎在一起,以防逃跑,也可以从中知道当时的犯人是留长辫子的。《警世通言》称性病为"广疮",说的是这种病是从国外通过广东传入我国的,也反映了当时人们对性病的看法。旧时人贩子把孩子叫"石头",贩卖儿童叫"搬石头""得石头""贩石头",借此我们可以了解到当时的"求子"风俗,即把一块石头放在山中的树桠之间,名为"压子""拴子",以此向山神乞求赐子。

禁忌、避讳也是社会生活中重要的民俗事象,各行各业均有各自的禁忌民俗,自然也就形成了这些禁忌民俗的秘密语。在秘密语中名词数量最多,而其中最完整、最复杂的是称谓语。民初时,跑江湖的称父亲为"老戗",称母亲为"磨头",哥哥叫"上排琴",弟弟叫"下排琴",丈夫叫"孙食",妻子叫"果实",这些秘密的称谓十分朴素地反映出长幼有序的家庭伦理观念。儒家所谓的君君臣臣、父父子子的关系,在江湖上的体现便是师傅与徒弟的关系。如称老师为"老帅",帅有漂亮、精神的意思,这里有对老师的尊敬。师傅带徒弟不叫教导,而叫"夹磨",有"受尽折磨,方为铁汉"的意思,可见教训之严。从中我们可以看到,无论江湖艺人是否读过儒家经典、宗法礼教,儒家的这种亲亲与尊尊的伦理道德观念也已经深入到中华民族的潜意识里,江湖艺人自然深受这种意识的影响。另外,对各种不同身份、性别、年龄、品质的人都有着详细而系统的秘密称谓。如叫道士为"化把",尼姑叫"念把",和尚叫"治把"。人叫"齿",坏人叫"流紧齿",好人叫"到齿",小孩叫"范齿",老人叫"晚齿",外人叫"旺齿"。良家妇女叫"子孙窑儿",寡妇叫"空心果",都含有强调女性是传宗接代的工具的意思。媒婆的秘密语有"执柯""撮占山"等几种说法,这也可以见到古代父母之命,媒妁之言的婚姻形态。

五行学说,天干地支,阴阳八卦等是中国古代文化的重要内容之一。从秘密语的系统中我们还可以看到阴阳五行的痕迹。在地名中,阴阳五行与方向相配是金木水火土、西东北南中,北京地处北方,叫"水部",山东在东,叫"木地",山西偏西,叫"金地",江南在南,叫"长火",广东、广西一个在东,一个在西,分别叫"粤木""粤金"。一些季节、时令的秘密语也常与五行学说、阴阳八卦或天干地支联系起来,如用"寅月""卯月""辰月""巳月""午月""未月""申月""酉月""戌月""亥月""子月""丑月"指一年的十二个月。"木季节""火季节""金季节""水季节"指一年的春、夏、秋、冬四个季节。用"木头""火头""迎金""水头"指立春、立夏、立秋、立冬。

中国古代的文学艺术、史籍典册、哲学观念、民俗信仰等也影响着江湖秘密语的产生,很多秘密语都有着中国传统文化的根源,可以认定,在江湖中不乏舞文弄墨,精通经史的文化人,正是这些文化人制造出许多充分体现我国古代文化的秘密语。如笑叫"巧倩",取《诗经》"巧笑倩兮,美目盼兮"之义;肥胖叫"濯濯",取《诗经》"麀鹿濯濯"一句;大路叫"周行",取"置彼周行"一语;富贵人家叫"润屋生",取自《礼记·大学》"富润屋,德润生"一语;云彩叫"出岫君",取自陶渊明《归去来辞》"云无心以出岫"一语;太阳叫"出扶桑",出自刘向《淮南子》"日出于旸谷,浴于咸池,拂于扶桑,是谓晨明";长江叫"襟三",出自王勃《滕王阁序》"襟三江而带五湖"一语;奴仆叫"旦称",因为戏曲中旦角常自称为"奴家",人们曲解为"奴仆之家";月亮叫"兔窟",因为传说月亮中有玉兔;舌头叫"心苗",因为中医认为"舌为心之苗"。

汉语词汇及其运用研究

这些文化人不仅利用古代诗文制作出许多秘密语，还熟练地运用古代典故制作出许多秘密语，这些古代典故流传较广，是人们喜闻乐见的。前面提到的把媒人叫做"执柯"或"伐者"，取典于《诗经·豳风·伐柯》："伐柯如何？匪斧不克。取妻如何？匪媒不得。"把歹人称之为"汉忌韩彭"，韩信、彭越均为汉高祖刘邦手下大将，因韩信被控谋反，而彭越原本就是楚将，刘邦对二人心存戒备，所以以此指歹人。星相业称初出江湖者为"隆中"，显然出典于刘备三顾茅庐，诸葛亮隆中对策的故事。称舅父为"曹国"，显然是八仙之一曹国舅的歇后藏词。称驴为"果老"显然出典于《东游记》"张果老常骑一白驴，每倒骑之"。

秘密语受传统文化的影响还体现在某些秘密语本身讲究美感上，充分利用汉字的读音，汉语的字词结构上。如优伶行的数字秘密语以谐音方式构成，而字面意义与数字本身却无半点联系，他们称1～10为忆多娇、耳边风、散秋香、思乡鸟、误佳期、柳摇金、砌花台、霸陵桥、救情郎、舍利子。有些秘密语还讲究对仗，如女烟鬼叫"艹芙子"，男烟鬼叫"片芙子"。有的讲究形象意会，美人叫"子见犹惊"，冷淡叫"秋意"，顾客不爽直叫"古董"。有的秘密语还颇具幽默感，如把袜子叫"熏筒子"，鞋叫"踢土"，印度巡警叫"乌木秆子"，越南警士叫"安南藤帽"，外乡人叫"嘟噜"等。

修辞学的"拆字格"即拆合寓意的方式，也常用于秘密语。如称天为"一大"，末为"一木"，以"平头""空工""眼川""睡目""缺丑""断大""皂底""分头""未丸""田心"来指从1～10。还有的把1～10称为"丁不勾""示不小""王不直""罪不非""吾不口""交不义""皂不白""分不刀""馗不首""针不金"。这些秘密语显然出自文化人之手，一经约定俗成便流行使用起来，这类秘密语直接以母语书写符号为本，化雅为俗，雅为俗用，类似字谜，别有一番情趣。

四 秘密语的社会化

可以说秘密语所反映的事象，填补了共同语在某方面的空缺，人们在谈及这些事象时，就会很自然地用这些秘密语，这样反复使用，使其不断扩散，逐步社会化，并进入共同语。我们应该承认，使用秘密语的各种行帮、组织、集团是一种现实和历史的存在，作为一种存在，人们便不会对其视而不见、听而不闻，甚至会有人对此产生兴趣，去破译某些秘密语，这样自然也会产生人们对某些秘密语的使用和工作，使某些秘密语失去隐秘性，走向大众社会。我们还可以从文学作品，尤其是一些记实性文学作品中看到秘密语的使用，如本节首所引的《林海雪原》。最近我们从港台文学作品、影视作品中不断看到娼妓秘密语，随着这些作品的传播，这些秘密语也不会感到陌生了，而一些新闻媒体对一些秘密语的使用，则进一步加速了秘密语的社会化。从学术角度讲，语言学、社会学、民俗学、历史学等学科都关注秘密语现象，这对秘密语的搜集、整理和研究，特别是对秘密语的传播和社会化提供了条件，从语言学角度讲，秘密语多采用比喻、借代、夸张、析字、藏字、反语、象征等修辞手段，很容易引起人们的注意并借用。

  词汇是语言中最敏感的部分，和社会的关系最近，往往随着社会的发展而发展，随着社会上一些事物的消亡而消亡，但这种语言的消亡与有关事物的消亡并非是同步的。如前所述，秘密语多产生于社会混乱之时，多为法律所不容，与社会相抵触。那么，今天这种现象已经逐渐消亡，社会也发生了根本的变化，秘密语是否也立即消亡了呢？显然不是，有些秘密语消亡了，然而有些秘密语非但没有消亡，反而伴随着社会化的进程，它已成为普通词语，进入共同语词汇系统。

  秘密语的社会化首先表现为一些秘密语不改变原义，直接进入共同语，成为普通词语。如"绑票"原是东北地区盗匪集团的秘密语，意为抢劫人质以勒索。而《现代汉语词典》意为"匪徒把人劫走，强迫被绑者的家属出钱去赎"，可见与其原义区别不大，从中我们可以看到作为秘密语的"绑票"已经社会化了。与此相关的"肉票""撕票"原义分别为"被盗匪绑去，作为勒索钱财的人质"，"盗匪集团勒索钱财不成，将人质杀害"，均属盗匪、帮会秘密语，而《现代汉语词典》的释义与其原义没有多大区别。类似的词语还有许多，像我们现在常用的"撑腰""出点子""小白脸""扫兴""杀风景""扯淡"等语词均出自秘密语,而这些普通语汇的含义与秘密语汇的含义没有太大区别。

在秘密语进入共同语汇系统的过程中,我们见到的另外一种情况是:将一些有着极强局限性的秘密语的语义泛化,产生泛指义,或在秘密语的语义基础上产生新义,这些秘密语正是在泛指义和新义上成为普通词语。如"倒贴"原是娼妓秘密语,指妓女反给嫖客或爱她的男人钱财。经过语义泛化,成为普通词语,《现代汉语词典》是这样说的:"泛指该收的一方反向该付的一方提供财物"。"卧底"原是江湖组织及匪帮指打入内部潜伏起来,《现代汉语词典》指"埋伏下来做内应",公安内部经常用这个词。"下水"作为秘密语在不同时间、不同地域、不同行业有着不同所指,清末北方市井指男女发生性关系;旧时淫业指妓女初次接客;江苏一带指"被捕";黑龙江流氓集团用"一水没下"指处女。《现代汉语词典》中的第三个义项是"比喻做坏事",如"拉下水",显然这是上面多种秘密语义项的泛化。"下海"属戏曲行业的秘密语,指业余演员转而从事专业演出,而现在"下海"已经泛指科研人员、教师、机关工作人员离开原岗位去办公司、搞实业。已经社会化了的秘密语还有很多,如"跳槽""拉皮条""回头客""接客"等都属娼妓秘密语,"走穴""托儿""大腕儿"等都属江湖秘密语,现在这些词语都可以用在更宽泛的地方。这些词语泛化后在语义和语用上虽已发生很大变化,但由于秘密语本身所具有的劣根性,也往往使这些词的品位不高、格调低下。

一些秘密语的社会化过程首先是在一定区域内进行的,随着一些秘密语的保密性的削弱,而逐渐成了本地区的通用词语,从而转化为当地的方言俗语。如果进一步扩大,那就可能进入共同语中的普通词汇了。陈刚先生的《北京方言词典》中所收录的词条有不少是来自各种秘密语的。像"局子"(犯罪集团指公安局或监狱)"卧底"(埋伏下来做内应)"肥"(盗匪集团指被窃的人家很有钱)"武大郎"(市井指妻子有外遇的人)"将军"(江湖指门锁)等等,这些词语在山东,甚至北方其他地区都不会感到陌生,把它们中的一些词语说成山东一带的方言俗语也未尝不可。

现代秘密语中最特殊、最活跃的一个部分，就是校园秘密语。校园秘密语与我们前面谈到的秘密语有着本质上的不同，它与社会的安定与否没有直接的关系。今日大学校园虽无秘密可言，但仍有一些不便直说，或直说后效果不好的言语，这其中有相当一部分成了委婉语词，也有一部分用他们自己创造的秘密语替代了。在这个群体中，他们对这些秘密语运用自如，这其中的绝大部分外人是不明其义的。这集中体现了大学生掌握现代科技的优势，他们巧妙地运用了一些计算机术语，如"这人整个一个286"（指行动迟缓的人，像一个286计算机），"他呀，内存不够"（指知识储备不够），"死机了"（指出现障碍，不能继续干某事），"瞧你，多媒体呀"（多没体面）。大学生们对股市有着极大的兴趣，于是校园里就出现了这样的秘密语："你这是垃圾股，我才是绩优股"（自己的某方面或某物明显高于对方），"他俩早晚得崩盘"（指一对恋人分手）。玩麻将是一些大学生的消遣，一些麻将术语也成了校园秘密语了，如"二饼"（指戴眼镜的人）、"上挺"（再有一门不及格就拿不到学位了）、"和了"（húle）（拿不到学位了）。他们还把课上、书上学到的一些知识活用到语言中，如"葛朗台"（小气鬼）、"花间派"（爱不专一的男生）。还有一些大学生和中学生套用一些影视作品的名称来指每一天，"走向深渊"（星期一）、"路漫漫"（星期二），"夜茫茫"（星期三），"冲破黎明前的黑暗"（星期四），"归心似箭"（星期五），"胜利大逃亡"（星期六）。人们常说秘密语是社会的一面镜子，这些校园秘密语同样反映了大学生们的精神状态，透过这些秘密语我们可以了解今天大学生的新潮、前卫、幽默、智慧，诡谲而不失情趣，斑斓而不失自我的特质，虽有些玩世不恭，我行我素，但仍不失其天真无邪、诚实可爱的一面。我们从中也可以看到这些大学生身上所具有的强烈的时代感和较高的文化层次。另外，这些校园秘密语不仅丰富了大学生的语汇，其中一些语汇很可能影响到整个汉语。校园秘密语与传统的秘密语存在着本质的不同，不是社会混乱的产物，校园秘密语中的绝大部分是积极的、健康的，再加上他们较高的文化素质，使得这些校园秘密语产生和使用的过程，就是在用积极的修辞手段丰富汉语语汇的过程。

参考文献：

1. 陈建民（1999）《中国社会和中国文化》，广东教育出版社。
2. 陈原（1985）《社会语言学》，学林出版社。
3. 李宗桂（1988）《中国文化概论》，中山大学出版社。
4. 刘叔新（1990）《汉语描写词汇学》，商务印书馆。
5. 刘中富（1998）《秘密语》，新华出版社。
6. 曲彦斌（1999）汉语民间秘密语语源探析，《语言教学与研究》第 4 期。
7. 王慧（1997）江湖隐语的文化心理分析，《赣南师范学院学报》第 1 期。
8. 于全有（1999）校园流行隐语技法阐微，《修辞学习》第 6 期。

（原载谭汝为主编《民俗文化语汇通论》，天津古籍出版社 2004 年版）

缩略语与民俗文化

缩略语在日常生活中十分普遍，使用频率很高。随手拿出近几天的《今晚报》浏览一番，带有缩略语的标题，可谓俯拾即是——

按照"三个代表"的要求，抓紧培养选拔年轻干部
一路一河系民心　建设切记高标准
十万汇集水上　高考咨询会爆棚
谁能坐上高职"直通车"
国家工商局专项整治行政壁垒
党员"的哥"找到"妈妈"
杀害德商四凶被处死刑
五项指标增幅全国居首
一商拓宽视野向世界
妇联"心堤"网站今开通
泰达新外援难以出炉
戴维营：巴以首次面谈
师范大学拿下"八五"重点科技攻关项目
全国青联学联委员代表赴京
大学生"三下乡"有了保险
总结经验，抓好"四个五"
北京离退休人员将增养老金

在这些标题中，包含了多种缩略语：有数字缩略语"三个代表""一

汉语词汇及其运用研究

路—河""四凶""五项指标""八五""三下乡""四个五"等，醒目而吸引人。专用名词的缩略使题目十分精练，如"巴以""青联""学联""工商局""一商""妇联""水上""泰达"，这里虽有地域性（如"水上"即天津水上公园；"泰达"，即天津泰达足球俱乐部）的限制，但词义还是明确的。"的哥""德商""外援"，一般来说，词义也较为明确。缩略语中，使用频率最高的是提字简缩法，如"高考""高职""整治""增幅""居首""科技"。而"离退休"则是离休、退休的合字简缩，这也是一种重要的简缩法。

缩略法虽然古已有之，但真正发展起来，是到了现代汉语时期，因为汉语词汇一改古代单音字为主的状态，进入汉语词汇以双音节为主的多音节时代，使得词语缩略有了较大的压缩空间。因此，现代汉语缩略语的数量，明显高于古汉语。从社会发展的角度讲，新事物、新概念的不断涌现，也促使缩略语大量涌现。在商品经济的运行中，人们对语言交际提出更加迅捷、简明、高效的要求，体现了当今民俗心理的追求。我们很难想象，如果没有缩略语，人们的言语将会是什么样子，它一定是臃肿、繁杂、啰嗦的，如"泰达新外援难以出炉"将要写成"天津泰达足球俱乐部新来的外国足球运动员难以出炉"，文字增加了一倍半，而语义却不如原来清晰。

一 缩略语的特点与民俗心理

现代汉语缩略语与古代汉语缩略语相比，我们看到语言和社会的发展，看到人们民俗心理的变化，与外语缩略语相比，我们看到了其鲜明的民族性。

（一）汉语缩略语体现了汉语词汇双音节为主的发展趋势

缩略语简缩的对象往往不是一个简单的双音节或多音节词，而是一些以诸多双音节词组成的短语。这些短语经过简缩后往往再现了现代汉语双音节为主的模式，这进一步显示了人们追求成双成对的民俗心理，如"公交"（公共交通）"高知"（高级知识分子）"超市"（超级市场）"社科"（社会科学）"推普"（推广普通话）"普法"（普及法律知识）等。

243

一些语言学家经过调查发现,在缩略语中双音节词占总数的百分之八十左右。这一比例与现代汉语词汇双音节为主的状况十分吻合。

(二)汉语缩略语有较强的表义功能

这一点与印欧语相比十分明显,印欧语的缩略语以提取字母为主,因此其表示原语义的功能不强,甚至没有什么表义功能。如 WTO – World Trade Organization(世界贸易组织)、G. P. O – General Post Office(邮政总局)、WMO – World Meteorological Organization(世界气象组织)。而汉语缩略语以提取语素为主,因此其表义功能极强,再加上汉字本身所具有的表义功能使得这些词语虽经简缩,但其字面仍有很强的提示词义的作用。同样是对世界贸易组织的简缩,汉语缩略为"世贸"与 WTO 比提示性明显得多。"欧盟""北约""奥运会"等都能显示出中外缩略语的这一重大不同。正是这点不同,使得汉语缩略语不仅在形式上简约、精练,而在内容上并没受到任何损伤;甚至可以这样说,经过简缩后,词语义更加突出地表现出来。缩略语与一般短语比,信息量要大得多,可见其表义的丰富性,如"五岳""三吏三别""三讲""三个代表"等。缩略语的表义功能,可以体现出汉民族在追求快捷、简明、高效的同时,对表述上的准确性一点也不含糊。不过近几年有些人在语言使用过程中对这一点重视不够,生造出许多缺少表义功能和提示性的缩略语。这一点将在下文中论述到。

(三)汉语缩略语的内部成分之间有着特定的语法关系

由于印欧语缩略语是提取字母的,所以在其内部不可能存在什么语法关系,而汉语缩略语则是提取语素组成的,所以它和汉语一般词汇一样,其内部自然是一种语法组合,绝非是随意的"拼盘"。因此朱德熙先生认为这是"特殊复合词"。我们发现用合成手段构成的双音节的缩略语多为并列结构,如"残疾""工交"(即"工业交通")等,通过合成的手段构成的三音节缩略语多为先并列、后偏正结构,如"中老年""离退休""进出口""中西医""企事业""军烈属"等。而通过简称而成的缩略语多为偏正结构,如"助工""知青""社科""超市""义演""北图"等;但也有主谓、述宾、并列结构的,如"房改""语用""支前""推普""科技""调研"等。我们还注意到绝大部分缩略语的结构都跟原词语相同,如"文教"(文化教育)"挖潜"(挖掘潜力)"外企"(外资企业)"影视"(电影电视)"镇反"(镇压反革命)"建交"(建立外交关系)等。但简缩前后其结构不同的个别情况也有,如"学杂费"(学费、杂费)"党内外"(党内、党外)"三好"(身体好、学习好、工作好)"四有"(有理想、有道德、有文化、有纪律)等。汉语缩略语内部结构的语法关系,同样体现了汉民族在交际中追求快捷、简明的特点,也符合语言表达力求清晰、缜密的思维定势。

(四)数字缩略语在汉语缩略语中占有重要位置

古代汉语缩略语中数字缩略语就占有重要位置,因为对于单音节词为主的并列结构除了数字缩略语外,不可能采用其他的缩略方法。在现代汉语中,虽有多种简略方法,但对于那些两种以上并列结构的词组,若不用数字简缩,则很难形成合适的缩略语,如不能把"废水、废气、废渣"缩成"水气渣",缩成"废水气渣"也不合适,而简缩成"三废"则方便可行。正因为方便可行,所以从古至今,数字简缩法一直很受人们欢迎,如古代的"三皇五帝""建安七子""竹林七贤""扬州八怪"等。而现在数字缩略语在汉语词汇中更是占有重要一席。《现代汉语词典》中,以"三"字开头的词条有 82 个,其中属于数字缩略语的有 26 条,几乎占三分之一。通过数字缩略后形成的一个新的缩略语,也体现了人们对这一词语及它所代表的事物的高度重视。由于数字缩略语与原词语在表面形式上出入较大,所以人们往往很难准确地判断出它的原词语来,使其在表义上不很准确。大量缩略语的使用一方面体现了人们追求交际的简明、快捷、高效,另一方面,数字缩略所体现的泛化和滥用现象也导致了一些人不求甚解的不良倾向。我们还可以见到一些人,特别是领导者思想僵化,语言呆板,讲话、写文章总是有很多自选的数字简略,动辄"几个一""几个不",这些词除了他自己,恐怕谁也不懂。

(五)汉语缩略语的能产性极强

某一缩略语形成之后,往往具有极强的能产性,如同一个个机器零件可以比较自由地拆装组合。当然这种"拆装组合"有着自己的规则和系统。这里最重要的是要发现核心元件,如我国各地有不同层次的师范院校,这些院校都有不同的缩略形式,互不干扰,如"师大"(师范大学)

"师院"(师范学院)"师专"(高等师范专科学校)"师范"(中等师范学校)"幼师"(幼儿师范学校)"外师"(外语师范学校)"技师"(技术师范学院)等。这些缩略语已约定俗成。另外不同地区的这类学校,在此基础上产生了许多缩略语,如北京师大、天津师专、芜湖师范、河北幼师、和平外师等。这些缩略语抓住了原词语中的核心元件"师",再与其他词重新组合,从而产生了规则化、系统化的缩略语系列。类似的例子还有许多,如"国有企业"简缩成"国企"后,人们抓住了"企"这一核心元件,与其他语素或词语组合形成"外企""私企""企管""乡企""企划""企协"等。有些单位全称很长,人们在寻找出核心元件后,进行简缩,并得到了人们的认可,如"科委"(科学技术委员会)"体委"(体育运动委员会)"外经委"(对外经济委员会)"语委"(语言文字工作委员会)"科协"(科学技术协会)"作协"(作家协会)"足协"(足球协会)"妇联"(妇女联合会)"残联"(残疾人联合会)"乒联"(乒乓球联合会)"首钢"(首都钢铁公司)等等。

二 缩略语的交际价值与民俗文化

随着社会和语言自身的发展,人们对语言的本质有了更准确、更清晰的认识,人们认识到语言的交际功能是其最本质的特征,也可以说语言的交际作用正是语言存在和发展的最重要的原因。在人们使用语言的过程中不断追求语言完美,不断化解某些消极因素,不断挖掘提炼积极的因素,想尽一切办法,充分利用现有的语言材料,创造出各种合乎表义需要的语言形式,缩略语正是在这种交际目的、交际心理的驱动和支配下产生的。从某些语词的缩略过程中,我们可以清楚地看到缩略语在交际中的价值和作用。

以简代繁是缩略语在交际中最突出的价值,繁琐拖沓历来是写作的大忌,讲求语言的简明、精练、明确历来被人们奉为写作的一项基本原则。历朝历代的文章大家对此多有议论。这一原则随着社会的发展更加显示出其独特的价值,特别是到了现代信息社会的今天,社会节奏日益加快,人们渴望用最短的时间,最少的文字,输出或获取尽量多的信息。这便进一

汉语词汇及其运用研究

步体现了缩略语在交际中的独特价值。缩略不是删除、不是精简，而是把原词语中的一些成分以简洁凝练的概括形式显现于人们面前。这样经过缩略虽然字数少了，篇幅短了，但原词语所要表达的信息量却丝毫没有受到损失，否则将是不成功的缩略，或者是对缩略语的泛化和滥用。与原词语相比，缩略后在字数上可能会减少若干倍，如"三个代表"，仅仅四个字，而它的原词语应是"代表中国先进生产力的发展要求，代表中国先进文化的前进方向，代表中国最广大人民的根本利益"，是其缩略语的10倍。我们很难想象一篇文章如需要出现几次"三个代表"，不用缩略语而用原文，那将臃肿成什么样子。

在口语交际中，缩略语的价值除了以简代繁外，还含有使口语更流利、更紧凑、更容易被对方接受的作用。在口语中缩略语的出现频率会明显低于书面语，这是因为书面语的读者有反复阅读、反复理解的机会，而口语稍纵即逝。如缩略语使用不当，或使用还没有广泛影响的缩略语，定会影响交际。所以口语中的缩略语使用应注意使用那些已经词化的缩略语，而那些尚未词化或正在词化的缩略语应慎用，以防影响交际的完成。口语交际的对象是比较单一固定的，而书面语交际的对象往往是泛泛的，这样口语交际要考虑到交际对象的各种情况，在口语中缩略语的使用应有很多限制，这也不同于书面语。比如交际的地域环境，交际对象的行业、年龄、性别、文化素质等。这些都决定应该使用哪些缩略语，不该使用哪些缩略语。如对一个农民说"大二""副高"，和一个老人说"迪厅"，和一个年轻人说"工宣队""三支两军"，和一个南京人说"南大"（南开大学），那必然会使听者不知其然或产生歧义，出现交际障碍。

缩略语可以使词语的节奏音律更加和谐。如杜甫的著名诗句"牛女漫愁思，秋期犹渡河"中"牛女"即"牛郎织女"的简缩，这种简缩促成了其五言诗艺术形式的完美。另外像毛泽东的《七律·长征》中"五岭逶迤腾细浪，乌蒙磅礴走泥丸"中的"五岭"本指大庾岭、骑田岭、萌渚岭、都庞岭及越城岭，如不简缩，何以把如此复杂的内容表示得这样完美。填词比写诗的规矩更多，毛泽东在他的气势磅礴的《沁园春·雪》中，把封建帝王秦始皇、汉武帝、唐太宗、宋太祖，简缩成双音节的"秦皇""汉武""唐宗""宋祖"，这些缩略语的运用使"惜秦皇汉武，

247

略输文采；唐宗宋祖，稍逊风骚"成为千古佳句。

从民俗角度讲，当普天同庆、举家欢聚的热闹祥和的春节来临的时候，家家户户都在门上贴上充满幸福吉祥、祝福未来的春联，成为汉民族普通百姓中特有的景观。春联又叫"对联"，这集中反映了春联利用汉字的特点，铸成语言和谐的韵律和节奏，这其中缩略语在特定情况下，尽量满足了人们在这方面的心理追求和客观需要，如：

五谷丰登家家乐　六畜平安户户宁
人寿年丰喜事多　国泰民安风光美
九州春色闹　四化宏图展

"五谷""六畜""人寿""年丰""九州""四化"这些缩略语成就了春联的对仗和韵律，这自然大大有助于烘托春节喜气洋洋的节日气氛，以及对新的一年的美好祝愿。

三　缩略语与社会的发展及民俗观念的变化

词汇在语言诸因素中最活跃，它是社会发展和人们民俗观念变化的晴雨表。缩略语在这方面则是最明显的一个部分。这是因为人们简缩的一些词语除了原词语较长外，其中的绝大部分都是常用词、高频词，这些词语对于社会与观念的反映自然是集中和全面的。透过缩略语这扇窗口，我们可以窥视到社会生活的纷繁变化。

新中国成立前后，政治经济的迅速变化，在缩略语中有一定程度的反映，如"土改""妇救会""支前""抗美援朝""建交""反帝"等。这些缩略语反映了建国前后一些重大事件及社会上的某些现象。当然，社会的发展从来都不会一帆风顺，而缩略语作为历史的一面镜子，如实地记录了这些历史瞬间的混乱和倒退。

党的十一届三中全会以后，中国改革开放的政策深得民心，为中国的经济发展注入了活力，缩略语自然也反映了这些。一些有关经济变革的缩略语是现今人们使用频率最高的。关于农村经济改革的，如"联产承包"

汉语词汇及其运用研究

"双包""两户一体""乡企""棚菜"等；关于城市工业改革的，如"三资企业""外企""独资""合资""转产""三产""超市""股市""特区"等；有关政治方面的，如"一国两制""汪辜会谈""三个公报"等都从不同侧面反映了当时社会的敏感问题。在文化、教育、科技、卫生、体育诸方面缩略语也体现了改革开放后的新面貌，如"普教""博导""副高""普九教育""3 加 ×""会考""二为""五讲四美三热爱""音像""三大球""奥运会""甲 A"等。在改革开放过程中也出现了一些新的犯罪及社会中的一些丑恶现象，缩略语及时地反映了这些，如"走私""贩私""三陪""贩毒""在逃人员""严打""扫黄打非"等。

缩略语在一定程度上也体现了人们观念的变化。社会的发展与人们的思想观念的变化是同步的，在前面提到的反映社会变化的缩略语的背后，都含有人们观念上的变化，如"一国两制"是我国面向港澳台的基本政策，其中也蕴藏着巨大的观念上的变革，它摈弃了"左倾"思潮，尊重香港和澳门的历史现状，解放思想，实事求是。"计生"一词，以及与其相关的有关计划生育的缩略语，如"人流""超生""上环"等的频繁使用，也说明计划生育的政策已被国人接受，另一方面也说明人们已经同"多子多福，养儿防老"，"不孝有三，无后为大"的传统思想观念告别。

四　缩略语的规范化与民俗文化

目前在语言运用的各个方面，都程度不同地存在着不规范的问题，这些问题是影响言语交际的重要障碍，因此规范化工作将长期伴随着语言使用的过程，并辐射到语言各个部分的各个层面。现代汉语缩略语的使用中也存在着诸多不规范之处，这些问题直接干扰着人们的正常交际，因此我们有必要认真归纳其规范的基本原则，并探讨这些基本原则与民俗文化的联系。

（一）明确性原则

缩略语应能够准确传递出原词语的信息。缩略语脱胎于原词语，一般来说，缩略语在一定的语言环境中，如果没有原词语的出现便语义模糊，人们无法从表面上直接辨别其确切所指，那就违反了明确性原则。如果缩

249

略语是以牺牲语义明确为代价的话,那是得不偿失的。如:

> 热烈祝贺"三城会"在南京举行
> 姑苏一女工绣成"四妇会"会标
> 济南"二毛"表彰贤内助
> 它是一条锚泊于深圳湾边的一万四千吨客轮
> 一绳酒家在国庆节前重新开业

"三城会"不是三座城市要开什么会,而是"第三届全国城市运动会"的简缩;"四妇会"不是四个妇女开什么会,而是"第四届世界妇女大会"的简缩,对会议名称的简缩,特别应注意明确性。上面二例应简缩为"第三届城运会""第四次世妇会",其中"运"和"世"的保留强调了会议的性质。"二毛"很滑稽,是"第二毛纺厂"的简缩,应简缩为"二毛纺"。类似的说法还有"一毛""三毛"等。"一绳"不是一条绳子,"一绳酒家"是第一钢丝绳厂的"三产","一绳"是该厂的缩略语,这种缩略语使人茫然。"锚泊"是"抛锚停泊"的简缩,但一名一动形不成连谓关系,使人不解。上面的例子在一定的语境中尚且令人费解,如离开语境很难有什么表义功能。另外像"军模"不是"军队中的模范"而是"荣誉军人和劳动模范",应简缩为"荣军劳模"。"调人"不是"调动人员",而是"调节人",显然这是个不成功的缩略语。"工行"不是"工业银行"而是"工商银行"的缩略,显然"商"是省不得的,应为"工商行"。"察院"作为"检察院"的缩略更是多此一举。自然,人们经常运用缩略语是出于快捷、省俭的交际心理,但如果做不到语义明确这一前提,其快捷、省俭将是毫无意义的。

(二) 约定性原则

由于词语缩略的对象必须是大家熟悉的词语,因此词语缩略是在高度约定的条件下发生的,约定性是缩略语必须遵守的客观条件,而追求快捷、省俭只是它的主观条件。

缩略语是以其特定范围为依据的,成功的缩略语必须依赖于这一范围内人们的集体语言经验。相反,违背特定范围的某些要求,其缩略语将完不成交际任务。从历史性来说，缩略语是在不断发展、演变、消亡的，如"三军"，在唐朝指上军、中军、下军，红军长征时指红一、红二、红四方面军，而现在则指海、陆、空三军。从地域性来讲，虽然有一些缩略语已全国通用，无地域限制，但仍有相当一部分缩略语在甲地被承认，在乙地却不为人们所知。如"天拖""水上""五大道"；在天津尽人皆知，分别指天津拖拉机厂、水上公园和天津和平区的大理道、睦南道、重庆道、成都道、马场道一带，而在外地则鲜为人知。"南大"在全国范围内指南京大学，而南开大学称为"南开"。在天津，南开大学被称为"南大"，因为"南开"指南开中学，这是因为南开中学早于南开大学，而且名气也很大。四川唐家河煤矿的一位同志向哈尔滨某杂志社购书，汇款人地址栏内写着"唐煤"，该社无法邮出，结果此事告到《人民日报》。"唐煤"在当地可能人人皆知，但在全国使用，显然没考虑到缩略语的地域性。从行业性来说，各职业圈内都有自己圈内人熟悉，而圈外人不知的缩略语，如"外汉"（对外汉语教学）、"全陪"（全程陪同）、"留管"（留学生管理）等。与行业相关的缩略语的使用环境也是有一定局限性的。如"大二""副高""博导""硕研"等多用于教育、科研单位。把"作协"当成"做鞋的"虽是笑话，但也可以见到缩略语在使用范围上的约定性。从缩略语的使用者来说，也具有主观上的约定性原则，如在年龄、经历、兴趣等方面的差异也会影响理解和把握。例如在城市青年中流行的"迪厅""蹦迪""蒸桑"等，对于一般老年人来说就可能不知其义。不同性别对某些缩略语的使用频率也往往不同，如计划生育方面的缩略语"上环""人流""超生"等女性用得较多。从这些约定性的原则可以看到汉民族在交际上的民俗心理，即讲求交际的得体性，在不同环境，对不同人群，谈论不同问题，所用的缩略语是不同的。

一个新的缩略语的产生，往往受到同一交际范围内常用的同形词的排斥，但这一交际圈之外的同形词对本范围的缩略语形式的作用是微不足道的，如"人流"（人工流产）的使用，就曾遭到很多人的批评。因为与表示"涌动的人群"的"人流"同形。但这种批评显得软弱无力，并没有影响"人流"作为"人工流产"的缩略语的使用，这主要是因为它们的使用范围和话语背景的不同。再如"人大"（中国人民大学）和"人大"

对外汉语教学求索集

（全国人民代表大会）的并存，也说明在不同交际范围内的同形不同义的缩略语是可长期共存的。

（三）约定俗成原则

缩略语的规范不应忽视约定俗成的原则，一些缩略语深深扎根于人民群众的语言生活之中，尽管一些语言工作者认为不够规范，却照样在交际中频繁出现。在20世纪50年代，"美帝""匪特""文体""业校"等缩略语，都曾被一些语言学家认为是不规范的，十几年前也有人对"达标""死缓"等缩略语存有非议，但多年来，经过人民群众言语交际的广泛而长久地使用，现已成为规范的缩略语了。因此我们不应轻易断定某缩略语为不规范，如"大运会"（大学生运动会）"人行"（中国人民银行）等都有可能被认可。

我们强调约定俗成的原则，并不否定缩略语的其他规范原则，也不是认为所有的缩略语都是规范的。我们见到许多词语的缩略过程忽视原词语的凝固程度这一必要原则，而把一些临时组合的词语硬性简缩，从而随意生造缩略词语；从另一角度讲，不考虑一些缩略语在民众中的使用情况，也就是忽略了约定俗成的原则。缩略语一般是本源于固定的语言形式，因此，很容易使人们由缩略语联想到原词语，使得信息传递更流畅、更准确。而临时性的自由组合缺乏稳定性，不易引起人们对原词语形式的准确联想，造成接受的信息偏离于原词语的真实信息，甚至出现误解。如"威恫"（威吓、恫吓）"凭准"（凭据、标准）"敏快"（敏捷快速）"单基"（单独基础）"奋迅"（精神振奋、行动迅速）"容色"（容貌、面色）"灿银"（灿烂如银）"毕分"（毕业分配）"重张"（重新开张）等，遗憾的是这些令人不知所云的"缩略语"，却被某些缩略语辞典收录了。这些原词虽使用频率较高但缺乏凝固性，是一种临时的组合，使得这些缩略语的根基不够稳定，难以长期生存。"鸟人"本是骂人的话，常出现在《水浒传》李逵之口中；而最近出了一场话剧叫《鸟人》，这个"鸟人"是"养鸟人"的简缩，显然这一简缩没有考虑到"养鸟人"是个临时组合，是不易简缩的。据说《鸟人》在南京公演时观众冷冷清清，原来南京人以"鸟人"为市骂。

（四）注重人们使用语言的心理和习惯的原则

在缩略语的产生过程中,还应充分注意到人们的语言心理和习惯,忽视这一点就会受到惩罚。无锡柴油机厂的产品质量好,是市场的抢手货,但前几年订货量骤然下降,究其原因,原来是该厂厂名的简缩形式"无柴",在当地与"无财"谐音造成的,这显然违背了人们希望发财致富的民俗心理。类似例子还有很多,如"上吊"(上海吊车厂)"开糖"(开封糖果厂)"自杀"(自贡杀虫剂厂)"技院"(技术师范学院)"钢交会"(钢材产品交易会)等,卖鞋的写出"男牛""女猪""人革"之类的"缩略语",不知穿上"人革"的鞋是种什么心理。这里虽然有些是相声中的笑料,但也反映了人们追求吉祥、文明、富足的民俗心理。这种现象提醒我们应尽量避免产生歧义,特别不能忽视同音的问题,因为任何语言说的机会比写的机会要多得多。如"纪委"(纪律检查委员会)"计委"(国家计划委员会),则应把前者缩略为"纪检委"。然而我们也不能忽略同形不同音缩略语所造成的交际障碍,如"调(diào)人"(调动人员)和"调(tiáo)人"(调解纠纷的人),容易产生歧义,因此后者应为"调解人"。我们还见到有些原词语在语言中已有缩略形式,人们已经接受了,然而过一段时间又进行了第二次、第三次的缩略,如奥林匹克运动会 → 奥运会 → 奥运 → 奥(如:奥申委),电视接收机 → 电视机 → 电视 → 电(如:彩电),可见原词语虽已是缩略语,但仍有再次缩略的空间。然而也有画蛇添足的现象,有些人盲目求新,放着合适的缩略语不用,而另创一个新面孔,它们既无积极的修辞效果,又无端地增加了词汇量,其词义却常常让人捉摸不定。如把"禽畜"说成"禽牲","二战"说成"二世战","人均"说成"人平",令人不解,这种词语必定是短命的。

(五)单一性原则

由于不同的地域、不同的人群对缩略语的不同处理,常出现一个原词语产生两种以上缩略语的现象。邮政编码的两种缩略语"邮编""邮码",并用已经很长时间,至今优劣难辨,高下不分。不少人为此撰文发表自己的看法,也是见仁见智。《现代汉语词典》(修订本)已收入"邮编",但"邮码"并没有因此退出语言交际,这是因为"码"比"编"表数字的功能更重。二者并用的现象显然还会坚持一段时间,但这种现象违背了缩略语的单一性，语言文字工作者应做出表率坚持用"邮编"。当然不同地域的缩略语有着各自的地域特点，这点也不必完全求一，如豆腐乳，在不同地区分别叫做"豆乳""腐乳"，这也是一种很普遍的现象。然而，在同时同地出现的形异义同的缩略语，必定会出现一个具有强势的缩略语形式排斥弱势的缩略语形式的趋势，或者说将以一个更合理、更明确、更俭省的缩略语形式作为通用的形式。

参考文献：

1. 陈建民（1999）《中国社会和中国文化》，广东教育出版社。
2. 陈原（1985）《社会语言学》，学林出版社。
3. 浮根成（1998）缩略语与对外汉语报刊教学，《汉语学习》第1期。
4. 郭伏良（1998）试论建国后汉语减缩造词的类型与特点，《汉字文化》第4期。
5. 侯敏（1996）缩略语使用的层级性特点及其规范问题，《语文建设》第6期。
6. 李宗桂（1988）《中国文化概论》，中山大学出版社。
7. 刘叔新（1990）《汉语描写词汇学》，商务印书馆。
8. 王立廷等（1998）《缩略语》新华出版社。
9. 俞理明（1999）词语缩略中的任意性基础和约定作用，《语文建设》第6期。
10. 张庆云（1995）汉语缩略语的特点，《烟台师范学院学报》第1期。

（原载谭汝为主编《民俗文化语汇通论》，天津古籍出版社2004年版）

禁忌语、委婉语与民俗文化

委婉语是语言禁忌的产物,有史以来,随着语言禁忌的出现,委婉词语也相应产生,并不断发展和变化。这些禁忌词语和委婉词语与民俗文化有着密切的联系。

一 语言的禁忌与委婉语的产生

语言的禁忌几乎与语言同时产生。在神秘的大自然面前,人们一方面依恋大自然,向大自然索取维持生存的物质资料;另一方面在自然力的威慑下,倍感畏惧。人们就借助幻想和想象来解释自然,企求避凶降吉。人们还认为,神奇的语言是人间祸福的根源,它既可造福又可降祸。因此,在言语生活中,人们在使用与祸福相关的词语时十分谨慎,唯恐触怒神灵。凡遇到犯忌触讳的事物,就设法使用与之相关的其他词语来代替,而委婉则是最常用的方式。人类进入阶级社会以后,统治者出于维护其地位的需要,语言的禁忌愈演愈烈,就产生了委婉词语。封建时代首要的禁忌就是"避上讳",产生的负面效果是显而易见的。随着封建社会及其等级制度的完善,"避上讳"的要求不断扩展,以至又出现了"避官讳""避亲讳""避父讳"等。封建文化愈持久,人们思想意识中的迷信色彩愈重,人们迷信于神秘的超自然力,因此对那些认为是禁忌的事物常冠以委婉的说法,惟恐触犯它而带来灾难。这种现象在社会上流传比较广。如船家忌"沉""翻""住",姓陈的要说成"耳东",把"幡布"说成"抹布",把"箸"说成"筷儿"。戏班忌"散""离",于是把雨伞说成"竖笠""雨盖",把梨说成"圆果"等。买卖家忌"折""蚀",广东话

"蚀""舌"谐音,所以把猪舌、牛舌称为"猪俐""牛俐"。为了图吉利,正月里人们不买鞋,怕把"邪气"招进来。吃梨时不切开,怕"分离"。

其实,在古代禁、忌有别,并不完全是一回事。《说文》称"禁,吉凶之忌也","忌,憎恶也"。后人的解释也多以此为本。显然,"禁"是一种与神事有关的现象,所谓"天神"实际上也包含着被视为"真龙天子"的君主和宗教,人们丝毫不敢触犯他们,并杜撰出天神的意志,编造出天神的暗示,这些意志和暗示往往是人们禁忌的依据。"忌",只是人们在感情上立足于民间习俗的自我抑制。显然,"禁忌"一词是偏重于"禁"的。

禁忌语主要是为了满足人们对某种敬畏心理的回避。在现实生活中使用禁忌语,首先有损于说写者自身的形象,被视为素质低下;更为严重的是使听读者产生不快甚至恐怖;此外禁忌语污染语言环境,有碍视听。委婉语是禁忌语的派生物,它的产生出于协调人际关系、满足交际的需要。人们以委婉语的形式完成禁忌语的交际功能,没有禁忌语,委婉语也就失去了存在的必要;离开委婉语,就无法达到正常交际的目的,两者互为依存。

进入现代科技时代后,由于社会性质的转变,禁忌语作为封建文化心理的反射正逐渐消失,因此,语言的禁忌也就随之淡化以至销声匿迹。人类文明的高度发展,使得人们的思想更加解放,观念不断更新,陈规陋习逐渐革除。但不论怎样,人们的言语表达总不能肆无忌惮,为所欲为,总会有一些不便言明之词,不愿直说之语,尽管这些词语并非是带有封建迷信色彩的禁忌语。但人们出于一种传统心理和对语言美的追求,而视之为一种忌讳,并以委婉语词取而代之。可以说,现今的语言虽无"禁",仍有"忌"这种"忌"是一种不同于古代禁忌的忌讳,它虽离不开传统文化的影响,但与所谓神事关系不大,用委婉语词取而代之仍是社会交际的需要。

二 关于"死"的委婉语与传统民俗心理

在世界各种语言中，关于"死"的委婉语词最多。英语中据说有 102 种。汉语中有多少，众说不一，袁本良收录了 130 种，姜剑云列举了 120 种，易熙吾搜集了 203 个，张拱贵在《汉语委婉语词典》收录最多，达 481 个，然而，谁也没敢说囊括了"死"的委婉语词的全部。

关于"死"的委婉语词最集中的体现了封建等级制度的森严。"天子死曰崩，诸侯死曰薨，大夫死曰卒，士死曰不禄，庶人死曰死"。这里除了庶人直接称"死"外，其他的都很委婉。"崩"为"山坏"，天子死称为"山陵崩"，因为是国家的最高统治者，其死犹如山崩塌，震撼强烈，类似的说法还有"崩殂""崩逝""崩陨""天崩"等。"薨"指"颠坏之声"，喻诸侯之死令人震惊，类似的说法还有"薨殁""薨殂""薨陨""薨背"等。"卒""不禄"用于士、大夫之死，把死称之为一件事情的"终结"和"不再享受俸禄了"，也带有明显的委婉义。这些关于"死"的委婉语词完全受封建等级制度的制约。这些伴随着封建等级制度的委婉语词，也随着封建等级制度的消亡而失去了存在的意义，成为历史上的陈迹。在古代，"死"是专门用于庶民百姓的，这虽符合"礼不下庶人"之古训，符合封建的等级制度，但庶民百姓同样有忌讳"死"的心理，于是在不违背封建特权和等级制度的前提下，创造了大量的关于"死"的委婉语词，如"弃世""丧""逝""背""殁"等。

"死"的委婉语词还体现了汉民族的生死观。他们认为人死如同大梦不醒，永远睡下去，于是就有了"长眠""长寝""长寐""安息"等说法，可以见到人们对"死"的平常心态，把生命的极限当做一次永不再醒的睡眠，既无可奈何，又自我安慰。汉民族还把死亡看做一种"离"和"归"，"离"是以现世为参照物的，死就是离开现世的一切，于是有了"弃世""弃背""弃禄""谢世""辞去""辞世""长辞""长谢"的委婉说法；"归"则是以假想中人死后要去的一个未知世界为参照物，人来源于这个神秘的未知世界，生命完结又回到这个未知世界，而且一去不复返，于是有了"大归""大还""长归""归土""归西""归天"等。

这种"离"和"归"的死亡观，反映了汉民族重"家"的观念。人死意味着与家中一切相关的人和事的诀别，这种心绪势必使得那些关于"死"的委婉语词有些哀伤和遗憾；然而，他们善于自我超脱，自我安慰，"离"既不可回避，"归"又何妨，人死如同回到了他的本原，那里将是一个永恒的家，一个不需要再离开的家，就是所谓的"视死如归"。

古人云："人固有一死，或重于泰山，或轻于鸿毛。"虽然"死"是不可避免的，但其意义和价值却大不相同。如对德高望重，受人景仰的领袖及杰出人物的死，人们称为"陨落""陨世""与世长辞""离开了我们""溘然长逝""与世长辞"等，表现了人们对死者的崇敬、哀悼之情。而为国家，为民族，为人民的利益，为了正义的事业而死，人们称为"牺牲""殉国""捐躯""献身""就义"等，这些词语反映了人们对死者寄予了崇高的敬意和无限的感激之情。对于那些罪犯、恶人、不法之徒的死，一般也不直接用"死"字，如"完蛋""见阎王""一命呜呼""上西天""蹬腿""吹灯拔蜡"等，带有不同程度的贬义色彩。当然人们对死者的褒贬态度常常是以说者、写者的感情和主观态度为标准的。

宗教对于生死问题是极为关注的。道教是我国自己的宗教，源于黄帝、老庄的道家思想，其生死观含有一定的朴素的唯物主义倾向。道家的生死观很散淡，也很洒脱，有很多关于死的委婉说法，如"气散""迁化""遁化""隐化""化去""物化""迁形""物故"等。这里体现了道家把人作为大自然一个组成部分而最终遁化、回归自然的朴素的物质观。然而，后世的道教徒们希望并幻想肉体通过修炼可以长生不死，于是又有了"羽化""蝉蜕""登仙""升天""上天""迁神""恒化""仙游""仙去""驾鹤西游"等委婉说法。这些说法影响颇大，有些至今仍普遍用于百姓之中。佛教认为天下苦难和烦恼永无止境，只有皈依佛门，通过念佛、诵经、供奉、受戒等修炼方式和行善积德来修得正果，才可以脱离"六道轮回"，达到不生不灭、脱离烦恼的佛的境界。这是每一个佛教徒终生为之奋斗的目标。佛教中的一些关于"死"的委婉语词充分体现了这一点，例如"坐化""归真""归寂""灭度""圆寂""成佛"等。佛教从古印度传入我国后必然受到汉民俗文化的影响，这些影响的重要表现就是佛、道的相互渗透和融合，如"仙去""升仙""仙游"

等道教的关于死亡的委婉说法,也被佛教采用了。

一些关于死亡的委婉语词生动地体现了我国的民俗文化,在我国民俗中与死亡相关的习俗最为重要和普遍,且经久不衰,影响很大,弥漫着强烈的民俗文化气息。在关于死亡的委婉语词中可以清楚地看到这些。如"断气""气尽""绝气"等体现的是一种"属纩"的习俗,就是家属用质地很软的丝绵放在死者的口鼻之上,验其是否已停止呼吸。"停床""撤席"等指的是人死后要洁身换装,撤去死者所用之席、帐,将死者停放于床上。此外,"入土""归土""就木""盖棺"等都与旧时死后遗体入棺土葬的习俗有关。今天,随着时代的发展,观念的更新,又出现了一些关于死亡的具有现代化意识的委婉说法,如"见马克思""见上帝""停止了呼吸""心脏停止了跳动""去八宝山了"等。

三 对于性的禁忌与委婉

在现代社会生活中,忌讳首先表现在与性有关的行为、生理现象及人的某些器官上。自然,这方面的委婉语词相当多。性关系是对成年人具有强烈引诱力的事情,所以在语言中一般应回避直说,以免引起男女的情欲,正像弗洛依德所说:"'禁忌'本身是一个矛盾情感的字眼",因为"一件强烈禁止的事情,必然也是一件人人想做的事情。"和西方民族相比,汉民族的性观念更为严肃保守,这是因为中国传统文化决定了人们性行为表现十分慎重、冷静,性心理表现十分含蓄、羞涩。正是这种民俗心理,使性行为的语言表达讳莫如深,很少露骨的直言,而以含蓄、文雅的委婉语词代替。从另一个角度讲,骂人时常用性器官或性行为的字眼来羞辱对方,这说明古时候人们相信这一类词语具有诅咒力,能够诋毁仇人的灵魂甚至肉体。时至今日,人们虽然也不大相信这种诅咒对人的伤害,但这种用带有性器官或性行为的语言骂人的习俗却流传下来了,表达了对仇人的憎恨之情,这虽然与语言美相悖,但骂人的詈语作为交际语言的一个方面,也将是一个长期存在的客观事实。

与性有关的委婉语词数量非常多,对不同性质的性行为,人们往往在主观心理上有着迥然不同的认识,因此表述这些行为的委婉语词也就具备了不同的感情色彩。夫妻间正常的性生活,人们称之为"同房""行房""合房""房事""交媾""交欢""亲热"等。近年来"做爱"(make love)也从国外引进,这些委婉语词给人亲近、挚爱的感觉,体现了正常性生活的男欢女爱,符合人们的审美心理。

对双方自愿的非夫妻之间的性行为的看法有着极强的主观性,在传统观念看来是淫乱、大逆不道,对男女双方有奸夫淫妇之称。然而在封建家长制的残酷统治下,有一些少男少女敢于冲破恶势力的樊笼,去争取本该属于自己的性爱的权利。对于这种性行为,人们往往给以极大的同情和赞美,在古代小说中,称之为"云雨""风流""颠鸾倒凤""撩云拨雨""衾枕之乐""携云握雨"等,并常配以诗赋,使人窥见在封建家长制的桎梏下少男少女们的性饥渴、性迸发。在大力提倡精神文明的今天,对于这种特殊的性关系,除了羞于出口外,更有害怕法律惩罚及道德谴责的心理,因而更需要大加掩饰。而从另一个角度来说,一般人都认为这一类行为是丑陋肮脏的、人们不屑或不愿直言的。因此人们对此的说法虽也委婉,却明显地含有谴责之意,如"私通""通奸""偷情""私奔""拈花惹草""偷鸡摸狗""不清白""有染""发生关系"等。在性问题上犯错误,人们称之为"作风问题""作风不好"。随着对外开放,国外一些"性开放""性自由""性解放"等思想意识也流入我国,向传统的性观念提出挑战。近年来,非夫妻之间的性关系有逐渐增多的趋势,但是人们对这种行为的态度和用语已经发生了明显的变化,如"婚外恋""第三者插足""桃色新闻""绯闻""有外遇""有一腿""关系暧昧"等。显然,其态度已不像过去那么强烈了。

与两性关系直接有关的卖淫与嫖妓,其历史久远,范围宽广,所以这方面的委婉语词显得格外多。对于嫖妓行为,虽然在旧社会视为合法,但仍不是正人君子所为,对这类极其丑恶、肮脏的事物,人们往往冠以华丽的委婉语词,表面上似乎在美化,而实际上却体现出谴责和鄙视,当然其中也隐含着对受害妓女的同情。如称妓院为"烟花柳巷""青楼""花粉楼""翠红乡""艳窟"等,妓女则称为"烟花女""青楼女""风尘女""神女""花柳女"等。有了"烟花柳巷",有了"烟花女""花柳女",自然就有了热衷此道的"寻花问柳"者,故此"花柳病"便应运而生。

这就形成了用华丽语词掩盖着肮脏事物的一种语言现象。如同娼妓的浓妆艳抹，花枝招展，透过这层华丽的外表，给人的仍是极其肮脏、丑恶的感知。近年来，嫖娼现象又有所抬头，于是也相应地出现了"鸡""泡妞""找小姐""色情服务""特殊服务"等说法。

对强制性的性行为，人们也不愿说"强奸""奸污"之类太直露的词语，这样做的原因除了同情受害者，使听者或读者易于接受外，说者或写者保持语言的洁净，也是一个重要原因。因此称之为"侮辱""糟蹋""强暴"等。此外，"性骚扰""同性恋"等词语也体现出此类语言委婉化的发展趋势。

对性的忌讳心理也表现在与人们的社会生活关系较近的动物身上，在人们的日常用语中常用"儿马""骒马""牡牛""牝牛""伢狗""踩蛋""打圈子""交配"等，把赤裸裸的性语言委婉化了。

与性有关，尤其是与女性有关的生理现象，人们往往采取避讳的态度。这符合汉民族女性含蓄、羞涩的心理特征。人们以为这些语词容易引起人们对性行为的联想。如月经，在不同场合，不同人群中有不同说法，"例假"多用于城市的中青年，并常用于较公开的场合；"来了""到日子了"等多用于老年人或农村；"倒霉"多用于女性之间。我国港台地区有把此称为"3号"的。"怀孕"的委婉语词也很多，在"多子多福""不孝有三，无后为大"的年代"有喜了""得喜了""怀喜了""添喜了""有身了"表达了人们对此的喜悦心理。而今，生育心理发生了巨大变化，这类委婉语词已很少用，而以简单的"有了""怀上了"这类无忧无喜的委婉语词来表达。

恋爱结婚、计划生育，都是十分正常的，但对其中的许多词语也不直言，"计划生育"本身就是个委婉语词，由于用得过久、过频，已显得不那么委婉了，最近，"家庭计划"（family planning）作为英语外来词用得越来越多。在计划生育工作中，也出现了一些与此有关的委婉语词，这些委婉语词把具体的避孕方法委婉化了，如避孕套，最早称其为"保险套"，现在则泛泛地称之为"工具"。女性用的节育环儿，称为"上环儿"。绝育手术也经常称为"做手术"。人工流产称为"做了""刮了""计划了"。非人工流产称为"掉了""小产"等。这类委婉语词的运用使人们谈及此事自如多了。恋爱结婚是人类生活中最美好、最动人的一页,然而受传统心理影响,社会发展至今,人们谈及此事仍很委婉。"个人问题",就是婚恋问题,一对热恋中的青年男女,只称对方是"男朋友""女朋友",而不称未婚夫、未婚妻,甚至连"对象"也很少说。询问对方有无意中人常说"有朋友了吗?"或干脆说"有了吗?"结婚后这种称谓并没很大的变化,男女双方向别人介绍自己的爱人时常称"我们那位",或男称女为"屋里的",女称男为"当家的"。社会上的大龄未婚青年,人们往往称之为"大男""大女",回避"未婚"二字。有组织地集体为青年男女介绍对象,称为"联谊活动""鹊桥会"等。人们对"媒人""媒婆"这些词都不太喜欢,于是"介绍人""红娘""月老"等便取而代之。

四 委婉语与提高心理承受能力

中华民族默默地承受了几千年封建统治阶级的残酷压迫,在近代,又承受了一百多年外族的侵略、歧视和奴役。虽然这些残酷的统治早已结束,但几千年形成的极强的承受心理却一直延续至今。这种心理虽有麻木的一面,但也充分体现出中华民族善良、忠厚的美德。在日常工作和生活中,人们有许多难以承受或不愿承受的事物,而表示这些事物的委婉语词出现后,一定程度上提高了人们在心理上的承受能力。

在社会主义经济改革的大潮中,出现了一些新鲜事物,一时间,人们不能完全理解和接受,自然人们对表达这些事物的词语也有些反感。而这些语词委婉化以后,在一定程度上增强了人们的心理承受力。经济改革中出现的问题,人们不说经济危机、通货膨胀,而以"疲软""失控""滑坡"等词来委婉表达。失业说成"待业""下岗",其实,失业者也是在待业,而待业者却未必一定是有业可待,下岗后如果只是等待,自然无日"上岗"。下岗本指离开执行警戒、守卫等任务的岗位,而下岗工人下岗后只可另谋职业,而不可能再上原岗位。经济问题与人们生活关系最大,价格放开的实际意义是价格上涨,高价商品,无人问津,称为"议价",便有人光顾,其实价格也没有什么可以商议的余地。当人们对议价产生反感后,又出现了"半议价"的说法。涨价,人们说成"调价",但只含上调。处理品、廉价商品虽能吸引囊中羞涩的人们,但也使一些太顾及脸面的人不好意思光顾,"特价"一词却可使他们大大方方地去选购,特别是"特价书",确实使那些最要脸面的文人们蜂拥而至。委婉语词虽然不可能提高人们的经济承受力,但确实增强了人们心理上的承受力。

　　疾病也是反映人们心理承受力的敏感问题,人们常把不治之症、疑难病症或人们难以启齿的病症以另外一种形式表现出来,使其委婉化,以增强病患者的心理承受能力,提高战胜疾病的勇气。癌症,人们常用"肿瘤""新生物""长东西"等来表示,大夫们还常用英文 cancer 的字头 Ca 来代替,使绝大部分病人一时不知其然。这样的用法还有很多,像以 venereal disease 的缩写 V.D 代性病,以 tubercle becillus 的缩写 T.B 代肺结核,在病人面前大夫们用英语讨论病情,病历上也常用英语。对 Aids 现在规范为"艾滋病",而不用"爱滋病",意思是这个病不都是因为"做爱"而感染的,尽量减轻病人的心理压力。有一家专卖心脏病药品的药房叫"冠心药房",当时没人敢进,而改成"养心药房",人们则自然进入不绝。显然,这种招牌提高了病人在心理上对疾病的承受能力。

五　委婉语与尊重他人的心理

　　尊重他人是中华民族的传统美德,正所谓"己所不欲,勿施于人"。社会上的人形形色色,性格、年龄、个性各异,心理承受能力也不一样,运用委婉语词的重要目的之一是为了避免刺激对方,考虑对方的承受心理。尤其在物质文明和精神文明飞速发展的今天,人们继承了我国民族文化的精华,弘扬了传统美德,并产生出许多新观念,加之人们对语言美的追求,就产生了许多尊重他人心理的委婉语词。现代城市里"环卫工人""保洁员"不可缺少,而过去却称其为"淘粪工""扫马路的""倒垃圾的"。活跃于大中城市的保姆已被"家庭服务员"替代,这都反映出人们对从事这种工作的人们的尊重。

　　汉民族有着悠久的敬老传统,但敬老,也并非是越老越好,老常与死发生联系,而现今人们的观念也发生了一些变化,老年人希望别人尊重自己,又希望年轻一些。这二者虽是矛盾的,但一些委婉语词很恰当地迎合了这种心理,如"高龄""年长""高寿""鹤发童颜"等。而对那些看上去比实际年龄要大一些的,出于礼貌、赞誉的交际原则,人们一般会用"老成""成熟"等委婉语词描写他们。对相貌比较丑的人,人们也不会用"丑"字描述,而用"内秀""平常""大众化""一般人"等来表示,不伤人自尊。身材肥胖并不是见不得人的事,而对过胖的,人们都不用胖,对成年男子说"壮""富态",对成年女子说"丰满"。

现在,人们对身体上有缺陷的人的称谓有很大的变化,人们对四肢和双目不健全者,不称为"瘸子""瞎子",也不称为"残废",而称之为"残疾人",回避了"废"字;而"弱能"一词的出现,又回避了"残"字,这样在意义上就融进了残而不废、仍有所为的新观念。过去人们称智力不全者为"呆子""傻子""白痴"等,近几年,有关部门把这些人组织起来,开发他们的智能,争取使他们能够自食其力,"弱智""低智",这一医学专用词便走进社会,出现了"弱智学校""弱智班""弱智运动会"等新的词语,最近又出现了"启智学校"。这些委婉语词的出现,体现了社会对弱能弱智者的关心和重视,同时也使人们看到正在形成的尊重弱能弱智者的新风尚,这在一定程度上改变了一些人对他们的歧视心态,对弱能弱智者本人及其家属,也是个精神上的安慰。

对于青少年犯罪,人们在痛心疾首后,深深为之惋惜,同时又十分尊重他们的人格,希望他们痛改前非,重新做人。对这些犯罪青少年,人们用词十分谨慎,尽量不伤他们的自尊,除年龄较大、罪行极重者外,一般称之为"失足青少年"。为了挽救他们,国家给他们办了专门的学校,这种学校既不叫"犯罪青少年学校",也不叫"失足青少年学校"而叫"工读学校"。工读学校,最早的意思是指边劳动、边读书,自己供养自己的学校,而现在的工读学校则指失足青少年边劳动改造、边学习文化的地方。这样,这些失足青少年也就又有了一个新的委婉称呼——"工读生"。"二进宫"本是一出京剧名,在一定场合可以指第二次进监狱或劳教场所。这些都反映了社会和人们对这些人不歧视、不刺激的友善态度。

"接见"一词的本意是"跟来的人见面"。现在,人们把去监狱探视亲友称为"接见",而不说"探监"了。由此,人们不禁联想起十几年前高英培、范振钰表演的一段名为《教训》的相声，在这段相声里，曾把"探监"故意说成"接见"，作为相声中的包袱，当时引起了人们的大笑。包括"教训"的作者在内，大概谁也想不到"接见"这一新义很快被人们接受，居然真的成了"探监"的委婉语词了。亲友入监，本是件难为情之事，探监者也大有抬不起头来之感，心境自然不好，入监、出监人们尚可含糊地称为"进去了""出来了"，而直言"探监"确实难以出口。"接见"这一新产生的词义在一定程度上避免了令人尴尬的窘境，减轻了对人的刺激，迎合了人们尊重他人的心理。

六　委婉语与愉悦心理

在人们的日常言语交际中，都希望保持一种愉悦心理，为此，说出话来自己和对方在本能上都应有愉悦感，至少不应令人作呕。为了保持或创造一个良好的言语交际环境，人们非常讲究遣词用语，注意委婉语词的运用。喝酒过多，人们不说喝醉了，而说"喝多了""过了""高了"，使人不至于马上联想到醉酒后的狼狈相。喝多后发生呕吐，人们说"倒了""倒酒了"，回避了一个令人生厌的"吐"字。去厕所的委婉语词也很多，如"方便""一号"，英文中"I went to wash my hands."是最常用的，汉语中"去洗手间""去卫生间""打个电话"已用得越来越广。厕所的标志冠以"卫生间""洗手间""盥洗室""化妆室"，或以英文"W·C"代替。还有的只画一个区别男女的头像。英文中"NO2"（2号）是解大便，港台地区"3号"指妇女来月经，这些委婉语词在不久的将来都可能出现在我们的言语交际中。把动物的内脏称为"下水"，煮熟切碎后就成了"杂碎"，而不把这些内脏说得很具体。用"后座""五花""肘子""口条""拱头""鞭"等词，表示猪屁股上的肉、腹部上的肉、腿上的肉、舌头、鼻子、雄性器官等。很多中草药的名字又别致又漂亮，人们服用起来也不觉不舒服，而人们一旦知道那悦耳的"明月砂"就是兔子屎，那动听的"紫河车"就是人的胎盘，不知人们服用起来是否还会保持其愉悦而舒服的心情。

七 委婉语的发展趋势

从以上议论我们可以看出委婉语词的产生与汉民族传统习俗的关系，这些传统习俗是委婉语词产生变化的重要基础，委婉语词是这些传统习俗的重要体现，二者是表与里的关系。基于这种认识，我们展望委婉语词发展的趋势是：或含蓄文雅，或坦率直言，或通俗随意，或更新换代。

含蓄文雅是一些委婉语词的发展趋势。委婉语词中有相当一部分是在普通百姓的言语交际中日积月累约定俗成的。"动+了"这种句式结构的委婉语词相当多，如"有了""来了""走了""过去了""没了""做了""掉了""办了"等等。这些语词虽然比原词委婉许多，却不怎么含蓄文雅，甚至个别的还有几分粗俗，如用于书面交际，或一些比较典雅、比较正式的场合，显然是不合适的。现在随着改革开放的不断深入，人们在接受先进的物质文明的同时，也深受西方文化的影响，在遣词用语上不知不觉地吸收了一些外来的委婉语词，如"洗手间""家庭计划""做爱"等，这些语词含蓄文雅，符合现代人言语交际的需要。

坦率直言也是一些委婉语词的发展趋势。这并不是说一些委婉语词由含蓄文雅变得坦率直言，而是一些语词将不需再委婉了。随着现代科学与文明的发展，人们的一些言语交际会更加坦率直言，笼罩在一些委婉语词上的封建迷信、落后愚昧的迷雾正逐渐被驱逐干净，如"死亡""怀孕"等在现今的一些不很特殊的场合都可以直言。在计划生育的宣传中，在青春期和婚前教育中，一些从不直言的语词也要直言了，尽管面对的是普通群众。目前"失业"一词已见诸报端，也不必一定说"待业""下岗"了。在委婉语词的变化中，我们似乎看到这样一种趋势：一部分词语虽委婉了很长时间，而今却不必再委婉，可以直言了；而另一部分词语多年来都在直言，今天人们却把它委婉起来了。

通俗随意是另外一些委婉语词的发展趋势。这一趋势是由语言的本质功能所决定的。语言的功能就是交际，特别是口头交际，这就势必要求语言的通俗和随意，现在青年男女恋爱失败，不会说"劳燕分飞""斩断情丝"，可能会说"吹了""掰了""拜拜了"等比较通俗的语言。"开路"

一词曾是日军侵华时常用的夹生汉语,意思是"走开"。现在我们只能从有关抗日的电视电影中听到。《人民日报》上就曾出现过这样一句话"坚持不改的,只好请他开路"。在这里,"开路"显然是"走人""离开""靠边站",甚至带有"滚蛋"意味的委婉语词,这一用法很随意,但不失得体。另外像"炒鱿鱼""枕边风""应召女郎"等都显得十分通俗而随意。显然,委婉语词的不断更新与社会的不断进步,社会民俗的不断变化是密不可分的。

参考文献:

1. 陈建民(1999)《中国社会和中国文化》,广东教育出版社。
2. 陈原(1985)《社会语言学》,学林出版社。
3. 高俊兰(1994)从社会心理角度看"婉曲",《徐州师院学报》第3期。
4. 李宗桂(1988)《中国文化概论》,中山大学出版社。
5. 刘本臣(1997)论忌语,《锦州师院学报》第2期。
6. 刘叔新(1990)《汉语描写词汇学》,商务印书馆。
7. 疏志强(1998)"死亡"代语及其文化蕴涵,《汉语学习》第5期。
8. 王聚元(1997)"死"的婉辞与传统文化,《修辞学习》第6期。
9. 张拱贵 主编(1996)《汉语委婉语词典》,北京语言文化大学出版社。
10. 张宇平等(1998)《委婉语》,新华出版社。

(原载谭汝为主编《民俗文化语汇通论》,天津古籍出版社2004年版)

海外汉语教学研究

海外汉语教学研究

韩国大学印象记

受校院领导派遣，2010年到2011年，我到韩国的崇实大学任教一年。"潜伏"在韩国的大学内，对韩国大学有了比较深刻的印象，也有了些许了解，其中不乏值得我们借鉴或引起我们思考之处。

系主任——轮流坐庄

我所任教的崇实大学中文系，只有四名教授、其中两名副教授。韩国的大学做系主任（如同我们的院长）很难说是好事还是坏事，但不管怎样，大家都要"轮流坐庄"，两年一届，年龄从大到小轮着来，"你方唱罢我登场"。教授不仅要有一些学术水平，还必须具有相当的行政管理能力，能够胜任系主任。其实系主任并没有多少工作可做，和其他老师没什么两样，只是系里有大一点的活动，要出来讲几句话，平时也不开什么会。我刚到那时，系主任是一个四十七八的中年人，高高大大的，没有什么架子。系主任亲自开车到仁川机场接我，往返100多公里，而且还做了一次很称职的"搬运工"，让我非常感动。显然，系主任手下并没有什么可以调动的人。

系主任"轮流坐庄"，好处多多。首先，精兵简政，人尽其才。韩国的大学，除了教授，几乎没有什么专职人员。其次，公平合理，气氛和谐。好事、坏事，大家都有份，没有袖手旁观者。大家都有当系主任的经历和责任，都能理解当系主任的难处和苦衷，谁也不会存心整谁，没有"刁民"，大家积极配合，相互协调。再次，减少扯皮，提高效率。一个主任，自己说了就算，没有那么多"婆婆"，不必事事都要请示、研究。

271

最后,常变常新,不断进取。每届只是两年,你要抓紧时间在这两年里施展你的才华,没有连任的可能,下次上任往往要十几年以后。

回过头来看看我们的学院:越"精"部门越杂,越"简"人员越多,往往是人浮于事;领导和老师之间缺少沟通和理解;效率低下,层层扯皮,常常是无效或低效劳动;院长一干往往就是十几年,缺少思辨和进取精神,不仅影响了个人专业的进步,也限制了学院的发展。

研究生——二次答辩

我曾带了十几年的研究生,对这项工作很关注,也有兴趣。韩国研究生的论文写作与答辩和我们也多有不同,研究生入学后,自己选导师,没有系里分配之说,也不搞什么平衡。这样教授们压力很大,没有学生选自己当导师,毕竟有点儿尴尬。课程开设的比较多,学生自己选课,够学分就可以了。但是研究生在写论文之前,要进行一次综合考试,由导师和系里出题,通过了这次考试,才能进入论文的写作和答辩阶段。毕业的时间很有弹性,甚至可以长达五六年。论文的篇幅大大超过我们的要求,至少要七八万字,厚厚的一本,100来页。

我最感兴趣的是韩国研究生的二次答辩。第一次答辩是在初稿完成后,由系里组织,定个时间,常常是几个同学一起进行,学生要提前把论文送交答辩教授,教授们都要参加。这次答辩主要是教授为论文提意见,不讨论是否通过。二次答辩要在一两个月以后,这期间学生要按照教授的意见认真修改。时间由导师和学生共同商量,系里不负责安排,参加答辩的教授一般是三个人,由导师聘请,一位资深教授做主席,另外一位往往是外聘的教授。答辩前学生要把修改好的论文送交评审教授。答辩时学生要详细介绍论文的修改情况,而审查的重点也在于此,最后进行投票。如果教授对这次修改仍不太满意,也可以表示"有条件的通过",或暂不表决,也就是继续修改,适时还要进行第三次答辩。不过一般情况二次答辩就通过了。

在国内,我曾经参加过多所大学的论文答辩,答辩过程大同小异。与韩国最大的不同就是没有二次答辩。每次答辩都使我困惑,老师们认真的

海外汉语教学研究

审阅论文,并提出了很好、很具体的修改意见,学生们还算认真。但是答辩后,几天内要交论文,此时学生还要完成填表、办手续等必须做的一些事情,不可能认真修改。而实际上,答辩后对学生论文的修改情况也没有任何的监督和检查,学生改不改、怎么改,无人过问。这样学生对老师的意见完全可以不理不睬,草草应付,蒙混过关。导师对学生也往往是"睁一只眼,闭一只眼"。出现这种现象的原因不在老师,也不完全是学生的责任,主要责任在于我们的研究生答辩制度,这不能不说是我们研究生工作中的一个不小的漏洞。最后我想说,其实修补这个漏洞并不复杂,甚至可以说简单得很,关键是要有人琢磨这件事。

管理人员——大都兼职

韩国的大学也有教务处、入学处、学生处、财务处等等,但大都由教授们兼职,每届大约两年,特殊情况可以延聘。教授们对此并不感兴趣,但这也是教授必须承担的工作,由不得你。这样的体制使得教授们更辛苦,对教授的要求也就更高了,除了业务好以外,也要有相当的管理才能。崇实大学中文系就有一位教授兼着学生处处长,一位兼着入学处处长,平时见到他们的机会并不多,因为学校规定,可以适当地减免一些他们的工作量。

中文系没有专职的管理人员,只有一个教学办公室,负责系里所有的事务工作。人们把办公室的工作人员叫"助教",不过这并不是一个职称,而是一个工作岗位,都是由正在求学的研究生兼任,没有工资,只是在担任助教期间不需要交学费。任期一年到两年,他们的工作性质就像是我们的办公室,管的事也不少。办公室有固定助教两到三名,因为他们都是学生,要去上课,所以也要轮流值班。办公室的工作很忙,也很杂乱,两三个助教常常忙不过来,于是又安排了一些比较优秀的本科生,一周一到两次在办公室值班,有事就去办事,没事就在资料室看书。一年来我和办公室打交道最多,不管什么问题都可以找他们。

教授们——令人羡慕

在韩国,大学教授是令人羡慕的职业。一则待遇高;二则地位高。但在韩国当教授也不是件容易事,必备的条件是博士学位和专业能力,此外,还要耐心等待机会——教授职位的空岗。

在韩国没有"博导"这个概念,教授都要带博士。研究生的课差不多都由教授们承担,本科生的相当一部分课则由外聘的"时间讲师"担任。时间讲师和我们的兼课教师差不多,都是挣课时费的;所不同的是他们的工作相对固定,除了需要课时费养家糊口外,更期盼着有朝一日能转为有正式编制的教师。

韩国教授权力很大,对于教学工作教授说了算,想讲什么就讲什么,想休讲就休讲。这对于我们这些受过学校各部门严格管制的中国教授们真的不习惯。教授都有自己的研究室,这是必须的。不能给教授提供研究室,这个大学就没有资格办。我作为他们的外聘教授,也享受着自己的研究室,学校提供的办公条件相当不错。这是我当了30多年大学教师,十几年大学教授第一次享受自己的办公室。每个教授的研究室都风采各异,但都像是一间资料室。研究室里还有许多生活和消遣的设备,如:电视、音响、饮水机、冰箱、茶具、咖啡具、酒具等,都是教授们自己准备的。教授们除了上课,大部分时间都在这里备课、搞科研。在门口有一个教授去向的标识牌,标明当时你在研究室,去上课,去开会或回家了等。研究室资料、设备的齐全,使我想到另外一个问题:韩国教授的家里有工作条件吗?恐怕没有,或者很简单。我想他们可能和其他职业一样,节假日和周末都堂而皇之地休息。而我们似乎早已习惯了没有节假日和周末的生活。其实这一点也是挺令人羡慕的。

教授们每工作六年有一年的学术假。这个学术假很彻底,自己选择国家和学校,绝大部分都去美国。度假期间可以享受原工资,但机票和在国外的住宿等生活开销则要自掏腰包,教授们往往携(夫)妻带子举家出国。说是学术假,其实并没有什么研究成果的要求。教授们可以轻轻松松地在国外待上一年,做点自己喜欢的事;孩子们可以享受一下异国的教育,学学外语;妻子可以一面相夫教子,一面尽享天伦。教授们对学术假十分期待,尽管在经济上有所损失。我想,如果在中国,这样的学术假未必是每个人都期待的,一是因为中国教授远不如韩国教授富有,再者人们往往过于计较经济上的得失。

韩国大学里的职称和我们有点儿不同。进入大学前往往已经是多年的时间讲师了,到大学就职后,先要做两年专任讲师,然后可以提升为助理教授;助教授要做满五年,然后才能提升为副教授;副教授要做足七年,然后才可能提升为正教授。在这 14 年中的三个阶段里,每年必须平均完成 1.5 篇论文。到年头了,科研成果也完成了,就可以晋升为高一级职称,没有名额问题。当了正教授以后,虽然不需再提职称了,但每年仍要完成一篇论文,如果连续三年没有论文发表,就不给涨工资。这几个钱教授们肯定不放在眼里,但这毕竟是有失脸面的事,所以教授们一直都很努力。

大学生——自在逍遥

到韩国之前,对韩国学生的印象可以说是褒贬各半:既有那些学习刻苦,成绩优秀,待人彬彬有礼的学生;也有些马马虎虎,不务正业,缺少礼貌的学生。前者多是名牌大学的学生;后者往往出自不入流的各类学校。崇实大学既"入流",又非"名牌",而学生的实际情况也恰如其分地表现出了韩国学生的这一状态:既非个个优秀,也少有不务正业者。

刚到韩国,有好心的朋友提醒我:"见到学生迟到、早退,不注意听讲时,您不要生气。"这个"预防针"打得好。第一天上课,我准点走进教室,让我吃惊的是,学生们已经整整齐齐地坐好。上课时,也没有什么早退的、不听讲的。后来我和那位朋友说起此事,她笑笑说"那就好。"然而,好景不长,我对他们的宽容使得他们对我的敬畏渐渐消失,甚至有点肆无忌惮。韩国大学的教室有两个门,前边的是教师专用的,后边的总是虚掩着,学生可以在上课时随意出进,迟到者趁老师不注意悄悄地溜到座位上。而上课时常常有学生趁我背过身写板书,或低头看讲稿时迅速溜出。他们溜号的唯一理由就是去洗手间。至于他们到底出去干什么,至今我也不得而知。还有的学生上课玩手机、上网,对此我往往视而不见。学虽然校规定,学生每学期缺勤超过1/3不能参加考试,而他们的缺勤是指那些没有任何理由的旷课;学生拿出病假条,或者事先和老师打个招呼就不算缺勤了。

本科生都是学分制,选什么课完全由学生自己来决定,但语言教学不像其他课程,有着严格的先后顺序,而学生选课过多地考虑成绩的高低,因为这关系到奖学金的有无或多少。所以他们很会"田忌赛马",低年级的课堂里常常坐着三四年级的学生,而高年级的课堂里也常见一二年级的学生。韩国学生很在意成绩,而教授的给分有很大的随意性,但成绩的结构却没有一点弹性。每个班的成绩都要按照比例分分出 A、B、C:A 不能超过 40%;B 同样不能超过 40%;但是 A 和 B 的总和不能超过 70%;也就是说至少有 30% 的同学在 C 以下。考试成绩公布后,有一个"质疑期",我当然认真阅卷,要让成绩经得住考验。结果正是我的认真出了麻烦。一个学生来"质疑"了,79 分,属于 C + 这一等级,我耐心地给她看试卷,想让她心服口服,没想到她却说:"这个学期,我上课很认真,没有迟到、旷课,怎么不能给我更好一点的成绩呢?"我说:"考试只是考你的水平,学习态度不应该太影响你的成绩。"没想到她说:"韩国的教授不是这样的。"这个学生还算通情达理,最后很诚恳地对我说:"下学期老师再给成绩时应该多考虑学习态度,韩国和中国是不一样的。"我嘴上说我会考虑的,但实际上,打死我我不会给这种"印象分"。想起几年前的"高校评估",我就不免心有余悸。这也许就是国情不同吧。

中国学生——挺不容易的

说起中国学生,这可是让我有点吃惊,我没有想到有这么多中国学生到韩国读书,据说当时在韩国读书的中国学生大约有七八万人,已经超过了韩国到中国读书的人数。2010 年暑假,崇实大学一下子就接受了 400 多中国学生。

吸引中国学生来韩求学的原因很多,奖学金是很重要的一个原因。中国学生差不多都能拿到奖学金,只是数额不等,好一点的可以减免60%

海外汉语教学研究

的学费，一般的也能减免40%。算起来，中国学生来韩读书还是蛮合算的。为此也常常引起韩国学生的不满，因为实际上中国人到韩国读书，比韩国人少花不少钱；而韩国人到中国读书，却比中国人多交不少钱。坦率地讲，这确实有点不合理。我想这可能是韩国大学吸引中国学生的一个优惠政策，不过这种优惠不会是长期的。

本科生中，各个专业几乎都有中国学生，甚至包括中文系（崇实大学还没有），中国学生到韩国大学中文系求学，确实有点滑稽。不过每学期都有到中文系选课的外系本科生中的中国学生，这让我颇为为难，让他们和不怎么会说汉语的韩国学生一样学什么汉语拼音、打招呼、问候等是件很尴尬的事情。但他们的选课是合法的。有老师提醒我，考试时会有问题，如果按照水平给分，中国学生肯定都是A，这样对韩国学生不公平。于是我把三个中国学生找到我的研究室，把这个问题讲清楚。最后告诉他们："你们三个肯定是A、B、C各一人，关键在于你们有没有人不在意得C，如果你们都很在意成绩，结果只能是你们都不能选这门课。"一个学计算机的学生主动"下地狱"。这样，刚开学，我就把成绩给他们了。但我对他们也有"特殊政策"：考勤比较灵活；不提问他们；上课时，他们集中在一个角落里；可以干别的事，只是不要影响其他同学。细想起来这绝非是上策，不过我也是实在想不起更好的办法来"摆平"这件事。

我很关注这里的中国学生，我觉得他们也很不容易，虽然学费不算太高，但住宿费也是一笔不小的开支，学校里的宿舍不多，也很贵。初到韩国的中国学生往往选择住校内，由于语言不通，半年后他们差不多都搬走了。到外面租房子，一种是专门给外地、外国学生的"考试院"，很方便，离学校很近，而且提供主食，但房间太小，也就四五平方米；另一种是到外边租房，他们往往是几个人合租，均摊房租，每人大约要20多万韩币。也有些中国学生利用课余时间去打工，工资不算低，但总是有点偷偷摸摸的，因为这里除了国家的规定外，老师也很不喜欢自己的学生到外边干一些和自己的专业没有什么关系的事情。

（本文为天津师范大学55周年校庆的征文）

汉语在韩国

我来韩国是教汉语的，来韩之前，曾有过20多年教韩国人学习汉语的经历和经验。但这次来韩国却是第一次，所以了解一下汉语在韩国的情况，对我来说，既是有意义的、必要的，也是一件挺有意思的事情。今年3月中旬，我在首尔市国立国乐堂参加了一个会议，议题是：新HSK实施与汉语教育发展方向。会上，从一些教授的发言中了解到汉语在韩国的基本情况；再加上在韩国一年的工作和生活中，我格外关注汉语在韩国的情况。

据统计，1992年中韩建交时，双方人员交流只有13万人，而到2010年则将近700万人。现在两国间每周通航航班837架次，2010年在韩的中国留学生是75000人，在中国的韩国留学生是68400人。在中国的韩国企业约45000家。这些数字表明中国和韩国的关系没有任何一个国家可以相比。在韩国的高中，学习汉语的越来越多，在第二外语学习方面，汉语仅次于日语，排在第二。目前普通高中把汉语作为第二外语的有686所，占普通高中总数的23.5%，有汉语教师1400余名。大学中则有200多所设立了中文系、中国语系、中国学系、中语中国学系等汉语相关专业，其中本科院校140余所。参加HSK的韩国考生达到3.5万，占HSK海外考试人数的70%。据统计，现在韩国有30万较固定的长期汉语学习者，占韩国人口总数的0.6%；另有100万左右不固定的短期汉语学习者，约占韩国人口总数的2%。目前韩国已有17所孔子学院，还有两所孔子课堂。但有一点还是有点儿出乎我们的意料，直到今天，在韩国日语学习者一直多于汉语学习者，尽管这个差距在逐年缩小。在韩国高中有日语教师2000多名，是汉语教师的150%；同样，在高中开设日语的班级是1266

个，明显多于汉语的826个；而近10年韩国学生参加高考时选择汉语作为第二外语的学生人数，还无法与选择日语的学生人数相比，大约是1：3到1：2的状况，不过虽然这个差距最近也在缩小。在韩国的大学，则是汉语教育要好于日语教育。从社会的语言状况来观察，日语在韩国的使用率要高于汉语；外语服务方面，日语也是明显强于汉语。但数字表明，汉语的上升趋势迅速，韩国的汉语专家和汉语教育专家为此做出了大量的工作。在会上，我曾听到一位资深记者说出这样让人匪夷所思的话来："韩国人的汉语实力就是大韩民国的国力"，"韩国的未来取决于韩国人的汉语实力"，当时，我真的有些瞠目结舌。

从我在韩国一年的工作经历来看，上面的数字和说法还是可信的。对于一个一点儿韩国语都不懂的中国人，在韩国肯定会遇到困难，但却未必是寸步难行。比如买东西，在高档的乐天免税店，都有专门的外国人服务台，有什么问题都可以去找他们帮助解决。售货员中懂汉语的也不少，如果你遇上一个不懂汉语的售货员，她会马上给你找一个懂汉语的人来，这种情况我已经遇到多次。这些懂汉语的售货员，情况也不一样：有的是打工的中国留学生，现在来韩国学习的中国留学生越来越多，而中国学生学习韩国语似乎是轻车熟路，学得又好又快；再有就是我国的朝鲜族人，他们的韩国语更是了得；当然也有一些学过汉语的韩国人。所以在免税店或高档的商店一般不会有太大的麻烦。在商店比较集中的商业区也没有什么问题，比如明洞，明洞是中国人特别喜欢去的地方，一般的店铺里都有一两个懂汉语的售货员，特别是化妆品商店，因为化妆品是中国游客最欢迎的商品。而且家家店铺门口几乎都站着一个会说几句汉语的迎客小姐。走在明洞的大街上，经常会听到："进来看看吧""欢迎光临""打折了，打折了"等，常常会给你一种错觉，这是在首尔吗？你会感觉到这好像是在天津的滨江道，甚至大胡同。至于仁寺洞、大南门，那是专门经销有韩国传统特色的商品、或者是旅游纪念品的地方。那里中国人似乎比韩国人还要多，老板们不管是老大爷、老大妈还是年轻人，都能用汉语与你沟通，特别是价钱方面，一点都不会错的。如果你和他讨价还价，他们往往都可以应对自如。

吃饭就更没有问题了，饭店里似乎有一个不成文的规定，都要有一个懂汉语的服务员,这些服务员中,绝大部分都是我国朝鲜族的,其中四五十岁的中年女性居多。遇到中国人,他们很热情,尽管有不少中国人能说一点儿韩国语,但他们马上就能够识别出你是中国人。他们不仅积极地和你沟通交流,而且给你做介绍,当参谋。当然在饭店打工的也有不少中国留学生,特别是周末。即使是当地的服务员也有很多能够和你进行简单的沟通,特别是中国料理店。

　　韩国也有中国城,最著名的是仁川的中华街,很气派,走进去俨然就是在中国的感觉。从饭店的建筑,到里面的格局,从大街的宣传标语、张贴画,到饭店里的饭菜品种和质量,都非常中国化。中华街和其他的中国饭店不同,一般的中国饭店主要面对的还是韩国人,而在中华街,虽然韩国人也不少,但更多的食客还是中国人。在首尔的中国城要数大林了,不过,大林在哪个方面都无法和仁川的中华街比。但大林地处首尔,地理位置非常有利,在大林,中国人比韩国人多,这一点儿都不夸张。走在大街上,常常听到中国人在说话,甚至常常听到"借光""看着点儿""注意了"等等祈使句。至于店主的吆喝声、叫卖声就更像是在中国了。我在大林曾亲身经历过这样一件挺有意思的事:一个妇女在一个店铺里买馒头,开始她和店主说韩国语,没想到店主生硬地和她说:"说中国话!"而那位买主不但没生气,还真的说汉语了:"给我拿5个馒头",听口音还确是韩国人。我看了个满眼,终于忍不住和那位店主交流上了,我说:"你这位老兄真没道理,这是在韩国,你不说韩国语也就算了,还不让韩国人说韩国语。"这位老兄也笑了,说:"我听不懂。"原来这位老兄刚来时间不长,而且一直在后台儿操作间,很少直接和顾客交流。我们聊了一会儿,最后我说:"你应该学点儿韩国语,这毕竟是在韩国。"他虽然点头称是,但也表示工作忙,没时间。而实际上最重要的原因还是在大林汉语几乎成了通用语言了。

　　在交通方面问题也不大,首尔交通主要靠地铁,地铁站都有汉语标示,在各个景点都有免费的汉语导游图,这样坐地铁就没有什么问题了。首尔地铁还有一个"发明",(我不知是不是他们的"首创")这个"发明"据说是1988年奥运会开始前实施的,就是给地铁站编号。每个车站都有一个编号,三位数,第一位表示第几线,后两位则表示第几站。这样

海外汉语教学研究

不仅不会坐错车、下错车，还可以知道自己的位置，离自己要下车的地方还有几站。当然如果是转乘站就不是一个编号了，可能会是两个，甚至三个。地铁车厢里有电子显示屏，一般没有汉语的，只有韩国语的和英语的，但在重点站有汉语报站，这对我们也是大有好处的。比较麻烦的是坐公共汽车，不知为什么，首尔遍地都是地铁交通图，却从来没有见过公共汽车交通图。对外国人来说，公共汽车没有任何资料可以利用。公共汽车站没有汉语标示，几乎也没有其他外语的标示，所以公共汽车上的外国人非常少。而当地人，或懂得韩国语的外国人，往往利用手机可以找到公共汽车的信息，据说也是很方便的。我也很少独自坐公共汽车。参加旅行社的旅游活动不用担心语言问题，我参加过一个"三八线"旅游团，从打电话咨询，到定时间、地点，再到旅行社来接人，以至旅游的全过程，都有汉语服务，没有一点儿不方便。当然"三八线"旅游有点特殊，中国人很多，不过我看到其他国家的游客也不少，也都有旅行社派出懂得游客所使用语言的导游。各个景点都有免费的导游资料，而且绝大部分，特别是重要景点、博物馆等都有汉语的。我去过不少地方，也积累了不少这样的资料。在一些重要的景点还定时安排汉语导游、和国内不同的是，这些导游都是免费的，花了门票钱，就可以享受各种语言的导游。

在韩国学习汉语的人确实不少，据说有100多万，除了大学生、中学生以外，社会上也有不少学习者，我们学校的几个中国研究生都在"吃这碗饭"。最好的是在大学里做兼职的时间讲师；其次是在"学院"上课，就是汉语补习班；还有的做一对一的汉语辅导；更有的把汉语送教上门，做汉语家教。这是中国留学生在韩国最现实、最体面、最划算的一种工作。

但我们冷静下来，也发现韩国的汉语状况也有不尽如人意之处。比如地铁的报站，最关键的是站名，韩国人却坚持用韩国语，真不知他们是怎么考虑的，这样的汉语报站实际上形同虚设，徒有其名。另外一点我更是不理解，在韩国懂汉语的人很多，高水平的汉语专家也不在少数，况且还有那么多中国的教授在此服务，可我看过很多社会上的汉语导游资料，景点介绍等，甚至一些韩国出版发行的中文书籍，不夸张地讲，真是漏洞百出，惨不忍睹。有的是打印上的错误，或是失校之处；有的句子别扭得很，不通顺，几乎读不下来；有的似乎在故意穷拽，做作得很，弄得中国人不懂，外国人也看不明白；有的地名胡乱翻译，缺少统一性，不知说的是哪儿。韩国作为一个汉语教育的大国、强国，汉语使用的这种状态是有点"失身份"的。显然，韩国的汉学家、汉语专家没有很好地服务社会，或者说社会的旅游部门没有有效地与汉语专家沟通，充分利用这一资源。总之，二者缺少密切的配合和必要的联手。联想到汉语在韩国不如日语这一事实，这一问题也就见怪不怪了。我真诚地相信，也非常地希望，韩国的汉语教育能够早日超越日语，汉语在韩国用得更广泛，说汉语的人更多，汉语使用的也更加标准和规范。

（本文选自我的散文集《韩国印象》）

海外汉语教学研究

名人辈出的查理大学

在捷克民族的历史上，查理四世（1316—1378）是一位值得捷克人骄傲的贤明君主，他的丰功伟绩在今日捷克首都布拉格随处可见：布拉格城堡区的哥特式雄伟建筑——圣维特大教堂是从查理四世时期开始兴建的（1344年破土动工，1929年正式完工）；横跨伏尔塔瓦河的查理大桥也是查理四世时期在一座石桥基础上修建的；捷克珍宝馆所在地——布拉格郊外的查理城堡也是建于查理四世当政的年代。然而查理四世留给后人的远不止这些，始建于1348年的查理大学可以说是查理四世留给后人最珍贵的精神财富。他在建校令中写道："建立这所大学是为了使捷克王国内渴求知识的忠诚居民不必再到异乡去乞求别人的施舍，因为他们在王国本土便可找到已经设好的筵席……能够邀请异乡人共享美餐也将是这所大学的荣誉。"查理四世还申明，查理大学将效仿欧洲最古老、最典范的巴黎大学和博罗尼亚大学的模式办学，他本人将以帝国皇帝的身份为欧洲各地来查理大学教学和求学的人提供保护。查理大学建校之初，师生中有来自波希米亚和摩拉维亚地区的，也有来自匈牙利和南部斯拉夫地区的，有巴伐利亚、萨克森和图林根等地区的德意志人，也有奥地利士瓦本地区的波兰人、俄罗斯人、立陶宛人，以及丹麦、瑞典的日耳曼人等。查理大学的建立使布拉格这座地处中欧要冲的古城很快成为中欧地区的文化中心，一时间布拉格文人雅士云集，充满人文主义气息。在此后的数百年里，战争频繁爆发，国界几经变化，政府多次更换，社会制度屡次替代，但查理大学依然存在。

查理大学大学士斯特兰斯基（1583～1657）在《论捷克国家》一书中盛赞查理大学"为学校输送了教师，为教堂培养了布道人，为城镇造就了一批市长、镇长、参事和书记官。"事实上，捷克历史上的杰出人物中，绝大部分都与查理大学有着千丝万缕的联系。

扬·胡斯（1370~1415）是捷克宗教改革领袖，1390年获查理大学神学大学士后在艺理院任教，1401年当选艺理院院长，1401年和1409年两次当选查理大学校长。出任校长使胡斯进一步获得了向年轻人和广大信徒宣讲自己观点的机会，他号召青年人要认真思考，勇于捍卫真理。由于他反对当时宗教势力的腐败行为，屡受教会的迫害，于1915年被教会处以焚刑。胡斯的死激起了历史上著名的胡斯党运动，最终导致胡斯战争。胡斯在捷克国家民族意识及政治发展史上是个举足轻重的人物，后人在查理大学附近的老城广场中央为他竖起一尊铜像，以表达对他的崇敬和怀念。

1882年，查理大学按教学语言的不同分为德意志查理—费迪南学院和波希米亚——费迪南学院。德意志院部第一任院长恩斯特·马赫（1838~1916）是一位颇有名望的物理学家，许多术语都与他的名字连在一起，如马赫数、马赫角、马赫波、马赫支、马赫反射等。他被爱因斯坦称为"广义相对论的先驱"，他的成果不仅使物理学家震惊，也引起哲学家的关注。

法兰茨·卡夫卡（1883~1924）被奉为现代派文学鼻祖，他出生在布拉格，1901年入德意志查理—费迪南学院学习日耳曼语和文学，后改学法律，获法学博士。卡夫卡酷爱文学，并利用业余时间进行文学创作。他作品中的世界是人的世界发展到某个极端的一种景象，这种景象可能会隐隐约约地显示在我们真实世界背后。他的这些作品在30年代经好友整理后出版，震动西方文坛。

雅洛斯拉夫·沃尔赫利茨基（1853~1912）是著名的诗人、剧作家、评论家和翻译家。他曾在查理大学法学院学习过一个学期，后转至哲学院学习历史和哲学，他还曾在查理大学任比较文学的教授。沃尔赫利茨基主张广泛吸收外国文化，指出这是繁荣民族文化的必由之路。鉴于他对捷克文化的发展作出了巨大的贡献，查理大学授予他荣誉博士称号。

诺贝尔化学奖得主海洛夫斯基（1890~1967）是20世纪最有成就的科学家之一。他是极谱学的发明者，极谱学理论现已被广泛应用到冶金、地质、生化、医学和食品工业等领域。海洛夫斯基 1918 年在查理大学获哲学博士后，被任命为理学院副教授；1926 年，36 岁的他被总统任命为正教授，而"海洛夫斯基奖"是捷克政府颁发给科学家的国家级最高荣誉奖。

现在，历史悠久的查理大学是捷克最大的高等学府，包括硕士生、博士生和留学生在内共有学生近 4 万人。学校现有 17 个学院，在专业设置上有两个特点：一是医药学院规模大（共有 5 所医学院和 1 所药学院），发展快，这与战后政府重视医疗教育的方针分不开，而捷克和斯洛伐克两国目前医疗条件较好、医疗水平较高、医疗保险制度健全、国民健康良好，都得益于查理大学培养出众多的专业医务人员；二是可供学习的师范专业较多。除了有专门的师范院校培养教师外，查理大学体育学院、哲学院、数学物理学院、自然科学学院等都设有师资专业。难怪有人说，查理大学主要是培养两生——医生和先生的学校。

汉学研究在查理大学有着悠久的历史。早在 19 世纪下半叶就设置了东方学讲习所，卢·德沃夏克（1860～1920）教授是第一位从事汉学研究的捷克东方学家。二战后，汉学研究和汉学教学开始成为查理大学教学与研究领域之一，1945 年出任查理大学文学院亚非系主任的普实克教授（1906～1980）是当时捷克汉学家中最杰出的代表。他是捷克第一位精通汉语的汉学家，曾来华接受过中国文化和汉语的熏陶。目前，查理大学中文系主修中文的学生有 120 人（包括博士生），专任教师 6 位。从整体上来说，查理大学的汉学研究更侧重对传统文化及以语言和文学为基础的研究，而对历史、社会及当代问题则稍次之。

新中国成立后，查理大学一直与我国保持着密切联系与合作。自 1950 年起，我国不断派遣留学生到查理大学各学院学习，有相当一部分获得博士、硕士学位。中共中央政治局委员、社会科学院院长李铁映同志就曾于 1955 年至 1961 年间在查理大学数理学院学习。现在，我国每年都派数名访问学者至查理大学进修，并派遣 1 名汉语教师到查理大学从事汉语教学。查理大学也常选派一些学生和教师来我国学习、研修。

（原载《世界知识画报》2002 年第 11 期）

在布拉格教汉语

我到布拉格的查理大学工作，主要的任务就是教汉语。教汉语，对于我来说，轻车熟路，但在捷克教汉语，却因为两国文化、教育等方面的差异，多有不适应。

圈外人往往会问我，你不会说捷克语，在捷克怎么教捷克人说汉语呢？其实，我到捷克教的学生差不多都是中文系三四年级的学生，此时他们不仅已经学了两三年的汉语，更有相当一批学生曾经到中国学过一年的汉语。让我来教这些学生有很多好处：一是不需要掌握捷克语，我可以轻松胜任；二是学生已经适应了中国老师的教学，能够进一步深化在中国的学习；三是本地老师，虽然汉语基础很扎实，但在口语方面已经很难再教这些学生。可谓一举三得。这样，捷克语对我往往不是必不可少的：上课不需要；和老师们交流不需要；有些麻烦的事情，需要捷克语时老师和学生都可以帮助我；而一般的事情，简单的英语都能对付。这样，工作、生活没有什么不方便，因此，在捷克两年，我基本上没怎么学捷克语。

记得刚到查理大学中文系的第一天，我见到了中文系的主任，出于礼貌我们交换了名片，那是2000年，我已经当了两年教授。系主任看着我的名片，似乎是很认真地和我说：我们捷克研究汉语的当教授那是非常难的，需要一把年纪，需要很多的成果；当副教授也很难，我们中文系现在只有一位副教授。我留意一下她的名片，系主任是副教授。我嘴上说着，我能理解，心里却有些不爽，我觉得她话里话外有点瞧不起中国教授的意思，还有点故意张扬自己副教授的头衔。也许在中国当教授确实比在捷克容易，但初次见面就说这些话，则显得缺少对人的尊重。当时我暗下决心，一定让你瞧瞧中国教授的水平和风采。后来在布拉格待的时间长了，

海外汉语教学研究

我也了解到系主任说的情况并非虚言。在捷克，汉语方面的教授凤毛麟角，大都是胡子一大把，好在他们的退休制度和我们不同，教授往往可以干到70多岁。捷克著名的汉学家施瓦尔尼教授在80多岁的时候，每个星期还要跑到离布拉格200多公里的奥洛莫茨帕拉茨基大学，给那里中文系的学生上课。

给学生上课，最先让我不习惯的是学生们都没有教材，老师讲什么要提前告诉学生，学生好去复印。再加上学生出勤情况的随意，常常出现上课时学生手里没有教材，只好当时去复印的情况，所以往往半个小时以后才能正式上课。这样学习起来难免断断续续，三天打鱼，两天晒网。后来我感觉最大的麻烦还不是教材，而是考勤。他们几乎没有，甚至可以说根本就没有考勤制度，学生迟到是很正常的，提前或准时到教室几乎是不可能的事。上课前，提前15分钟到教室是我坚持几十年的习惯，到捷克后同样如此，然而早晨到教室，我天天碰锁，后来我知道钥匙在哪儿，我就天天自己开门。到点后学生们陆陆续续地来了：在一刻钟之内到的，就算是好学生；半个小时左右来的，也属于基本正常；迟到一个小时的，不必惊讶；临下课几分钟来的，也是常有的事。其实一节大课也就90分钟。不管是早还是晚，学生毕竟是来了，更有学生经常旷课，因为没有考勤制度，自然就没有约束，想来则来，不想来也不必解释，没有请假的问题。我曾把这个问题反映给系里，并说我们在中国缺勤三分之一是不允许考试的。系主任说你也可以要求他们按时出勤，完全可以像在中国那样。可是，他们多少年都是这样，我怎么能改变呢。有意思的还是在考试前，有的学生一个学期一次课都没来，因此我完全不认识他，居然也要求参加考试，因为他选了这门课，而我也没有资格拒绝这个学生的要求。考试后，学生会拿着每个同学都有的成绩卡，非常主动地找我，——这是非常少见的"主动"——因为我要把他的成绩填到卡里，签上我的名字。这是最关键的，如此这个学分就到手了。不需要什么系主任、教学秘书的任何工作。毕业时，拿着这个上面签满了成绩与名字的卡，就能够领取学位证和毕业证了。

说到考试，和我们也大有不同。首先，他们有一个考试月，像是我们的考试周，所以他们的一个学期很短，除去假日，也就十周多一点儿。因

287

对外汉语教学求索集

为考试月是不上课的，虽然不上课，但学生最忙，他们要全面复习，应对各门课的考试。其实这是个不错的法子，学生们复习得很认真，很全面。其次，考试和考勤没有关系，哪怕你一次课也没上过，也可以堂而皇之地来参加考试。再有，老师要和学生商量考试的时间，老师不能自己定一个时间，让全体学生都来考试。学生可以自己提出考试时间，不考虑和别的同学一起考。这样一个考试月可能出现的情况是：今天 A 考，明天 B 考，后天 C 考。老师的卷子也是五花八门，远没有我们的规范。另外，对于考试成绩，学生确实非常认真，考试以后不久，就要告诉学生成绩，学生有权对这个成绩表示异议。有异议怎么办？再考；还有异议，继续考。可以考三次，选一个成绩最高的。面对和我们的工作规范完全不同的考试制度，我很难适应，但入乡随俗，是我唯一可选择的路，但我还是尽量让学生按照我的轨道走。比如我和学生商量，找出一个大家都可以接受的时间，一次考试完事，最多有两三个同学第二次考试；而且告诉他们，第二次考试肯定比第一次难，而第三次考试要比第二次更难。这样，学生们也都能够顺着我的思路走了。至于成绩，我则不得不"高抬贵手"了，尽量没有不及格的，给足学分，免得他两次三次地考个没完。当然，对那些不认真，出勤不佳的同学，及格是可以的，高分就别想了。两年下来，虽有个别学生找过我，但我则坚持我的职业道德底线，不做无原则的让步，总体上说，还算是相安无事。

大学教育的随意不仅仅表现在学生方面，老师也是如此。有一次，我计划和几个中国朋友去巴黎旅游，算来算去都要有一天不能来上课。我战战兢兢地先试着和学生打招呼，说明我下周一不能来上课，和他们商量或是提前上课，或是回来补上，或是找个其他老师替我上一次。没想到学生们的态度则是惊人的一致：老师放心去玩吧，多玩几天，不用调课，也不用补课，这不是在中国。我想这里可能有学生们的厌学心理，我还是应该找系领导请假，没想到系领导也是这样说，放心玩吧，不用补课。于是，我怀着几分释然的心情，和几个中国朋友旅游去了。后来我发现，这并不是对我的"网开一面""特殊照顾"，老师们都是如此。有一次，一位老师在教室门上贴了张便条，我不明其意，担心和我有关系而耽误事，就问学生，学生告诉我："某老师感冒了，要休息一周。"一周后又换了张纸条，学生告诉我："这位老师的感冒没有完全好，还要再休息一周。"这就可以了，不需请假，不需别人批准，也不需大夫的诊断证明。我还注意到：上课后，学生不准时来，老师同样不准时来；一刻钟之内到，是大家不成文的规定，很正常；如果半个小时老师还没来，学生可以考虑回去了。而我，两年来没有一次病假，没有一次迟到，只有学生不来的时候，而没有我不到的时候。想起来，可谓心安理得，问心无愧。

看来各国大学都有自己的规矩和习惯，这就如同各国有各国的国情，我们难说谁对谁错，孰优孰劣。我们到人家那里当老师，就要遵守那里的规矩，适应那里的习惯。不过，我执教几十年的习惯改也难。我在坚守自己的职业道德底线的前提下，尽量适应当地的规章制度和风俗习惯。这也算是把"两难"变成了"两可"，甚至"两得"吧。

（本文选自我的散文集《感悟布拉格》）

捷克的汉学研究和汉语教学[①]

捷克位于欧洲中部，面积不大，人口不多，但每当提起捷克，人们似不觉陌生，该国的文化发展多受邻国影响，然而由于首都布拉格历史悠久，自然又成了欧洲文化交流的重城。中捷两国远隔万里，两国之间却早在中世纪就已经有了沟通，该国的汉学研究和汉语教学不仅在中欧地区首屈一指，即使在整个欧洲，乃至在世界上也有一定影响。当前在捷克众多的高等学府中唯有布拉格的查理大学（Charles University）和奥洛莫茨（Olomouc）的帕拉茨基大学（Palacky University）担负着汉学研究和汉语教学的任务。

查理大学创立于1348年，是中欧历史上的第一所大学。汉学作为东方学的一部分，是从查理大学在19世纪下半叶设置东方学讲习所开始的。卢·德沃夏克（Rudolf Dvorák，1860—1920）教授是第一位从事汉学研究的捷克东方学家，他有关中国儒学和道教的论著、译著颇丰，他深入研究孔子和《论语》，撰写了《孔夫子的生活和思想》一书，他还转译过《道德经》《诗经》等。

不过，捷克的汉学家有系统地对中国进行研究，并逐渐地全面掌握汉语，还应从二战后算起。因为直到这时汉学研究和汉语教学才可以算作查理大学的教学与研究领域之一。1945年出任查理大学文学院亚非系主任的普实克（Jaroslav Pruŭšek，1906—1980）教授是当时捷克汉学家中最杰出的代表，在普实克教授的主持下，开始了东亚语言与历史讲座。普实克教授在汉学领域闻名遐迩，在捷克，他是第一位精通汉语的汉学家，曾

[①] 本文与刘学敏合作完成。

来华接受过中国文化和汉语的熏陶。1932年他对中国和日本进行了长达5年的考察,在中国,他的足迹遍及大江南北,与鲁迅、郭沫若、茅盾、冰心、丁玲等都有交往。普实克先生本来是学习中国历史的,当接触了这些作家后,他转而开始研究中国文学,在北京鲁迅博物馆至今还珍藏着鲁迅先生给他的亲笔信。他翻译过鲁迅的《呐喊》,鲁迅先生在去世前两个月为此书作了序。此外,他还翻译过《论语》《聊斋志异》《老残游记》《孙子兵法》和《子夜》等。普实克先生开创了捷克和斯洛伐克学术界对中国全面研究的先河,他的研究不仅对中国文学方面,而且对现代汉语语法及语音方面的研究都产生了重大的影响,以至20世纪70年代后,某些西方学者视其关于中国现代文学的研究为"捷克学派"。同时普实克还培养了一大批造诣颇深的汉学家,当今,在捷克和斯洛伐克学术界,从事汉学研究和汉语教学及翻译的学者、教授多出自他的门下。

直到1968年后,捷克的汉学研究和汉语教学进入了长达20年的冬眠期,教学和研究被压缩到最小的范围。到了20世纪80年代末90年代初,捷克的汉学研究和汉语教学才得以写下新的一页。1993年查理大学前亚洲与非洲研究系分成两个独立的单位,东亚研究所正式成立,下设中、日研究组,韩、蒙、越研究组等。查理大学与中国的北京大学、中国人民大学签有合作协约,中国教育部定期有一位教师在查理大学从事汉语教学。

查理大学中文系是东亚研究所中最大的系,主修中文的学生有120位(包括博士生),有专任教授6位,均有博士学位。系主任罗然(Olga Lomová)副教授在中国古典文学,特别是唐及唐以前的诗歌研究方面独辟蹊径,成果斐然。著名红学家克拉尔(Oldřich Král)先生是中国哲学和比较文学教授,同时他还是一位著名的翻译家,他翻译过《儒林外史》、《红楼梦》、《易经》、《林家铺子》、《暴风骤雨》(下册)、《家》(与他人合译)及一些哲学著作。戴维(David Sehnal)助教授是北京大学郭锡良教授的高足,主要侧重于中国语言学,特别是古汉语词汇与语法的教学与研究。包捷(Lucie Olivová)助教授主要注重中国历史、文化及古汉语的教学与研究。安德昌(Dušan Andrš)助教授则继续着普实克教授的研究,注重中国现代文学及文学理论的教学与研究。青年教师马三里(Jakub Maršálek)所研究的是先秦时期的考古、文化及语言。

对外汉语教学求索集

此外中文系还常年聘请国内外的访问教授,开设一些独具特色的课程,如中国哲学与美学、中国戏剧与表演艺术、传统中国绘画及视觉艺术等。毫无疑问,这些内容使中文系的教学与研究得到了更好的弥补和完善。可以看出,查理大学的汉学研究从整体上来说,更加侧重对中国传统文化以及以语言和文学为基础的研究,而对历史、社会及当代问题则稍次之。

查理大学中文系的课程设置相对稳定,5年的学习大致分为两个阶段。第一阶段是基础阶段(1~2年级),每周汉语课程10节左右,占周课时的50%,有汉字课、语音课、语法课、口语课。有关汉学的课程也是10节左右,开设中国文化概论、中国历史概论等。二年级后绝大部分中文系的学生都有机会到中国留学1年,所去的大学有北京大学、中国人民大学、北京语言文化大学、南京大学、南开大学以及台湾的一些大学。第二阶段是高级阶段(3~5年级),留学1年归来后,鉴于同学们的汉语水平得到了较大的提高,汉语教学减至每周6课时,课型变化也较大,主要是会话专题、阅读专题、翻译等;同时加强了古代汉语、语言学、文学概论等课程。鉴于大部分学生留学归来后听说能力较强,而阅读能力特别是读报能力相对滞后这一普遍现象,系领导正组织编写与此相适应的教材,开设原貌报刊阅读之类的新课。可见他们在进行繁重的汉学课程教学的同时,也十分注重全面提高学生的实用汉语水平。

帕拉茨基大学位于捷克的第七大城市奥洛莫茨,亦属捷克著名的高等学府之一,成立至今已有450年历史,当时叫天主教耶稣会大学,到1946年重新成立的时候更名为帕拉茨基大学,这是为了纪念捷克著名历史学家帕拉茨基(František Palacký)先生。

早在1948年帕拉茨基大学便开设了汉语课程。但不久就因故停开了,后又于1993年重新开设汉语课程,该校属于新兴的汉语教学及研究学府,由于师资力量相对薄弱等多种原因,到目前为止远东教学仍不是一个独立的学系,而是与罗马语系联合设置,为远东教学部。该校远东教学部中文班现有学生40名左右,共有5个年级,隔年招收10~20名新生。

该部有专任教师3名,施瓦尔尼(Oldřich Švarný)教授虽已年过八旬,但仍以老骥伏枥的精神为帕大中文班的学生们默默地奉献着。施瓦尔

海外汉语教学研究

尼教授潜心钻研30余载，编纂了《现代汉语常用语素汇编》，并以此为教材，开设了一门较为新颖的汉语语音学课程，通过施瓦尔尼先生的耐心施教，以及他的先进的教学理论及独到的教学方法的成功运用，学生们能较快地掌握汉语正确的语音、语调及发音方法。青年教师吴大伟（David Uher）是中日语专业负责人，毕业于查理大学中文系，在古汉语及比较语言学方面深入钻研，他主要教授汉语口语、汉语语法、汉字及古汉语等课程，海伦娜（Helena Heroldová）女士现正在查理大学修改她的博士论文，在帕大她主要教授中国现代文学及文学理论。

教育部定期派1名教师在帕大从事汉语教学。除此之外，帕大中文教研室还常年邀请查大、亚非研究所等有关单位的教授、学者前来授课或开各种讲座，主要以中国古代史、中国现当代史为主，以此来充实学生们的知识面和开阔学生们的视野。

帕拉茨基大学中文教学及研究工作虽起步较晚，但由于她充满着时代感与青春气息，而成为一处不容忽视的汉语教学及汉学研究机构。与查理大学中文系不同，帕拉茨基大学中文专业的教学主要侧重于实用现代汉语，除了开设现代汉语语音、语法、汉字、口语、听力等课程外，还根据现代青年人的需求，开设了较为实用的经贸口语、经贸写作、中国国情和报刊等课程，促进了学生们对现代中国情况的了解，达到了学以致用、跟上世界经济变革潮流的目的。该校的主要研究领域是现代汉语语音、语法、汉字和文学，尤以19和20世纪为重心。

帕大中文班的学生自三年级始，每年都有5名学生到中国留学1年，4名到中国内地，1名到中国台湾，所去的学校有北京语言文化大学、南京大学、上海大学、武汉大学、四川大学以及"台湾师范大学"等。

查理大学中文系所属的查理大学哲学院东亚研究所，以及帕拉茨基大学中文专业所属的帕拉茨基大学哲学院远东教学部，既是教学单位也是研究单位。两校的汉语教师除教授汉语课外，各自的研究方向都有所侧重，可以说是各具特色，各显其能。

除这两所大学外，位于布拉格的捷克科学院东方研究所也从事着汉学研究，他们所研究的内容十分宽泛，其内容主要有汉文化与中国南方少数民族、西藏历史、文学、佛教等，中国现代史，早期中国佛教，中国传统医药理论,中国气功与道教,中国辞典编纂法以及以音韵学为重心的中国语言学等。说起东方研究所,就必须要提到鲁迅图书馆,50年代普实克从中国带回27,000多册中文图书,这便是鲁迅图书馆的奠基石。现在鲁迅图书馆藏书已近6~7万册,已成为中欧地区远近闻名的中国书籍图书馆。这里除了现代出版物外,还有中文善本书如《四库全书》《二十四史》《历代史话》《新青年》和《小说月报》等。

捷克人民对中国的语言、历史、文化等诸方面都有着浓厚的兴趣,捷克的汉学家及汉语教师们经过几代人的不懈努力,在汉学研究和汉语教学方面取得了令世人瞩目的成就。我们衷心地祝愿捷克的汉学研究和汉语教学百尺竿头,更进一步,为中捷两国的文化交流,为中捷两国人民的友谊作出更大的贡献。

(原载《世界汉语教学》2001年第3期)

海外汉语教学研究

捷克共和国汉学研究的基石[①]

——访捷克科学院东方研究所

来捷克工作不久,我们就听说布拉格有一个东方研究所,堪称捷克汉学研究的基石。在一个周五的下午,东方研究所的廖敏(Hana Třísková)女士带领我们来到了地处布拉格市区北部的东方研究所。这一地区可以说是布拉格科研单位最集中的地方,但绝大部分都是自然科学研究所,唯有东方研究所是社会科学研究单位。走进东方研究所,墙上"多、快、好、省"四个汉字着实让我们吃了一惊,原来这是时任所长高马士(Josef Kolmaš)先生的座右铭,也是对全所工作人员的要求。楼道里挂满了捷克著名东方学研究专家的照片,在一张似曾相识的照片前我们驻足观看,这是闻名遐迩的捷克最著名的汉学家普实克(Jaroslav Průšek,1906~1980)院士的照片。从1952年到1971年,普实克任东方研究所所长。普实克可称之为捷克现代汉学研究的建立者和权威,捷克汉语教学的启蒙者,今日,活跃在捷克共和国和斯洛伐克共和国的年纪稍大的汉学家大多出自普实克的门下。在他的照片旁边,是他最得意的学生之一,著名汉学家与辞典编纂者史丹妮(Dana Heroldová - Štovíčková,1929~1976)女士的照片。史丹妮毕生致力于汉学研究,著作颇丰,与我国著名诗人艾青有着深厚的情谊。史丹妮是中国人民十分尊敬的老朋友,然而她一生坎坷,屡遭不幸,1976年死于车祸,年仅47岁。

高马士所长热情地接待了我们。高先生年近70,但精力充沛,没有丝毫的老态,他除了主持全所的工作外,还孜孜不倦地进行着自己的汉学

[①] 本文与刘学敏合作完成。

与藏学研究,高先生于 50 年代毕业于我国的中央民族学院(现为中央民族大学),学习藏族语言与文学,他在东方研究所已经工作了 43 年,主要研究汉藏的政治、历史、人类学、关系史及藏族古典文学及典籍,是捷克藏学研究的开创者,出版了《西藏与中华帝国》《德格土司世系史》等几十部专著和译著;此外他还对白居易的诗歌等有独到的研究。陪同我们前来的廖敏女士是汉学研究室专门研究现代汉语语音和句子的节律的专家,曾出版过有关著作,1983 年毕业于查理大学,后来又在北京大学中文系学习了两年,她的论文《节律的生理与汉语口语的节律》颇有见地;她还经常给查理大学的学生开设汉语语音和音韵方面的课程。我们还见到了汉学研究室主任李世佳(Vladimír Liščák)先生。这位年富力强的汉学专家 1984 年毕业于查理大学,不久又到上海复旦大学学习一年中国古代历史;多年来他潜心于中国历史、中国宗教和有关丝绸之路的研究,出版过多部著作,发表了十多篇论文和 200 多篇有关文章。最近他刚刚出版了一部有关中国丝绸之路的专著《中国:丝绸之路的奇遇·有关东——西方的交流》。安道(Vladimír Ando)先生是汉学研究室专门研究中国传统中医理论的专家,1983 年在查理大学毕业后,与李世佳同时在复旦大学学习,他所学习的是中国古代哲学;多年来他在中医基础理论和道家内丹学的研究方面颇多建树,他曾出版了《中医基础理论》(共五册)等多部专著。鲁碧霞(L'ubica Obuchová)女士是汉学研究室专门研究中国文学、中国传统习俗等方面的专家,1983 年查理大学毕业后,她曾两度到北京语言大学学习,出版了《二十一世纪的中国人》等多部著作,并发表了多篇论文和百余篇有关文章。

除了汉学研究所在的东亚研究室外,东方研究所还有南亚研究室和非洲近东研究室。此外,东方研究所还可以称之为捷克东方学的资料中心,下附四个图书馆和一个资料库,其中最有名的是鲁迅图书馆。在高所长的带领下,我们来到了仰慕已久的鲁迅图书馆。走进图书馆,首先进入我们视野的是鲁迅先生的名言"横眉冷对千夫指,俯首甘为孺子牛";在另一旁,郭沫若先生的亲笔题词"鲁迅图书馆"悬挂在图书馆的墙上。20 世纪 50 年代初,普实克从中国带回 27000 册中文图书,这便是鲁迅图书馆的奠基石。鲁迅图书馆建立于 1952 年,建立之初得到了很好的发展,到

海外汉语教学研究

60 年代初已藏有 55000 多册图书,成为中欧地区远近闻名的中国书籍图书馆。60 年代末,由于中国的"文革"和苏联军队对捷克的入侵,鲁迅图书馆开始走下坡路。现在鲁迅图书馆藏书有六七万册。其中,最珍贵的是较为全面的现代文学藏书。此外,这里也有一些中文善本书。在这里我们吃惊地看到《四库全书》《二十四史》《历代诗话》《新青年》《小说月报》等。这些珍贵的图书和期刊在这里得到了精心的保管和充分的利用,查理大学等学校的师生经常到此查阅资料。在费正清图书馆,我们还见到了美国著名汉学家费正清(John King Fairbank)先生赠给东方研究所的 1600 多册图书。这是费正清先生于 1991 年去世后,他的夫人按照费先生的遗愿,把他的有关中国历史和中美关系的英文藏书赠送给东方研究所的。在另一个资料库里我们见到了包括藏文经书《甘珠尔》(103 卷)和《丹珠尔》(213 卷)在内的 5600 多件藏文经典。这是高马士先生在中国学成回国后带回捷克的,这些书在欧洲绝无仅有,有着极其珍贵的价值。

在高马士先生的办公室里,我们品尝着捷克的甜点和清香的咖啡,翻阅着各位专家的本本专著,聆听着高马士先生的侃侃而谈,回忆着东方研究所 80 年所创建的辉煌业绩,以及所历经的磨难与沧桑。

在东方研究所成立之前,捷克的汉学研究已经萌芽,汉学作为东方学的一部分,是从查理大学在 19 世纪下半叶设置东方学讲习所开始的。卢·德沃夏克(Rudolf Dvořák,1860－1920)教授是第一位从事汉学研究的捷克东方学家,是捷克汉学研究的奠基者。他的有关中国儒学和道教的论著、译著颇丰,他深入研究孔子和《论语》,撰写了《孔夫子的生活和思想》一书,他还转译过《道德经》《诗经》等。卢·德沃夏克的开创性的工作,让捷克人民看到了东方的文化。遗憾的是卢·德沃夏克没有直接培养出汉学研究的接班人,所以在卢·德沃夏克以后,捷克的汉学研究萧条了整整一代。年近七十的高马士先生对此十分感慨,因为高马士毕生研究藏学,同样也没有培养出自己的学生。当然这是由于社会动荡等多种原因所造成的。

东方研究所成立于 1922 年,那时,捷克斯洛伐克共和国刚刚诞生四年。共和国的诞生为东方学研究创造了良好的条件,捷克的东方学研究也已具备了较好的研究基础,并有了一些成绩,形成了一定的气候。接受东方文化，在当时的捷克已经成为可能和必然。共和国首任总统马萨里克（Tomáš Garrigue Masaryk 1850~1938）慷慨解囊，捐助资金，使东方研究所作为一个独立的研究机构开始活动。首批研究人员有34名之多，遗憾的是其中没有汉学家。此时卢·德沃夏克已经去世，而后来成为捷克汉学研究权威的普实克当时还是个青年学生。东方研究所全面展开工作实际上是在成立七年之后的1929年。研究亚洲国家历史、文化、社会的季刊《东方文献》（Archívorientální）在此时创刊，收入的文章主要是用英、法、德文写的，到了30年代后半叶开始收入中文写的文章。《东方文献》很快就赢得了世界东方学界的认可。此外，当时还出版了科学研究丛书《东方研究所专著》（Monograph series of the Oriental Institute）。除了出版各种杂志和专著外，当时的东方研究所还组织了东方语言的教学活动。研究人员大都在各大学教书，东方研究所实际上起到了东方学研究的纽带作用，同时又像汉学研究专家的俱乐部，把汉学家们聚集到一起。东方研究所下属多个协会，介绍和研究东方各国的历史和文化。1936年"中国协会"成立，开展了大量的有关中国的文化活动。

在1938年东方研究所的名单中，人们见到了普实克的名字，那时他刚从中国、日本进行了5年的考察后回来不久。20年代，由于卢德·沃夏克去世后，捷克汉学研究几近空白，年轻的普实克只能到瑞典、德国学习汉学。1932年，东方研究所派普实克到中国去考察，他在中国考察了两年半的时间，其中在北京的时间占了绝大部分。他与鲁迅、郭沫若、茅盾、冰心、丁玲等人都有过交往，特别是与鲁迅互通书信，建立了深厚的友谊。普实克把鲁迅作品介绍给捷克斯洛伐克的读者，经他翻译，1937年《呐喊》的捷文译本在布拉格出版，鲁迅先生在去世前两个月为此书作了序。北京鲁迅博物馆至今还珍藏着鲁迅先生给普实克的一封信。在中国期间普实克的学术研究已经形成，他主要研究中国民间口头文学，同时也注重对中国现代文学的研究。1934年普实克又从中国到日本考察，在日本他结识了许多中国学者，为他提供了进一步研究中国文学的可能。这是对他中国文化研究最好的补充和丰富，对20年后布拉格汉学学派的形成和发展起到了很大的作用。

1937年，普实克满载着东方之行的累累硕果回到捷克，他首先到了兹林（Zlín）的巴佳（Baťa）皮鞋厂教汉语。不久，第二次世界大战爆发了，1939年纳粹占领了捷克，大学关闭，导致了学者们的研究工作无法开展，就连老师和学生们进图书馆都受到了严格的限制。东方研究所的研究和工作陷于瘫痪，捷克汉学界与世界汉学界的联系中断，当时基本上已经无法进行汉学研究。然而，这种情况却从另一方面激发了大学师生对东方语言的兴趣。因为当时的大学生没有别的学习机会，由东方研究所组织的东方语言教学活动异常活跃，师生们形成了紧密的团体，由大学教授进行教学，成了当时东方研究的一个凝聚点。普实克活跃在汉语教学的第一线，并且完成了第一部用捷克语编写的汉语教材，同时他还发表了一些论文和翻译文章。在这种极端的情况下，东方研究所的汉语教学工作或多或少是对大学关闭、汉学研究被迫中止后的一点点补偿。这些工作为战后汉学研究工作的迅速重建提供了必要的条件，为汉语课程的建立和开展奠定了基础。此时，在普实克周围聚集了一批年轻的汉学研究者，后来，这些人大都成了捷克、斯洛伐克新一代的汉学家。

1945年5月28日，战后汉学家的第一次会议在东方研究所举行，参加者除了汉学家和汉语教师外，还有许多战时的汉学学生，会上提出了东方研究的新框架，制定了新的活动纲要，并恢复了与一些国家在汉学研究方面的联系。可以说，"二战"的胜利，开始了东方学尤其是汉学研究的一个新阶段。当时，除了"捷克斯洛伐克与东方文化交流协会"（Společnost pro kulturní styky s Orientem）外，又成立了"捷中协会"（Společnost československo‑čínská），即今天的"捷华协会"（Česko‑čínská společnost），其主要工作是组织汉学讲座，举办有关中国文化的展览，使广大群众能够对中国文化有所了解。1945年《新东方》（Novy Orient）（月刊）创刊，由东方研究所出版，每年出版10期，至今已经有了57年的历史。这本杂志主要面向大众介绍东方文化、历史和政治等。《新东方》经常刊登亚洲、非洲的翻译作品，同时还介绍一些东方语言的知识，里面的许多插页被教师们作为东方语言的教材，其中的很大一部分是关于中国的内容，并经常介绍中国的短篇小说。普实克在当时已成为最著名的汉学家，是布拉格汉学学派实际的奠基者。普实克并不是一位两耳不闻窗外事的象牙塔式的学者，他为东方学研究机构的建立付出了自己的才智和汗水，取得了卓越的成就。二战后，普实克到查理大学哲学院任职，担任了刚刚成立的远东系主任。他成功地培养了大量的学生，根据当时国内的情况，让学生进行更全面的研究，使得在东方学的研究领域有所深入和拓展。他还从中选择了合作者。可以说，普实克为组织建立一支捷克的汉学研究队伍作出了不朽的贡献。同时，也可以认为，二战后是捷克汉学家有系统地对中国进行研究的开始。

1952年，捷克斯洛伐克科学院成立，东方研究所并入科学院，普实克离开了查理大学远东系，被任命为东方研究所所长。东方研究所成了最著名的东方学研究机构，是捷克斯洛伐克东方学研究的中心；而汉学研究此时已成了东方研究所研究的核心，大多数汉学家都调到了东方研究所。东方研究所聚集了十几位汉学家，研究的范围包括中国历史、中国古代文学、中国现代文学、中国语言学、汉语语音学等。到了60年代，一批50年代毕业的年轻的汉学家已小有气候，形成了布拉格汉学学派。捷克汉学界和世界汉学界建立了密切的联系，汉学家们大都加入了"欧洲汉学学会"（European Association of Chinese Studies），东方研究所的成就得到了国际上的认可。普实克也成了国际上著名汉学家，被聘请为德意志科学院通讯院士，同时他还是萨克森科学院和巴伐立亚科学院的通讯院士，并多次到欧美讲学。普实克对汉学的研究涉猎很广，他从一般地对文学材料和文学史的研究，到对一些问题的归纳与提出，涉及了文学最本质的东西；他能够从亚洲的主流甚至世界的主流看中国文学；他对现代文学的主体性和个性问题表现出了极大的兴趣；他对传统的叙事性文学的艺术性与读者的关系问题，以及民间文学与大众文学的界限等都有着独到的研究。此时普实克还带领其他汉学家编写了《东方学大辞典》（Dictionary of Oriental Literatures）（共三卷1974年在伦敦出版）。《新东方双月刊》（New Orient Bimonthly）创刊于60年代，主要是传播东方学研究的成果，还经常介绍中国的短篇小说，但出版时间不长，就因为苏军入侵捷克斯洛伐克而中止，一直未能恢复。此外，60年代初还出版了一系列研究论文，主要是促进国际学术交流，东方研究所作为东方学的资料中心也在这一时期初具规模。到60年代后半叶，鲁迅图书馆藏有60000多册中文图书，每年订有307种期刊。这一时期可以说是东方研究所最辉煌的时期。然而，也有许多令人遗憾的地方，50年代末到60年代初，由于中国与捷克斯洛伐克关系所发生的变化，以及1968年苏联军队的入侵，使学汉语的人数急剧下降，这种状况一直到90年代才有所改观。另外一点让我们非常遗憾的是普实克对中国文学的翻译、评论和介绍，其中最有影响的著作大都是用捷语完成的，以后也没有翻译成其他语言，这样使普实克在世界汉学界的影响相对减弱了。

1968年苏联军队入侵捷克斯洛伐克，这一事件对捷克斯洛伐克与中国的关系产生了极坏的影响，并直接影响到捷克斯洛伐克的汉学研究。在后来的20年的时间里，捷克的汉学研究走上歧路，甚至可以说几乎进入了冬眠期，被压缩到一个极小的范围。当时，一些颇有影响的汉学家被解雇，如在中国哲学和汉代历史研究方面的专家迪姆·博戈拉（Timoteus Pokora）先生、汉语语法研究专家雅罗米拉·卡洛斯科娃（Jarmila Kalousková）女士、宋元史研究专家白利德（Augustin Palát）先生、汉语语法和语音研究专家施瓦尔尼（Oldřich Švarný）教授、中国民俗研究与中国艺术研究专家、现任捷华协会会长乌金（Zlata Černá）女士等一大批人先后被无理地驱逐出东方研究所。当时，捷克的汉学研究被世界汉学界孤立了，东方研究所也放弃了绝大部分的研究工作，不少汉学家移居国外，普实克也愤然辞去了所长职务。在这20年间，东方研究所的工作极其有限，处在一种畸形的状态。侥幸留下来的汉学家们也不能继续从事自己感兴趣的研究，如汉语语法研究专家、翻译家、辞典编纂者傅思端（Zdenka Heřmanová）女士、中国音乐和音乐美学研究专家吴康妮（Xenie Dvorská）女士等，他们的工作只是给政府编制有关中国的报告，翻译《人民日报》中的有关内容，翻译中国的《宪法》等。由于政治上的原因，汉学研究与中国割裂了，出版有关中国的内容受到严格的限制，数量非常有限。在苏联军队占领的20年间，学习汉语的人极少，中文系的课程大都只涉及中国政治，文学、历史、语言等方面的课程极少。据统计，在这20年中，查理大学中文系只毕业了35名学生，而这些人毕业后大部分都改了行。今天回顾那段历史，在我们痛心地看到当时汉学研究萧条和冷落的同时，也吃惊地发现，那些把毕生精力献给汉学研究的捷克汉学家们，在如此恶劣的条件下，仍然孜孜不倦地坚持着汉学研究，顽强地保持着与世界汉学界的联系。在史丹妮和傅思端的主持下,他们十分难得地完成并出版了一套《捷汉词典》(共九本)。汉学家们翻译并出版了一些中国文学的名著。汉学家和教授们虽然被解雇,但他们却尽当时条件之所能,在家里教学生,尽量补充学生们所欠缺的知识,并取得了不错的教学效果,为后来汉学研究的恢复培养了为数不多的后续力量。他们坚持不懈的工作,为世界汉学研究作出了贡献,使捷克人民能够看到中国的历史和文化。

到了20世纪80年代末90年代初,"天鹅绒"革命改变了捷克国家的社会制度和政治体制,各方面的工作都有所好转,捷克的汉学研究才得以写下新的一页。一些已经离开汉学界的汉学家们又回到了原来的岗位,恢复了一些原来的研究工作。汉学家们结束了那种按照政府的需要所搞的"研究",开始搞自己感兴趣的课题。但令人痛心的是,一些杰出的汉学家有的已经离开了人世,如普实克院士、迪姆·博戈拉先生、雅罗米拉·卡洛斯科娃女士、吴康妮女士等。有的已经定居国外,那些40~50年代毕业的汉学家们也大都到了或接近退休的年龄。1989年末,东方研究所有79名研究人员,其中有19位汉学研究人员。1993年,由于经济等方面的原因,捷克科学院所属的研究所进行了一次大规模的人员缩编,再加上自然减员等方面的因素,使许多汉学研究人员离开了东方研究所,当时汉学家只保留了5人。在以后的一段时间里,东方研究所在岗的名额指标十分紧张,而研究单位微薄的经济收入也使得一些年青的汉学研究者不愿走进东方研究所的大门。因此,年青的汉学研究者在人数上明显不足,人数上的不足自然影响了年青一代汉学家的整体水平。此时,那些已经六七十岁的汉学家们虽然已经到了或接近退休的年龄,但他们仍以其丰厚的汉学研究基础、坚忍不拔的治学精神、兢兢业业的工作态度,以及汉学家的高度责任感,挑起了恢复汉学研究的重担,在各自不同的岗位上,兢兢业业地奋斗在汉学研究的第一线。同时他们还言传身教,为尽快培养年青一代汉学家呕心沥血。如:白利德先生以将近80的高龄完成了他的《中古时代的中国——宋元代社会与风俗》这本重要著作;施瓦尔尼教授虽已年过八旬,但仍活跃在汉学研究和汉语教学的第一线,并于去年完成了他苦苦研究、写作了40年的《现代汉语常用语素汇编》(共四册)。现在这些汉学家绝大部分都已退休。东方研究所的汉学家已由1991年的13名减少到5名(包括年近70的高马士先生)。在参观鲁迅图书馆时,我们在为那些珍贵的中文图书和期刊而吃惊的同时,也深深地为缺少近十几年的各种中文出版物而遗憾。现在鲁迅图书馆所订的中文杂志仅有14种,在数量上不及60年代的二十分之一。今天,东方研究所的研究人员正在勤奋地工作,在研究成果层出不穷的同时,也面临着人员短缺、经费不足等实际问题。

走出东方研究所,我们的心情十分复杂,一方面,我们深为在这块远离中国的土地上把毕生精力献给了中国研究的人们所感动,他们无怨无悔,淡泊名利,孜孜不倦,持之以恒,实在是令人敬佩。楼道两旁,那一个个成果斐然的汉学家的遗像深深印在我们的脑海里,留在我们的记忆深处。在高马士所长的办公室里,陈列着东方研究所各位专家的本本专著,这些专著构成了一面厚重的"书墙",令人叹为观止!那是他们聪明才智和辛勤汗水的结晶,待了解了东方研究所历经的沧桑,这些专著越发显得弥足珍贵。另一方面,我们也为东方研究所今天的一些不尽如人意之处而担忧,走出低谷,固然可幸可赞,但难现昔日的辉煌却又令人遗憾。白利德先生曾在一篇文章中感叹:现今的捷克"新一代汉学研究者少有出类拔萃者。"尽管这里面的原因是多方面的。

我们真诚地希望,捷克新一代的汉学家继承前辈的传统,开拓捷克汉学研究的新局面,让更多的"普实克"活跃在捷克的汉学界。

附记

本文在写作过程中,参考了白利德(Augustin palát)先生1995年发表在《欧洲的中国研究》(EUROPE STUDIES CHINA)上的文章《19世纪末以来捷克汉学研究的历史》(*On the History of Czech Sinology from the End of the 19th Century to the Present*)。东方研究所的廖敏(Hana Třísková)女士、当时正在查理大学做访问学者的内蒙古工业大学的范小彬副教授都为本文的写作提供了很好的帮助和支持,在此谨致谢忱。

(原载《汉学研究》,2003年第7集)

海外华人子女中文教育的一种尝试①

一

六年前，戴波以访问学者的身份来到布拉格，一年后被录取为捷克技术大学的博士生，这意味着他至少还要在布拉格苦读五年。这时他儿子正值入学年龄，如在国内上学，等于把教育孩子的重任全都推给了妻子，夫妻还要长期分居。而孩子随父母到捷克，就等于放弃了对孩子的中文教育。遇到这个问题的还有其他留学生，大家思前想后，决定自己教育自己的孩子，办一个中文学校。这一想法立即得到了许多在捷华人的热烈支持，经捷克政府有关部门批准，布拉格中华国际学校于1995年8月14日正式成立，第二天就开始上课了。当时只有10个学生、两个年级、两间教室、四名老师。

回忆办学的历程，戴波十分感谢来自各个方面的支持。捷克技术大学的领导得知本校的中国留学生要办一所中文学校后，当即表示了良好的合作意向，并以极优惠的价格提供了教室、桌椅和其他必需的教学设备。后来又为孩子们解决了吃住问题。我驻捷使馆领事处和历任教育官员都给予了学校大力支持，为学校提供《海外中文教育期刊通讯》等教学参考材料。新世纪来临之际，学校还收到使馆教育官员代表我国教育部赠送的全套九年义务教育新版小学教科书多媒体教学软件，体现了祖国对海外中文教育的支持和关怀。如今学校得到了很大发展，已初步具备了小学到初中

---

① 本文与刘学敏合作完成。

的各个年级,共有四十多名学生、四间教室、十几名老师,虽仍简陋,但已基本形成了从小学到初中的系统的中文教育体系。戴波深有感触地说:"没有这些方方面面的支持,学校不会发展到今天。"

二

中华国际学校的办学特色,可以概括为以下几点:

(一)坚持按照中国国内教学大纲,使用国内中小学统编教材,进行中文教育。他们清楚地认识到,作为中国人,根在中国,所以要让孩子从小接受中文教育,要掌握汉语,要了解中国历史、文化,这是接受其他教育的基础;反之,如果从小接受外国教育,学习他国语言,忽视汉语学习,忽视对中国文化、历史的学习和了解,成年后再去补习这些,那是不可想象的。学生家长中的大部分人都是经商或经营餐饮业的,没有在捷长期发展的打算,而一些公派的留学生或公司工作人员更不会长期待在这里,他们都不希望孩子单纯接受捷克教育,早早地捷克化。中华国际学校坚持按照中国国内教学大纲,使用国内中小学统编教材,进行中文教育,学生将来一旦回国,就可以顺利地与国内教育接轨。另一方面,由于使用国内统编教材,对于从国内转来的学生有着极大的吸引力,到这后,他们很从容地继续着中文学习,既没有断层感,也没有重复感。为了完成教学大纲的各项指标,他们增加教学时数,以提高教学的深度和广度。如果只在捷克学校学习,所学知识不仅不能满足华人学生的需求,将来也很难适应其他欧美国家学校的教育;如果回到国内学习,那将更是无所适从。在理科知识的教育上,捷克学校明显低于我国国内的中小学教育,而对于一个华人学生必不可少的中文教育更是不可企及的。在这些方面,中华国际学校有着绝对的优势。

(二)加强英语教学、兼顾捷语教学。为了适应学生们将来有可能到英美国家求学,或到布拉格的英美学校继续学习,他们坚持这一原则,使学生到国外求学有很好的英语基础和理科知识,即使留在捷克,由于接受了良好的英语教育,又学到了一些捷语,也有利于融入捷克社会。考虑到海外的特点,与国内学校比,他们加快教学进度,大量增加了英语教学的课时，每班英语的周课时高达 10 节以上。每个班都有两名英语教师，其中必有一名外教。中国教师使用国内的统编教材，加快教学进度，超前进行，六年级就学完了初中的英语课程。外籍教师则侧重英语口语等应用能力的培养，这也是区别于国内英语教学的重要一点，自然也收到了国内英语教学难以达到的效果。学生的英语实用水平提高得很快，在高年级已有直接用英语讲授的课程，有的高年级学生甚至可以帮助不懂英语的家长做些简单的翻译工作。

（三）坚持小班上课。为了保证教学质量，每班学生不超过 10 个人，上课时不懂可以随时提问，老师会很耐心地解答，上课时还常常进行讨论，老师了解每一个学生的学习情况、性格、经历和家庭。对于这一点，从国内转来的同学尤其感到满意，外籍老师对此也颇为欣赏。

（四）坚持全面发展的素质教育。他们全面执行国内的教学大纲，以达到与国内坚持素质教育的方针相一致。音乐、美术、体育一应俱全，所聘请的都是专业老师，教美术的张丹老师是位颇有发展前途的青年画家，曾多次举办画展。作为一名画家，她知道在童年时代的美术教育，将会让孩子们终生受益。为此，她推迟了自己的创作，为了给孩子们上课，她自费请保姆照看孩子。通过她的耐心施教，学生们美术修养提高很快，在每间教室里都贴满了孩子们的绘画、剪纸等美术作品。为了进行音乐教育，学校聘请当地的捷克教师，添置了钢琴等乐器。由于学校设备简陋，没有操场，他们就花钱租操场，以对学生进行体育教育。经过几年的学习，这里的学生素质得到全面的提高。

（五）灵活多样的办学思路。为了满足学生和家长的要求，他们还开办了半日制班，是专为在捷克学校学习的中国学生开办的，每天下午上课，主要学习中文和英语。有些学生家长让孩子进捷克学校是希望让孩子早一点融入捷克社会，学好捷语；也有的学生是因为在中华国际学校没有合适的班级（中华国际学校最高年级是八年级），便到捷克学校去学习。为了弥补捷克学校在学习上的不足，他们希望每天下午到中华国际学校学习中文和英语，中华国际学校满足他们的要求，专门为他们开班。

海外汉语教学研究

三

中华国际学校的老师以来捷的中国留学生为主，大多为大学本科以上的文化程度，其中不乏博士、硕士、副教授等高学历高职称人才。而外籍教师也大都是有从教经历的专业教师。这支教师队伍相对稳定，不仅具有丰富的专业知识，同时也有相当的教学经验，尤其是他们都有着对教育的敬业精神和对孩子们的一颗真诚的爱心。在这里，教师们一专多能，大部分教师不只教一门课，尽量发挥出自己的专业特长。如胡红霞老师是医学博士生，除了教英语外，还给学生们用英文上生物课；戴波校长除了负责学校的日常工作外，同时兼任数学、计算机、自然三门课。为了完成教学任务，老师们克服了重重困难，不计名利得失。由于学校的收费较低，因此学校资金并不充裕，老师的课时费不高，有的老师为了能准时到校给学生上一两节课，往返需要两三个小时的路程。

这里的教师有着强烈的责任心和使命感，对孩子们在教学上耐心施教，严格要求，在生活上关怀备至，呵护有加。在这里，所有工作都是教师们兼任。大到招生、排课表、学籍管理、财会出纳，小到打扫卫生，照顾孩子们的吃喝拉撒睡。尤其是增加了住校生以后，工作更加繁杂，辛苦。每天早晚还要为孩子们做饭，这项工作自然落到了戴波校长的夫人曹尔宁老师的身上。为了让孩子们吃好、喝好，她绞尽脑汁，变换花样，利用周末休息时间去采买。晚上照顾学生睡觉，则由老师们轮流值班。而这些工作都是义务性的，老师们的收入只是课时费。

南希老师是美国人，已在这儿教了三年，她主要教高年级的英语口语。她用这样的语言来评价这所学校："一个学校的好坏，不能只看它的校舍和设备，最重要的是老师之间、学生之间、师生之间的关系，在这里人与人的关系非常友好，像一个大家庭。"南希老师愿意在这里教学，她已经续签了下个学年的工作合同。另一位英语外教是英国的德比老师，在英国她就是小学教师，她对这里的教学管理非常满意，校领导相信教师、尊敬教师，教师可以使用自己喜欢的教材和教学方法，这样教师教起来得心应手，学生学起来兴趣十足，进步很快。

学生家长们十分注重中华国际学校这一环境，虽然校舍、设备简陋一些，但中国教师、中国学生在一起有利于孩子们潜移默化地接受中国传统美德和传统文化的熏陶。至于教师们的敬业精神及对孩子们的关怀呵护，也促使许多家长作出选择中华国际学校的决定。当他们问及如果布拉格没有中华国际学校，你们怎么办这一问题时，他们回答得很干脆，"那只有回国。"他们表示，不应该因为自己的生意耽误孩子的前途，如果孩子没有合适的学上，或是孩子和妈妈一起回国，一家人饱受长期分离之苦，或是全家一起打道回府。可以看出，中华国际学校已与当地华人的前途和命运紧紧地联系在一起。

四

学生的勤奋和进步使他们在颇有一些成就感的同时，也深感自己责任重大。几年来，这所学校已培养出一批优秀的学生，有的到美国深造，有的到其他英美学校求学，也有的回到国内学习，但无论到哪儿，这些学生都是校内、班内的佼佼者。

作为一所学校，中华国际学校确实还有许多不够健全和有待完善的地方，还有相当大的发展空间。但是，中华国际学校的实践可以说是对海外华人子女如何进行系统的中文教育的一种探索与尝试，其存在与发展弥补了对当地华人子女进行系统中文教育的缺环。今天，布拉格中华国际学校为在捷克寻求发展的华人的子女们在如何接受教育方面多了一种选择。仅就这一点，中华国际学校的意义和价值不可低估。

（原载《神州学人》2001 年第 10 期）

海外汉语教学研究

在南非邂逅汉语

南非一游,欣赏了南非的奇特美景,观赏了数十种野生动物,领略了非洲的民俗文化。但让我没想到的是,在这块远离中国的非洲大地上,说汉语的还真不少。我这里说的不是大学的中文系、孔子学院什么的,而是在南非的大街小巷。作为一个有着近 30 年对外汉语教学经历的我,对此颇为吃惊,且喜在心头。

在南非,特别是黑人,几乎都能说几句简单的汉语。不管是在饭店还是酒楼,我们所到之处,都会听到一片"你好""谢谢""欢迎"的热情问候。特别是中餐馆儿里的黑人迎宾员,还时常说一些"欢迎光临""恭喜发财""新年好"等比较复杂一点儿的汉语。而酒楼里的服务员则大都可以用汉语和我们进行简单的交流,如"请喝茶""等一会儿""没有了"等。不过,他们肯定没有受过比较正规的汉语教育。而我常常不忘自己的职业,主动地告诉他们应该怎么说更好,比如:不说"没有了",要说"菜齐了";不说"等一会儿",要说"请稍等";还告诉他们每个菜品的准确发音。临走时,他们也像中国的服务员那样,站在门口,排着队,笑容可掬地说:"欢迎再来"。他们的汉语虽非标准,却充满着热情和友好,让我们颇为感动,如同回到了祖国。在路上,我们常常遇到推销商品的小贩,或是卖报的黑人青年,他们都会主动地和我们用汉语打招呼。我们到约翰内斯堡的当天,正赶上足球非洲杯的开幕式,大街上热闹极了,扛着各国国旗的黑人们有的在摇旗呐喊,有的趁机做生意,但不管哪种人,见到我们都会热情地挥动着旗子,喊着"中国""你好""谢谢"。即使是路边行乞的黑人残疾人,你没给他钱,他也会笑着跟你说声"谢谢"。

在约翰内斯堡太阳城的洗手间里,进进出出的大都是中国人,一位黑人服务生不断地"你好,你好"的问候着大家。当我也用"你好"问候他时,他指着我说"你好",又指着他自己说"多米拉"。我明白了,他是告诉我,他们索托族把"你好"叫做"多米拉"。我笑着和他说"多米拉,多米拉",他高兴极了。旁边的中国人见此也都对他"多米拉,多米拉"地问候着,这个黑小伙高兴得差点儿蹦起来。

在南非的行政首都比勒陀利亚的总统府旁,一位卖旅游纪念品的黑人大娘,指着一个项链说"mao",我不知她要说什么,一看项链,原来那是一个类似于猫眼儿的项链坠儿。我告诉她在中国这个东西叫"猫眼儿",并让她跟我说"猫眼儿",可她发出的儿化韵非常奇怪,难以纠正,于是我就干脆教她说"猫眼",这下她学会了,于是马上就和别的游客"猫眼,猫眼"地推销着她的项链。

在一个商业街里,我们走进一条小巷,每到一个小店的门前,都能听见"进来吧,进来吧"的招呼声,态度友好而诚恳。他们几乎都能用汉语说出商品的名称、产地和价格,而且还能和我们讨价还价。我很高兴地在店里买了些纪念品,临走时告诉他们,以后别说"进来吧",要说"欢迎光临",他们跟我模仿了几遍,马上就用上了。没想到的是,几分钟以后,我还没走出那条小巷,小巷里到处都是发音不怎么标准的"欢迎光临,欢迎光临"。我很感慨,要是在这办一个汉语进修班该多好。

毫无疑问,南非人对中国是友好的。听导游说,1994年,在中国和南非建交前,这里的中国人主要是香港人和台湾人,香港人和台湾人在这干得不错,勤劳坦诚,热情友好。而中国和南非建交后,不少中国大陆人来到这里,延续了当地中国人的优秀品质,与当地人一直保持着良好的关系。另外,随着中国政府与非洲各国友好关系的健康发展,中国的经济腾飞,国家实力的提升,使得越来越多的中国人来南非旅游;而中国人惊人的购买力,也使得南非人看到在中国人身上的商机;特别是最近几年,汉语与中国文化国际传播的加强,使得南非人越发地对中国,对中国文化产生浓厚的兴趣。——于是,我们看到在今天的南非,汉语的地位越来越高,人们对汉语越来越感兴趣。我们相信,在不久的将来,南非的汉语教学和汉语应用一定会有一个长足的发展。

(本文发表在天津《今晚报》2013-06-08)

后　记

　　22年前，1985年，我35岁的时候，开始了一个新领域的工作——对外汉语教学；10年前，1997年，我47岁的时候，又开始了以对外汉语教学为研究方向的硕士研究生的教学和指导工作。22年来，我一直工作在对外汉语教学第一线。结合对外汉语教学的实践，不断学习，不断思考，不断探索，不断写作，在完成并出版了8部教材的同时，也写作并发表了几十篇论文。现将其中主要部分结集出版，以总结自己多年来的学术成就，一则用以自勉，二则权做引玉之砖，三则为我们的学科建设与发展添砖加瓦。

　　本书分为四个部分："实况汉语教学的理论与实践"部分，这是我多年来主要的研究方向。在实况汉语的教学实践、教材编写和科学研究上，我倾注了作为一个学者最宝贵的22年的心血，付出了大量的时间和精力。已经出版的8部教材和正在编写的一部教材都是关于实况汉语教学的。如果说本书尚有些许价值，那么这部分内容则是其主要的价值体现。所以本书定名为《对外汉语实况教学研究》。"对外汉语教学的理论、原则和方法"部分，这是我紧密结合对外汉语教学实践，结合指导研究生论文写作的过程，对对外汉语教学的一些理论问题、原则问题、方法问题的思考和探索。虽然涉及的范围不很全面，也不够系统，但每篇文章都有自己独到的见解。"汉语词汇及其运用研究"部分，这是我对语言研究的个人兴趣所在。由于多年来主要的精力都投入到对外汉语教学方面，所以对这方面的研究虽然时有所悟，但也是东一榔头，西一棒槌。"海外汉语教学研究"部分，这一部分称之为"研究"，只是出于行文的便利，这是我在国外工作期间，对各国的大学教育、汉语教学和汉学研究的一些留意和观察。

本书所收入的论文，都已经在不同的期刊杂志或论文集中发表。出于对这些杂志社、出版社的尊重，此次出版除个别的笔误之外，保留了发表时的原貌。

北京语言大学的崔永华教授悉心审阅书稿，并欣然作序。崔教授的奖掖是对我的鼓励和鞭策，在对崔先生表示深深的谢意的同时，我也将会继续努力，不断进取，争取新的成果。张旭教授、谭汝为教授对本书的出版多有鼓励，并提出了许多好的建议。我的研究生在本书的校对方面做了很多细致而耐心的工作。在此一并表示谢意。

在本书出版过程中，人文在线文化艺术有限公司的潘萌先生等各位同仁，线装书局的于建平、杜语责任编辑，都给予了热情的帮助，付出了辛勤的劳动，在此也深表感谢。

我还要特别提到我最亲近的三位女性：老母亲的养育之恩，对我繁忙工作的理解，使我没齿难忘；我的妻子贺晚霞在完成自己繁重的教研工作的同时，几乎承担了全部的家务，使我得以全身心地投入到自己所喜爱的学术研究中；我的女儿孟凌羽"慷慨解囊"，支持老爸的这一学术行动，使该书得以顺利出版。对此，我当铭记于心，继续努力，刻苦钻研。

正所谓"老牛自知夕阳晚，不用扬鞭自奋蹄。"

孟　国

2007年国庆节，于天津师大师北里寓所

再 版 后 记

2008年，当时定名为《对外汉语实况教学研究》的这本论文集得以出版，这本书收集了我从事对外汉语教学20多年来的主要论文及各类文章37篇。五年后的今天，我已光荣退休，但我始终割舍不下我所热衷的这一事业。在这期间，我断断续续又写作发表了一些文字，自我感觉这些文字颇有一些意思，但却无法收入到我这本论文集中，为此我有点遗憾。今年夏天，突然接到人文在线文化艺术有限公司的信函，要再版这本论文集，这真是天上掉下一个大大的馅儿饼。借此机会我对这本书做了尽可能完美的修改：一方面增加了近几年写作发表的7篇论文及各类文章；另一方面也删除了原书中内容有些重复，观点有些陈旧的5篇论文及各类文章。这样再版后全书共收集论文及各类文章39篇。而对原书的内容则基本没动，只是修改了极个别的失校之处，尽量保持了当初发表时的状态。

此次再版，我修改了书名，因为原书名很难概括全书的内容，当初我也不甚满意。有同行专家在论文中评价我是"既做研究又身体力行的人""独自在实践着自己的理论。"我很高兴同行专家对我的理解和认可。几十年来，我在对外汉语教学这条漫漫的长路上，目不斜视，心无旁骛，穷当益坚，苦苦求索，虽成果平平，但扪心自问，无愧于我们的事业，也无愧于身。于是，本书定名为《对外汉语教学求索集》。"求索"二字，既概括了我走过的几十年的科研之路；也隐含着我这头不须扬鞭的老牛，今后也许还会继续"求索"下去；当然我更希望年轻的同行们，特别是我的学生们能够不断"求索"，大胆创新，超越前人，超越自己。

感谢人文在线给我这次机会，感谢李美清老师的运筹和劳作，感谢电子科技大学出版社及编辑老师的辛勤劳动。

孟 国

2013 夏于天津师大师北里寓所